2018年主题出版重点出版物

曲青山
黄书元　主编

中国改革开放全景录

安 徽 卷

夏少权 / 主　编

孙自铎 / 副主编

全 国 百 佳 图 书 出 版 单 位
时代出版传媒股份有限公司
安 徽 人 民 出 版 社

安徽卷编委会

主　　编：夏少权

副　主　编：孙自铎

编　委　会：(按姓氏笔画为序)

王　民　刘　哲　孙自铎　朱贵平

李　兵　夏少权　徐　敏　董　荣

撰　稿　人：(按姓氏笔画为序)

孙自铎　许　为　邢　军　何　平

吴华明　吴海升　吴寅恺　张亨明

张谋贵　段金萍　秦　柳　戚　嵩

储昭斌　程宏志　程惠英

总　序*

曲青山

为庆祝改革开放 40 周年，中央党史研究室、人民出版社决定联合全国各省区市相关单位共同编写出版《中国改革开放全景录》大型丛书。这是党史界、出版界围绕中心、服务大局，积极作为、主动履职的一件大事。

一、我们为什么要庆祝改革开放

党的十九届一中全会后，习近平总书记在十九届中央政治局常委同中外记者见面时的讲话中指出："中共十九大到二十大的 5 年，正处在实现'两个一百年'奋斗目标的历史交汇期，第一个百年目标要实现，第二个百年奋斗目标要开篇。这其中有一些重要的时间节点，是我们工作的坐标。"第一个重要坐标就是 2018 年改革开放 40 周年。为什么将改革开放同中华人民

---

* 此文为曲青山同志在 2018 年 1 月 10 日《中国改革开放全景录》丛书编写出版第三次工作会议上的讲话。

共和国成立、全面建成小康社会、中国共产党成立等重大历史事件一道确立为党和国家工作全局的坐标呢？因为改革开放是决定当代中国命运的关键一招，也是决定实现"两个一百年"奋斗目标、实现中华民族伟大复兴中国梦的关键一招。改革开放是我们党在经过曲折、反思后，实现伟大历史转折和伟大飞跃，大踏步赶上世界潮流、走近世界舞台中央的一个重要法宝，改革开放对党、对国家、对民族、对世界都产生了重大而深远的影响。

改革开放使党的面貌发生了历史性变化。改革开放40年来，我们坚持党要管党、全面从严治党，党的建设质量不断提高，党的执政地位更加巩固，为开创、坚持和发展中国特色社会主义提供了坚强的政治保证和组织保证。特别是党的十八大以来，以习近平同志为核心的党中央坚定不移推进全面从严治党，形成了反腐败斗争压倒性态势，消除了党和国家内部存在的严重隐患，党内政治生活气象更新，党内政治生态明显好转，全党理想信念更加坚定、党性更加坚强，党自我净化、自我完善、自我革新、自我提高能力显著提高，党的执政基础和群众基础更加巩固，为党和国家事业取得的全方位、开创性成就，发生的深层次、根本性变革提供了坚强政治保证。改革开放取得的巨大成就，使得中国共产党成为一个拥有8900多万名党员、450多万个基层党组织的世界第一大党，成为一个在拥有13亿多人口的中国长期执政的党。

改革开放使中国的面貌发生了历史性变化。改革开放之初，我们党发出了"走自己的道路，建设有中国特色的社会主义"的伟大号召。经过长期努力，中国特色社会主义进入了新时代，意味着科学社会主义在21世纪的中国焕发出强大生机活力，在世界上高高举起了中国特色社会主义伟大旗帜。从1978年到2017年，我国国内生产总值由3679亿元增长到82.7万亿元；城镇居民人均可支配收入和农村居民人均可支配收入分别由1978年的343.4元、133.6元增加到2017年的36396元、13432元；农村贫困发生率从1978年的97.5%大幅下降到2017年的3.1%以下。220多种主要工农业产品生产能力稳居世界第一位，改革开放前长期困扰我们的短缺经济和供给不足状况已经发生根本性转变，我国社会主要矛盾已经转化为人民日益增长的美好生活需要和不平衡不充分的发展之间的矛盾。改革开放取得的巨大成就，使得具有5000多年文明历史的古老中国重新焕发出强大生机活力，使得中国这个世界上最大的发展中国家在短短40年时间里摆脱贫困并跃升为世界第二大经济体，彻底摆脱被"开除球籍"的危险。可以说，没有改革开放，就没有中国的今天；离开改革开放，也没有中国的明天。

改革开放使中华民族的面貌发生了历史性变化。习近平总书记曾深刻指出："60多年前我们党领导人民经过长期艰苦卓绝的斗争建立了新中国，30多年前我们党领导人民开始了改革开放，这两件大事大大加快了实现中华民族伟大复兴的历史进程。"党的十一届三中全会以来，中国共产党团结带领人民进行改革开放新的伟大革命，破除阻碍国家和民族发展的一切思想和体制障碍，开辟了中国特色社会主义道路，形成了中国特色社会主义理论体系，确立了中国特色社会主义制度，发展了中国特色社会主义文化，使中国大踏步赶上时代，使久经磨难的中华民族迎来了从站起来、富起来到强起来的伟大飞跃。改革开放取得的巨大成就，使我们比历史上任何时期都更接近中华民族伟大复兴的目标，比历史上任何时期都更有信心、有能力实现这个目标。今天的中华民族充满自信，正日益走近世界舞台中央，迎来了实现伟大复兴的光明前景。

改革开放使世界格局的面貌发生了历史性变化。改革开放既改变了中国的面貌，又重塑了世界格局。40年来，我国综合国力不断增强，国际地位显著提高，国际影响力、感召力、塑造力进一步提升，中国同世界的关系进入新阶段，国内国际两个大局联系更加紧密。作为世界和平的建设者、全球发展的贡献者、国际秩序的维护者，在全球治理体系变革等关乎人类前途命运的重大课题上，再也不能少了中国声音。正如习近平总书记指出："世界那么大，问题那么多，国际社会期待听到中国声音、看到中国方案，中国不能缺席。"改革开放取得的巨大成就，也拓展了发展中国家走向现代化的途径，给世界上那些既希望加快发展又希望保持自身独立性的国家和民族提供了全新选择，为解决人类问题贡献了中国智慧和中国方案。

改革开放是我们党的历史上一次伟大觉醒，正是这个伟大觉醒孕育了新时期从理论到实践的伟大创造。40年来的伟大实践充分证明："只有社会主义才能救中国，只有改革开放才能发展中国、发展社会主义、发展马克思主义。"我们坚信，在以习近平同志为核心的党中央坚强领导下，中华民族伟大复兴必将在改革开放的伟大进程中得以实现。

二、我们为什么要编写出版《中国改革开放全景录》

庆祝改革开放40周年，是党和国家政治生活中的一件大事。中央党史研究室是直属党中央的党史研究机构，是中央主管党史业务的工作部门。人民出版社是党和国家重要的宣传思想文化阵地。双方合作编写出版《中国改革开放全景录》，这是党史界和出版界共同为庆祝改革开放40周年献上的一份厚礼，具有重要意义。

第一，编写出版《中国改革开放全景录》是为了记史存史、资政育人

准确记载和反映党的历史，发挥党史以史鉴今、资政育人重要作用，是党史工作者的重要任务，也是出版工作者的使命责任。做好丛书编写工作，必须紧紧围绕记史存史、资政育人这一目标展开，把改革开放的历史研究好、记载好，把改革开放的成功经验梳理好、总结好，把改革开放的伟大成就宣传好、维护好。

一是生动记录改革开放波澜壮阔的历史进程，为改革画像，为先贤留名，为人民存史。从党的十一届三中全会作出把党和

国家工作中心转移到经济建设上来、实行改革开放的历史性决策以来，已经40年了。按照中国传统的说法，改革开放已经进入不惑之年。40年，改革的春风吹遍神州大地，创造出一个又一个彪炳史册的人间奇迹。我们编写《中国改革开放全景录》丛书，就是要生动记录我们党团结带领全国各族人民进行改革开放的伟大实践，集中反映改革开放和社会主义现代化建设取得的历史性成就，充分彰显中国特色社会主义道路自信、理论自信、制度自信、文化自信，为后世留一份珍贵的历史资料。

二是总结好改革开放的历史经验，发挥党史资政作用，为新时代全面深化改革开放贡献智慧和力量。早在延安时期，毛泽东同志就指出："如果不把党的历史搞清楚，不把党在历史上所走的路搞清楚，便不能把事情办得更好。"改革开放40年的历史，蕴含着丰富的管党治党和治国理政的经验和智慧，是一笔宝贵的政治财富，在丛书的编写过程中需要我们予以深入挖掘和总结。比如，我们统筹推进"五位一体"总体布局和协调推进"四个全面"战略布局，就需要总结党领导经济建设、政治建设、文化建设、社会建设、生态文明建设的经验，需要总结全面建成小康社会、全面深化改革、全面依法治国、全面从严治党的经验，从中寻找历史借鉴和启示。

三是用改革开放历史激励人民、教育人民、启迪人民，增进改革共识。编写《中国改革开放全景录》丛书，就是要用人民群众喜闻乐见的形式和方法，把改革开放的伟大成就、基本经验和重大事件、典型人物具体生动地表现出来，引导广大群众充分认识改革开放是当代中国发展进步的必由之路，是实现中国梦的必由之路，激励广大群众以逢山开路、遇水架桥的韧劲，将改革进行到底。

第二，把握好《中国改革开放全景录》的特点和亮点

丛书编写成功与否，原因是多方面的，其中一个重要因素是看它有没有特点，有没有使读者眼前一亮的独特气质。与社会上出版的其他书籍相比，《中国改革开放全景录》应呈现以下几个鲜明的特点和亮点。

一是系统性。编写这套丛书，要力争系统地反映改革开放40年来的全部历史，系统地反映我国改革发展稳定、内政外交国防、治党治国治军各方面取得的成就，系统地反映改革开放对生产力和生产关系、经济基础和上层建筑的促进与完善。

二是完整性。这套丛书从时间跨度上看，涵盖了从1978年党的十一届三中全会至今40年的历史，是一部完整地记录改革开放全过程的历史丛书；从地域分布上看，既有反映全国改革开放历程的中央卷，又有31个省、自治区、直辖市各自的地方卷，可以全方位反映出改革开放给中国带来的发展变化。

三是准确性。参与丛书编写的大都是各省区市党史研究室和社会科学院的领导同志与专家学者，很多同志长期从事本地区改革开放历史研究，学养深厚，对其中的重点难点问题比较了解熟悉，在资料利用方面又有得天独厚的优势。

四是生动性。这套丛书主要面向普通读者，以写事为主，夹叙夹议，要求在文字上力求生动鲜明简洁，并辅之以记录改革开放重大事件和重要人物的图片。应做到可读可信可取，既引人入胜，又给人启发。

总之，我们必须牢牢把握这套丛书既是记录改革开放全过程和各方面的资料书，又是能够阐明改革开放所以然的理论著作的这样一个定位，以生动再现和总结党的十一届三中全会以来40年波澜壮阔的历史。

三、我们应该怎样把《中国改革开放全景录》编写成一部精品力作

《中国改革开放全景录》丛书已列入中宣部、国家新闻出版广电总局重点图书，所以，我们要认认真真、扎扎实实、群策群力、按时保质推进编写工作，注意史学规范，做到言之有物、言之有据、史论结合、论从史出，确保丛书成为一部明白晓畅而又严谨切实的历史著作。

一是要坚持正确政治导向。丛书编写工作，要高举中国特色社会主义伟大旗帜，以习近平新时代中国特色社会主义思想为指导，以习近平总书记关于改革开放重要论述为根本遵循，牢牢把握改革开放40年历史的主题和主线、主流和本质，深刻阐释历史和人民在艰苦探索中选择了改革开放，正确对待改革开放中的一些失误和曲折，旗帜鲜明地反对各种歪曲、丑

化、否定改革开放历史的言行。

　　二是要通力合作、集体攻关。要编写这样一套丛书，是很不容易的，无论哪一个人哪一方面单打独斗都很难完成，必须依靠全党、全社会各方面的力量，齐心协力、集体攻关。中国历史上的大型丛书如《四库全书》等，都是当时举全国之力完成的。1983 年开始启动的《当代中国》丛书，也是全党、全军、全国各条战线 10 多万工作人员前后用时 15 年时间集体合作完成的。《中国改革开放全景录》这套丛书虽然规模体量没有那么大，但没有通力合作、集体攻关的精神是完成不了的。做好丛书编写出版工作，不是少数人、个别人的任务，必须整合包括党政机关、党校、行政学院、社会科学院、高等院校、出版社在内的各方面力量。

　　三是要建立责任共同体。既然丛书的编写出版需要通力合作、集体攻关，那么大家就是一个责任共同体，要相互理解、相互配合、相互支持，最后达到双赢、共赢的结果。所谓责任共同体，就是我离不开你、你离不开我，我中有你、你中有我。具体来说，中央党史研究室的同志要认真把好书稿总体的政治关、史实关、文字关；人民出版社的同志要做好丛书的总体组织协调和出版工作。相信我们双方一定能尽心尽力把丛书编写好，一起承担责任，一起应对挑战，一起分享成绩。

　　四是要抓紧时间。抓而不紧，等于没抓。为了丛书的顺利出版，人民出版社和各地人民出版社提前谋划，做了大量工作，各项工作正在如期进行。希望大家发扬时不我待、只争朝夕的精神，把各项工作往前赶，打出提前量，力争丛书按时出版。

我们处在历史的一个重要节点上，一代人有一代人的历史任务。我们这一代人是乘着改革开放的东风成长起来的，我们都是改革开放的受益者，也是改革开放的参与者、见证者。身处这个伟大时代，是我们的光荣和幸运。把改革开放的历史记录好、研究好、出版好、宣传好，更是我们这一代党史工作者和出版工作者义不容辞的职责。让我们共同努力，携手完成《中国改革开放全景录》的编写出版工作，向庆祝改革开放40周年献礼，向党和人民献礼！

2018 年 1 月 10 日

目　录

第一章
引领全国的"大包干"：
安徽率先冲破旧体制

一、"大包干"的曲折历程

富有创新精神的凤阳县小岗村村民，发扬敢为天下先的大无畏精神，率先破除人民公社旧体制，成为勇敢探索的代表。他们冒着巨大的风险，秘密实行"大包干"即家庭联产承包责任制的农业经营形式，在摈弃旧体制中起到改革的引领或示范作用。"大包干"几经反复，终于获得了中央高层领导的肯定与支持，自此改革的春风吹向全国各地。

（一）家庭联产承包责任制的艰难探索

1978 年，较早出现"包产到户"的安徽发生了百年不遇的特大旱灾，为了战胜灾荒，在省委第一书记万里的主持下，省委召开紧急会议，适时地作出了"借地度荒"的决定。将凡是集体无法耕种的土地，借给社员种麦子；鼓励多开荒，谁种谁收，国家不征统购粮，不分配统购任务。正是这一措施，直接诱发了农民"大包干"的浪潮。同时，这也为家庭联产承包责任制的实行打了一个"前哨战"。

在家庭联产承包责任制形成的过程中，安徽省凤阳县小岗村的农民功不可没。小岗村是安徽凤阳县小溪河镇的一个普通小村庄。1978年以前，全村只有20户人家，100多人，是远近闻名的"三靠村"（吃粮靠返销，用钱靠救济，生产靠贷款）。每年秋后，家家户户都要背起花鼓去讨饭。在1978年冬天的一个晚上，小岗村农民作出了一个大胆决定——"包产到户"！18户农民在队长严俊昌的主持下，在社员严立华家写下了一纸契约。全文如下："时间：1978年12月 地点：严立华家 我们分田到户，每户户主签字盖章，如以后能干，每户保证完成每户的全年上交和公粮，不在（再）向国家伸手要钱、要粮。如不成，我们干部坐牢杀头也甘心，大家社员也保证把我们的小孩养活到十八岁。"到会的21个农民，3人盖了私章，18人按了血红的手印，大家发誓，保证严守秘密。

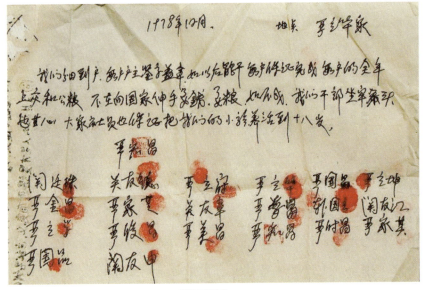

"红手印"

这颇具悲壮意味的一幕，被认为是一次大转折的起点。当时，他们根本没有意识到，这是在书写着一页新的历史。以家庭联产承包责任制为开端的中国农村经济体制改革，就在这里起步了。当晚，小岗村农民们就秘密地把原归属于村集体所有的包括土地在内的生产资料，按人口分配到户。小岗村实行"包产到户"，一年就大变样。1979 年 11 月，小岗村当年粮食总产量 13.2 万斤，相当于 1966—1970 年 4 年粮食总产量的总和；油料总产量 3.52 万斤，比合作化以来二十多年油料产量的总和还多，不仅结束了二十多年吃救济粮的历史，而且上缴国家粮食三千二百多公斤，还了贷款。小岗村农民的行动受到了当时安徽省委第一书记万里的支持。万里一方面说服其他地市、县领导在其辖区内进行"大包干"实验；另一方面，暗地里派几位政策研究人员对"大包干"进行调研，以便为将来的制度规范做准备。

在安徽实行"大包干"的不仅只有凤阳县的小岗村，还有肥西县的小井庄。一直以来，小岗村被公认为是家庭联产承包责任制的发源地。而事实上，安徽省肥西县小井庄农民"包产到户"，比小岗村还要早 3 个月。谁是最早的发源地并不重要，重要的是家庭联产

1978 年 10 月，肥西县山南区召开会议，商议秋种包产到户

3

承包责任制开始形成了，而且它的出现催生了中国农村的大变革，使中国的农村面貌焕然一新。

"包产到户"意味着农户各自生产粮食，最后全部交生产队分配，这在 20 世纪 50 年代农业合作化运动高潮时就出现过，被定性为"离开社会主义道路的原则性路线错误"。而"大包干"则让农民取得了对农产品的实际支配权，这在当时简直是"冒天下之大不韪"。因此，针对 1979 年安徽"包产到户"的实践，中央和地方的认识不一致，对安徽的"包产到户"进行争论。1979 年 9 月党的十一届四中全会通过的《中共中央关于加快农业发展的若干问题的决定》，肯定可以按定额记工分、按时记工分和评议，在生产队统一核算和分配的前提下，包工到作业组，联系产量计算劳动报酬，实行超产奖励，但又指出"不许分田单干"，"除某些畜牧业生产的特殊需要和边远山区、交通不便的单家独户外，也不要包产到户"。这个决定正式颁布后，生产责任制有了进一步发展，但形式仍然主要是小段包工和联产到组。然而，包产到组还不能从根本上解决调动农民的积极性问题，因此，不少地方的群众、干部解放思想，自发地采取了"包产到户"的责任制。特别是在长期贫困落后的地区，群众从切身体验出发，要求"包产到户"的呼声最高。实行"包产到户"后，生产发展的效果也最为明显。就在"包产到户"在安徽省迅速发展的时候，万里离开安徽调任国务院副总理。此时，北京某杂志开始公开批评"包产到户"。对这一问题如果不及时回答，必将产生不良影响。1979 年 12 月 1 日，万里在一次讲话中，明确肯定"包产到户"是一种社会主义的生产责任制，他说："包产到户不同于分田单干。如果说分田单干意味着集体经济瓦解，退到农民个体所有和个体经营的状况，那么，包产到户并不存在这个问题，它仍然是一种责任到户的生产责任制，是搞社会主义，不是搞资本主义。"在这种情况下，根据万里指示，一篇名为《联产计酬好处多》的文章在1980年4月9日的《人民日报》第二版上全文刊登了。文章登出之后，反响十分强烈，大部分是赞成的，但是很多人仍对"包产到户"怀有疑虑。1980年春天，内部刊物《农村工作通讯》接连发表文章，批评"包产到户"；第二期上发表的《分田单干必须纠正》一文，指责"包产到户"是"分田单干"，违背了党的政策，导致两极分化；第三期上发表的《包产到户是否坚持了公有制和按劳分配？》一文，批评"包产到户既没有坚持公有制，也没有坚持按劳分配，它实质上是退到单干"。

正当"包产到户"的责任制遇到重重阻力的时候，邓小平以极大的勇气和魄力，给予了坚决支持。1980年4月，党中央召开经济发展长期规划会，邓小平在会上指出："农村地广人稀，经济落后，生活贫困的地区，像贵州、云南、西北甘肃等省份中的这类地区，我赞成政策要放宽，使他们真正做到因地制宜，发展自己的特点。有的可以包产到组，有的可以包给个人，这个不用怕，这不会影响我们的制度的社会主义性质。"5月，邓小平又在《关于农村政策问题》的谈话中明确指出："农村政策放宽以后，一些适宜搞包产到户的地方搞了包产到户，效果很好，变化很快。安徽肥西县绝大多数生产队搞了包产到户，增产幅度很大。'凤阳花鼓'中唱的那个凤阳县，绝大多数生产队搞了大包干，也是一年翻身，改变面貌。有的同志担心，这样搞会不会影响集体经济。我看这种担心是不必要的。""总的来说，现在农村工作中的主要问题还是思想不够解放。""从当地具体条件和群众意愿出发，这一点很重要。"这个谈话为农村的改革拨开了迷雾，指明了方向。此后，农村的改革形势迅速发展起来，并且逐渐形成家庭联产承包责任制。邓小平对"包产到户"和"大包干"的肯定，对于家庭联产承包责任制的推行，起了极为重要的推进作用。万里同志曾说："中国农村改革，没有邓小平的支持是搞不成的，1980年春夏之交的斗争，没有邓小平的那番谈话，安徽燃起的包产到户之火，还可能被扑灭。光我们给包产到户上了户口管什么用，没有邓小平的支持，上了户口还可能被'注销'的。"

1980年9月，中央召开省市区委第一书记座谈会，讨论家庭联产承包问题，并印发了《关于进一步加强和完善农业生产责任制的几个问题的通知》，进一步肯定了农村包产责任制。从此，"包产到户"由"地下"走到"地上"，在全国轰轰烈烈地开展起来。

1982年1月1日，《全国农村工作会议纪要》作为中央关于农业生产的第一个"一号文件"诞生了，直至1986年，中央连续五年发布以农业、农村和农民为主题的"一号文件"，确定了家庭联产承包责任制。此后，中央陆续出台了一系列文件，废除人民公社体制，逐步放开农产品市场，放松对农民的约束，确立了中国农村新的经济体制，中国农村从此进入了前所未有的发展时期。

（二）大包干改革的意义

实行家庭联产承包责任制，是新中国成立以来我国农村经营管理体制一次极其重要的改革，是中国人民的伟大创举，是中国共产党在探索走中国特色社会主义道路中进行经济体制改革的一个突破口，对中国农村乃至中国经济的发展都具有极其重要的意义。

1. 冲破了传统"一大二公"的旧体制

"大包干"改革克服和纠正了我国农村长达二十多年的平均主

义错误，激发了亿万农民群众的生产积极性。由于人民公社强调统一核算、统一分配、统一安排生产、统一调配生产力，使农民过早失去土地和生产经营的自主权。另外，分配中的平均主义错误，也导致了干活大呼隆，出工不出力。社会主义的多劳多得原则，在人民公社的经营管理体制中得不到体现，严重损害了农民的利益，极大地挫伤了农民的生产积极性，造成了农业生产乃至整个国民经济长期发展缓慢的局面。小岗村实行"大包干"改革后，全国实行了家庭联产承包责任制，彻底改变了"一大二公"的人民公社经营管理体制，调动了人民群众的积极性。

2. 解决了众多人口的吃饱饭问题

自 20 世纪 50 年代中期开始，我国农村在短短的两三年里就完成了合作化和人民公社化，然而直至 1978 年年底，在这一所有制形式和经营模式下，我国城乡一直未能解决温饱问题，口粮分配制和粮票供应制一直实行了二十多年；而实行"大包干"以后，短短几年，我国便很快实现了粮食自给，经济发展中的农产品短缺问题得到了基本缓解，长期处于贫困中的几亿农民的温饱问题得到了基本解决。据国家统计局的统计，1979 年到 1984 年，主要农产品产量全面提高，全国粮食产量由 1978 年的 30477 万吨增加到 1984 年的 40731 万吨，平均每年增加 1709 万吨，年均增长 4.95%，比前26 年的 2.41% 的增长率高 1 倍多，仅用短短 6 年时间就实现粮食增长 1 亿多吨。同期全国棉花总产量由 216.7 万吨增加到 625.8 万吨，增长 1.89 倍；油料产量由 521.8 万吨增加到 1191 万吨，增长 1.3倍；猪牛肉产量由 856.3 万吨增加到 1540.6 万吨，增长 80%。

1989 年小岗村丰收景象

3. 开创了农村发展的新局面

我国是一个农业国，农业在国民经济中占有举足轻重的地位。要大规模进行经济建设，首先农业就必须得到较大的发展。家庭联产承包责任制使我国农业摆脱了长年在低水平徘徊的局面，呈现了一派欣欣向荣的景象。家庭联产承包责任制给农村带来了深刻变化。

第一，农业产业化结构得到调整。农村改革后，农民的积极性提高了，农民有了生产经营的自主权利，大量劳动力从土地上解放出来。农村中集体的、个体的及私营的企业迅速发展起来。同时，农村多种经营有了新的发展，林、牧、副、渔业的产值在农业产值中的比重逐年上升，农业内部结构得到了调整。1987 年，全国乡镇企业产值达到 476 亿元，占农村社会总产值的 50.4%，首次超过了农业总产值。这是我国农村经济的一个历史性的变化，对于促进农业的进一步发展，增加农民收入，繁荣农村经济，更新农民观念，具有十分重要的意义。第二，农村经济商品化水平提高。农村家庭联产承包责任制促进了农村中的生产方式和生活方式的转变，农村商品化的范畴不断扩大，农民逐渐由自给自足的小生产者向商品生产者、经营者转化。商品生产的发展，促进了商品购销方式的改变，改革了地区封锁、条块分割的管理体制，改革了单一的流通渠道，扩大了商业网点和服务功能，开展了横向经济联合，推动了农村金融体制的改革，农村经济商品化水平和农产品的商品率逐年提高。到80年代末至90年代初，我国已有国家级市场二十个左右；区域性专业市场二千四百多个，其中农产品市场一千八百多个，工业品市场六百多个，贸易市场七千六百多个，初步形成了以国家级市场为龙头，以区域性专业市场为骨干，以集贸市场为基础的商品市场体系。这说明，实行农业生产责任制，促进了农村市场的发育和完善。第三，农民生活水平有了显著提高。随着农村经济的发展，农民生活水平不断提高。到1988年，农民人均年收入由133.6元提高到544.94元，是新中国成立近40年后农民生活水平提高最快的时期。从1988年以后，农民生活水平继续提高，不少地区的农民已经达到小康水平。

4. 使部分农民从土地的束缚中解放出来

实行家庭联产承包责任制后，乡镇企业的异军突起，就是一个很好的证明。从1984年开始，乡镇企业作为国民经济的一支重要力量登上舞台，不仅让农村增收，而且更是吸纳了数以千万计的农村剩余劳动力。家庭联产承包责任制把一大批农民从田地中解放出来，使社会劳动力结构发生了变化，为乡镇企业提供了大量的劳动力资源。到 1987 年，乡镇企业数量从 1978 年的 152 万个发展到 1750 万个，从业人数从 2826 万人猛增到 8805 万人，产值达到 4764 亿元。这是农村经济的一个历史性变化。乡镇企业的兴办，不仅在增加农民收入、促进农业发展、繁荣农村经济、更新农民观念方面起到了重大作用，而且在提供财政收入、增加出口创汇、推进我国工业化及城市化进程方面也做出了重大贡献。随着乡镇企业的发展，中国兴起了一大批小城镇。这为推进我国农民角色的转变、农村社会向工业社会的转型提供了一条具体可行的道路。家庭联产承包责任制，解放了农村生产力，农村出现的大量剩余劳动力，告别了难以割舍的乡土，争先恐后地拥入大中城市和经济发达地区求职谋生，引发的规模宏大、绵延不绝的农村剩余劳动力跨产业大转移、跨区域大流动，使长期被束缚在土地上的农民呼吸到了城市文明和工业文明的新鲜气息，融入了中国现代化建设的滚滚洪流。这些人对城市经济的飞速发展和社会进步做出了巨大贡献，成为一支推动中国经济持续增长、全面建设小康社会的生力军。农村劳动力转移，满足了改革开放后工业和城市发展所需要的劳动力，有力地支持了城市建设和工业的发展。

5. 为城市经济体制改革积累了经验

新中国成立后，我们对以国营企业为主的城市经济体制采取了许多改革措施，但主要是在中央与地方权力划分上做文章，没有真正涉及企业责、权、利关系这一核心问题。农村普遍推广的家庭联产承包责任制适时为城市经济体制的改革开辟了一条新的思路。1981 年 4 月，国务院在全国工业交通工作会议上提出工业交通企业逐步建立和实施工业经济责任制的要求。这种责任制的基本内容是：在国家计划指导下，以提高经济效益为目的，强调责、权、利

中国农村改革第一村——小岗村

的紧密结合，把企业对国家的责任放在首位，以责为核心，以责定权、以责定利，培育企业的约束机制。这样，农业生产责任制就被正式引入城市经济体制改革中。1984 年 10 月，党的十二届三中全会通过了《关于经济体制改革的决定》，提出城市经济体制改革实行政企职责分开、建立多种形式的责任制、认真贯彻按劳分配原则等项要求，从而使家庭联产承包责任制的一些基本原则在城市经济体制改革中得到进一步的应用和发展，在国营企业建立了各种形式的承包经营责任制，并最终使之成为我国国营企业当时普遍实行的和最为有效的经济责任制。

二、农村税费改革

农村税费改革是继农村家庭联产承包责任制之后的又一次重大改革，主要针对国民经济分配领域的调整，但也在一定程度上触及了上层建筑的改革，引发了农村管理制度、工作方法和农业发展路径的一系列综合改革，有些改革还在不断深化之中。安徽是全国首个以省为单位实施农村税费改革的试点省，取得了许多宝贵经验。正是在安徽成功实践的基础上，中央决定在全国范围内推广实施，并于 2005 年年底全面废止了农业税的征收，结束了两千六百多年对农业征收"皇粮国税"的历史，并由此引发了新一轮解放和发展农村生产力的综合改革。

（一）改革的客观社会背景

农村家庭联产承包责任制之后，农业有了较快发展，农民收入也经历了一个大幅度上升的阶段。但到了 20 世纪 90 年代末，农村和农业发展陷入滞缓状态，"三农"问题成为影响经济发展和社会稳定的焦点问题。安徽作为中部地区的农业大省，税费改革之前存在的问题具有普遍的代表性。农民负担呈上升趋势，与社会其他群体相比，农民的经济和社会地位愈益下降。

1. 农业比较收益低，工农城乡差距扩大

安徽实行以大包干为主要内容的家庭联产承包责任制之后，极大地激发了农民的积极性，农业生产力水平有了大幅度提升，由此带来了农民收入的快速提升。农民人均纯收入从 1978 年的 131 元提高到 1996 年的 1607.7 元，年均递增 12% 以上。但从 20 世纪 90

年代中后期开始，全国大范围地出现了农业增产不增收的现象，农业生产经营收入占农民纯收入的比重逐年下降，加上种子、化肥、农药等农资价格上涨，工农产品价格"剪刀差"拉大，农业生产经营的整体利润率下滑至保本边缘。加上附着在农村户口和土地上的各种税费较多，导致从事农业的比较利益逐年下降。个别地方甚至出现种田一年收入不够交各种税费和摊派的个案，许多地方出现大面积的农田抛荒和弃耕的现象，已危及粮食安全和整个农业产业的健康发展。安徽省农民增收也出现明显的趋缓态势，如安徽省自20世纪80年代中期起，出现几次较大规模的"卖粮难"，农产品价格起伏不定，农业生产经营受到自然条件和市场风险的双重冲击，农民务农收入一直徘徊不前。与此同时，曾经辉煌一时的乡镇企业进入低增长的调整期，吸纳农村剩余劳动力的能力和对农民增收的贡献明显回落。因此，从1997年起，安徽在农民人均收入已接近2000元的情况下，连续三年提出使农民人均收入达到2000元的目标，但均未实现，城乡收入差距进一步扩大。以城镇居民人均可支配收入为农民人均纯收入的倍数计算，1985年城乡居民收入之比为1.7∶1，1990年为2.5∶1，1995年为2.9∶1，加上城镇居民享受的各种福利和补贴，实际的城乡收入差距可能高达六倍。正是由于人为的城乡二元分割制度，造成了如此巨大的城乡收入鸿沟，作为中国改革开放缔造者的广大农民，在中国经济大发展的时期，却不能公平地分享改革开放的成果，实在有违中国特色社会主义的性质和宗旨。

2. 农村税费征收不规范，农民负担过重

农民负担主要表现在五个方面：一是农村"三乱"（乱收费、乱集资、乱摊派）普遍存在。在收费方面，中小学学生就学、农民建房、农民结婚登记时的搭车收费比较严重；在集资方面，反映较多的是地方向农民集资修建道路、兴修水利、办电等。二是高估虚报农民人均纯收入，多提村提留和乡统筹。国家规定，村提留和乡统筹费不得超过农民上年人均纯收入5%。受此制约，有的地方为了多提村提留和乡统筹费，在农民纯收入统计上弄虚作假，虚增收入，变相加重了农民负担。三是摊派问题依然严重。如平摊农业特产税、屠宰税。一些地方不按税法规定依法征税，采取高估平摊办法，按人头、田亩数向农民征收农业特产税、屠宰税。有的地方为了增加农业特产税税源，甚至强迫农民种烟、种果等。还有订阅报刊乱摊派，这主要是来自上级部门的强制摊派，一般的村每年的支出少则上千元，多的在万元以上，加重了乡村和农民负担。四是"两工"政策弹性大，强行以资代劳现象较为严重。根据现行规定，可以要求每个农村劳动力每年承担5—10个农村义务工和10—20个劳动积累工，有条件的地方，经县级政府批准还可适当增加。该项政策在具体执行中，几乎都固定要求农民无偿出工，有的地方甚至不让农民出工，而要求农民以资代劳。五是不切实际的达标升级活动屡禁不止。往往是上面布置任务，基层出钱出物，这些负担最后都摊派到农民头上。法定的税少、政出多门的费多，造成农村税费结构性失衡。就当时农民负担的税费比例来看，农业税收只占其总负担的20%左右，其余80%左右为各种名目的收费。这些政出多门、名目繁多的收费、集资、罚款和摊派，即使是有正当用途的，也大多是用于农村公共事业的发展，而在城市，这些费用基本是由政府负责、财政承担。大量收取农村税费，既违背税负公平的原则，也造成政府和市场作用边界不清，严重损害了农民的物质利益和自我发展权利。

3. 乡村组织功能错位，影响农村发展和社会稳定

农村基层政权体制集中和集权的问题长期没有根本解决，乡镇等基层政府机构和人员编制不断膨胀，在当时的历史条件下又缺乏正常的财政供给体制来维持其运转，只好通过向农民要钱要物来解决，农民负担不断加重，并陷入年年要减轻农民负担又减不下来的困境。收取农业税费涉及群体多、时间长、工作量大，占据了基层干部的大部分精力，很多乡镇根本无心无力谋划建设和发展。少数基层干部法制观念淡薄、工作作风较差，在向农民征税收费的过程中，不严格依法办事，不向农民宣传解释国家有关政策，工作方法简单，这些是造成农民上访和引发恶性案件的重要原因。这些问题，严重侵害了农民的物质利益和民主权利，导致农村干群矛盾突出，挫伤了农民的生产积极性，伤害了农民对党和政府的感情，影响了农村社会稳定。

4. 经济发展带来财力增长，具备以工补农的经济条件

经过改革 20 余年的发展，国家财政实力有了较大增长，已由 1978 年的 1132 亿元增长到 2000 年的 13380 亿元，财政在城乡之间开支格局已经可以也应该考虑作较大调整，以适当的方式对农村的发展给予支持。且就全国而言，农业税在财政收入中的比例日渐下降。农业在长期支持国家建设和工业发展的同时，自身也陷入了弱势产业的困境，农民也成为社会的弱势群体。"三农"问题日益成为影响和制约国民经济的关键因素。因此，在这个时候，国家应该对农业实行补贴和倾斜政策。当然，在农业占较大比重的安徽省，农业税费的降低及至取消，还是在一定程度上影响了当地财力，甚至影响了部分基层政府的运转。为此，在推行农村税费改革的同时，安排了较大规模的财政转移支付。

黄山茶园

（二）安徽农村税费改革实践

　　安徽省从 1994 年开始，就在部分地方进行了农村税费改革的前期探索与局部试点。主要有三种模式：一是"税费合并"的模式。1995 年首先在太和县试行，1996 年起在阜阳市推行，主要是实行"税费合并、统一征收、统一管理、分开使用"。这种模式虽然简化了税费征收程序，方便了税费征管，但只是税费缴纳方式的改变，且在部分地区可能造成税费平摊的倾向。二是"农村公益事业建设税"的模式。财政部 1998 年提出的改革思路主要是将"五统"改为农村公益事业建设税，并在全国选了四个县作为试点。安徽省五河县经财政部和省政府批准，于 1998 年开始按此模式运作。由于这一模式涉及开征新税种，同时与国务院粮食改革条例中关于"除农业税外其他税费一律不得代扣"的规定相矛盾，因此，1999 年财政部已不再扩大试点。三是"税费改革"的模式。起初设想的内容是"一个取消、两项调整、一个完善"，即取消乡统筹费，调

16

整农业税计税常产和税率，确定计税土地面积，调整"三提"征收方式，完善农业特产税征收。这种模式与中央确定的试点方案比较接近。

根据中央关于加快农村税费改革步伐的精神，1999 年 5 月，经省委、省政府批准并经财政部同意，安徽省分别选择了来安、怀远、濉溪、望江等四个县按第三种模式进行试点，并要求试点县制定了十多个相关配套文件。这四个试点县农村税费改革的具体内容是：取消"五统"，调整农业税计税常产、计税土地面积和农业税税率，调整"三提"征收方式，完善农业特产税税制及其征收办法。

四个试点县具体实施时都取消了"五统"，同时结合本县农业生产实际，对农业税制中几项要素进行了调整。来安县农业税税率为 6.7%，怀远县、濉溪县为 6%，望江县为 7%。农业税以 1998 年前 5 年平均粮食产量为计税常产，以第二轮土地承包面积为计税土地面积，计税价格按 1998 年国家确定的粮食定购价格执行。"三提"的征管主要有两种方式：一是随税代征，来安、濉溪、望江等三县将"三提"随农业税一并征收，通过农民售粮由乡镇财政所与乡镇粮站结算后，交由乡镇农经站管理，实行"村有乡（镇）管"。二是怀远县将"三提"中公益金、管理费等"两提"作为农业税附加随税一并征收，公积金交给村民委员会组织征收。附加收入采取预算外资金管理方式由乡镇财政所统一管理。村级组织用款时需报使用计划，经农经部门审核并经乡镇政府审批后使用。

据统计，1999 年来安、怀远、濉溪、望江四县农业税实际入库率分别为 100%、99.6%、100% 和 71%，农业税入库率比往年有所提高，入库时间也比往年提前（望江县未完成任务主要是受水灾影响）。四个试点县"三提"征收额及征收率也比上一年有不同程度的提高。

试点县的农村税费改革取得了明显成效：一是减轻了农民负担。据统计，怀远县减负总额达 2132 万元，人均减负 19.92 元；来安县减负总额达 284.14 万元，人均减负 7.91 元；濉溪县减负总额达 750 万元，人均减负 10.2 元；望江县减负总额达 113 万元，人均减负 2.1 元。二是规范了税费征收行为。三是改善了干群关系。四是财政性资金和集体性资金管理得到进一步加强。

1999 年 12 月 6 日，在全国农村税费改革座谈会上，时任国务院副总理温家宝同志听取了安徽省的汇报，给予充分肯定，同时提出希望安徽进行全省范围的农村税费改革试点。1999 年 12 月 29 日，中央农村税费改革领导小组又在北京召开六省座谈会，安徽省再次向中央汇报了有关税费测算情况，并就试点中可能出现的问题提出了看法和建议。经党中央、国务院多次研究，决定用三年时间完成农村税费改革工作，2000 年首先在安徽省进行试点。

从这个过程可以看出，安徽省对农村税费改革这个事情是抱着极其谨慎的态度来开展的，先是单项、局部的试点，不断调查分析、总结经验、调整方案，然后才全面铺开，逐步规范。正是有了这样的基础，中央才放心让安徽来承担全国农村税费改革先行示范的重任。

2000 年年初开始，安徽成立了以省委书记为组长、省长为第一副组长的领导小组，在反复讨论修改的基础上，出台《安徽省农村税费改革实施方案》，提出以"三个取消、一个逐步取消和两个调整、一项改革"为主要内容的试点方案。即取消乡统筹费，取消农村教育集资等专门面向农民征收的行政事业性收费和政府性基金、集资，取消屠宰税；逐步取消统一规定的劳动积累工和义务工；调整农业税政策和农业特产税政策；改革村提留征收使用办法。

1. 调整农业税及农业特产税

农业税方面：一是确定计税土地面积。以农民第二轮承包用于农业生产的土地为基础确定计税面积，其他单位和个人从事农业生产的，以实际用于农业生产的土地为计税面积。计税面积发生增减变化，农业税应及时调整。二是调整计税常产。以1993—1997年间平均粮食产量为当前计税常产，将全年种植的各种农作物产量折合成粮食产量。三是调整税率。全省农业税实行差别比例税率，但最高税率不得超过7%，各县（市、区）农业税的具体计税常产、计税税率和农业税征收任务，在报经省政府批准后，再落实到乡镇、农户或其他纳税人。

农业特产税方面：一是取消原一个应税品目在两道环节征税的办法，只在生产环节征收一道税。二是按略高于农业税的原则，适度调整了农业特产税税率。三是按照农业税和农业特产税不重复征收的原则，根据主要应税作物的品种，在农业税计税土地上只征收农业税或农业特产税。严禁两税重复征收。取消果用瓜（包括西瓜、甜瓜、种子瓜等）和大棚蔬菜的农业特产税。

2. 改革乡统筹及村提留征收与使用办法

取消乡统筹费。改革开放以后，农村集体"三项村提留、五项乡统筹"的分配方式，沿袭了计划经济时期向农民筹集资金的老路子，规定由乡镇政府按照不超过当地农民人均纯收入的5%计提。实际操作中那种层层加码、按需而征、以支定收的收费行为，严重挫伤农民生产积极性，影响干群关系。安徽农村税费改革方案决定，取消原按农民人均纯收入一定比例提取的乡统筹费，原由乡统筹费开支的农村义务教育、计划生育、优抚和民兵训练支出，由各级政府通过财政预算予以安排。

改革村提留费收取方法。实行随农业两税征收附加的办法，附加比例最高不超过改革后农业税的20%。村干部报酬、五保户供养、办公经费，除了原由集体经营收入开支的仍继续保留外，均在农业两税附加中开支。对集体公益事业建设费用提取和使用，考虑到社区公用品需求的差异性及资金使用效率，本着遵从本村农民意愿原则，按照"一事一议"程序进行操作。具体规定是：村内兴办水利、修路架桥、植树造林等集体公益事业，将遵循量力而行、群众受益、民主决定、上限控制（每人每年负担不超过15元）、使用公开的原则，实

提高农村"五保户"供养标准，让百姓得实惠

行"一事一议"，所需资金或者劳务，经村民委员会提请村民会讨论决定，并报乡镇人民政府审批。用3年时间逐步取消统一规定的劳动积累工和义务工。

减轻村级负担。取消涉及村集体和农民出钱、出物、出工的达标升级活动，严禁向村集体和农民乱收费、乱集资、乱摊派、乱罚款，禁止截留、平调和挪用村集体资金，严格控制村组干部人数和

报酬标准，大力压缩村集体招待费开支，妥善处理村集体的历史债权债务，积极发展集体经济等。

3. 规范了行政事业性收费和政府性基金

中共安徽省委办公厅、安徽省人民政府办公厅以皖办发〔2000〕14号文件的形式，转发《省物价局、省财政厅、省监察厅、省农委、省政府纠风办关于清理整顿涉农收费、切实减轻农民负担的意见》。该意见要求：取消现行一切专门面向农民征收的行政事业性收费、政府性基金和各种集资、摊派，取消现行除法律、法规和国务院、省政府规定以及国家计委、财政部、农业部联合审批之外的一切涉及农民的行政事业性收费项目，取消一切要农民出钱、出物、出工的达标升级活动，取消各项带有强制性的经营性服务收费。

为把改革的力度同各方面能够承受的程度很好地结合起来，增强改革的科学性、合理性和可操作性，安徽首次提出农村税费改革的"六字方针"，也是改革的总体目标——"减轻、规范、稳定"。同时明确要求"三个确保"，即确保农民负担得到明显减轻、不反弹，这是改革的首要任务；确保乡镇机构和村级组织正常运转；确保农村义务教育经费正常需要。

此外，还进行了农村税费的配套改革。这是农村税费改革内容的深化、延伸和扩展，是农村税费改革取得成功的政策性保障。安徽试行全省性农村税费改革不久，省委、省政府就在深入调研的基础上，围绕农村税费改革这条主线，针对县乡财政体制、乡镇机构精简、实施乡镇区划调整、义务教育管理体制等情况，部署有关部门研究制定相关的配套措施，陆续出台了二十多个配套办法，保证了税费改革的顺利推进。

（三）农村税费改革的成效及其深远影响

农村税费改革是新中国成立五十多年来我国农村继土地改革、实行家庭联产承包责任制之后的又一重大改革，是中国农业发展历程中一个标志性事件。此次改革，依法调整和规范了国家、集体与农民的利益关系，将农村的分配制度进一步纳入法治轨道，堵住加重农民负担的口子，实现了对农业由"取"到"予"的根本转变，并逐步探索以工补农、以城带乡的发展模式。农村税费改革不仅是分配领域中国家、农民、集体三者利益关系的调整，而且还在一定程度上触发了农村上层建筑的变革，引发了对农业宏观管理体制和农业经营体制的改革和创新。

1. 农业税费改革的成效

实现了农民减负、农业降本。实行农村税费改革的 2000 年，安徽省农业两税及附加 37.61 亿元，减幅为 23.6%；加上取消屠宰税和农村教育集资，农民总的税费负担减少 16.9 亿元，减幅达 31%。全省农民人均现金负担由 109.4 元减少到 75.5 元，人均减少 33.9 元。农民"两工"（劳动积累工和义务工）人均负担由上年的 29 个减为 20 个。同时，全省取消各种收费、集资、政府性基金和达标项目 50 种，基本堵住了被农民称之为"无底洞"的"三乱"（乱收费、乱摊派、乱集资）。到 2005 年安徽省全面取消农业税，全省共减轻农民政策性负担 54.5 亿元，人均减负 109.4 元，亩均减负 93.8 元。农村税费改革大幅度降低了农业生产经营成本，税改前，据在安徽农村各地调查，以普遍的水稻和小麦种植为例，农业亩均税费基本上在 50 元至 80 元，加上各种隐性负担，大多超过 100 元，占到农业生产成本的 10%—20%。在农业特产税征收中，

惠农补贴"一卡通"

长期存在重复征税、平摊税款和随意加码等现象。取消农业税费的同时，加大对农业的财政补贴。给予种粮农民的补贴，也是首先从安徽开始的，有良种补贴、综合直补、农机补贴、退耕还林补贴、能繁母猪补贴和奶牛补贴等。这些政策的实施，对农业生产的投资回报起到一"降"一"增"的双重效应，相应提高了农业的吸引力和产品竞争力。税改后几年，安徽农村抛荒地明显减少，农产品供应量增价稳。

调整了城乡、工农分配格局。改革前，农村收入二次分配关系混乱，国家、集体与农民三者关系不明晰，为随意向农民伸手、摊派留下了制度性缺陷和隐患。农民如同"唐僧肉"，向农民伸手要钱的部门既多且滥，本来就属于低收入的弱势群体，反而承担太多的社会责任和义务。改革后，农民的合法利益得到保护，农民从事农业生产的全部收入归自己所有，同时，不断加大直接补贴和财政转移支付力度，不仅不"取"，还要多"予"，真正进入了以工补农、以城带乡的城乡统筹发展新阶段。

改善了干群关系和党风政风。农村税费改革将基层政府从强制收钱收粮转变为提供服务，从源头上制约了不正之风的滋生，从制度上促进了基层的党风廉政建设。因为减少了基层干部与群众之间的直接冲突和矛盾，基层干部也有更多的精力谋划农业和农村发展，从而密切了干群、党群关系，重塑了党和政府在人民群众中的良好形象。

推动了农村基层民主政治建设。改革后，扩大了村民自治的范围，凡属村内集体生产、公益事业建设资金和农村"两工"，均实行"一事一议"，由村民会议或村民代表大会民主讨论决定，所有涉及村民的事项均需要张贴公示，真正让农民自己当家做主，实行大家事大家议、大家定、大家管，调动了广大农民依法有序参与基层民主政治的积极性。

基层民主，直选"村官"

促进了农村基层政权的职能转变。改革后，"减人、减事、减支"逐渐在全省上下形成共识，各项配套改革也由"要我改"变为"我要改"，财政体制改革、乡镇机构改革、职能转变、人事制度改革和教育体制改革等配套改革初见成效，减轻了改革的阻力和压力，确保改革顺利推进。同时，引入市场化机制，探索建立农村公共产品供给和社会化服务的新机制，使改革向更深层次推进。

安徽农村税费改革成效显著、意义重大，无疑是新中国农村发展史上浓墨重彩的一笔。但此次改革主要是分配领域的利益关系调整，尽管也触及生产关系的各个层面，影响毕竟有限。对于农村中不适应经济基础的上层建筑、组织形态，不适应生产力发展水平的生产关系、生产模式等，这次改革都无法给予一个明确的答案。在农村税费改革以及农业税免征之后，农村和农业发展的形势有了很大的变化，但农村干部如何实现从"管理型"向"服务型"转变，乡镇职能究竟应该怎样定位，如何解决农村公共产品缺位和城乡一体化发展问题，如何在家庭联产承包责任制的基础上，探索农业适度规模经营和农村合作经济发展，等等，都还有待于下一步的深化农村综合改革来解决。

2. 税费改革对完善社会主义市场经济体制的深远影响

中国的改革开放起始于农村和农业领域，之后逐渐向城市和其他领域扩散延伸。中国改革开放 40 年的主要成果，是在全社会建立起中国特色社会主义市场经济体制，直到今天，这项工作仍在不断完善中。相比较而言，农村和农业的市场化进程，起步早而进展缓慢，造成这个局面的原因，不仅有农耕文化传统和居民素质的因素，更多的是管理体制和机制的问题。安徽农村税费改革及其之后的一系列配套改革，在一定程度破除了农业市场化的制度禁锢，对在农村地区加快建立和完善社会主义市场经济体制起到显著的推动作用。

农村税费改革增强了农业自我发展、公平竞争的能力。在市场经济条件下，作为一个产业，必须具备自我积累、自我发展的能力，否则，这个产业就无法长期生存和发展，农业也不例外。如果单纯依靠政府扶持和补贴，而不能实现正常的投入产出效益和接近社会平均水平的利润率，就无法成为一个完整的产业存活下来。安徽农村税费改革取消针对农业和农民收取的各种税费，增加对农村的转移支付和财政补贴，起到了明显的降本增收的效果，提高了农业生产经营的比较效益，使农业劳动者生产潜能得以释放，有力地促进了农业生产的发展。更重要的是，安徽在农村税费改革之后，在财政体制、社会化服务、基础设施建设、公共产品供给等领域实施了一系列配套改革，开始了"以工补农、以城带乡"的探索。通过改革，安徽省加大了财政支农力度，优化财政支农的结构和方式，将财政支农投入的落脚点放在提高农业整体效益和竞争力上，从而进一步增强了农业内生增长、自我发展的能力。以前，国家支持农业采取的措施往往是通过行政手段提高农产品价格和降低农资价格，但中国加入世贸组织后，此举既面临着国际市场农产品价格的冲击和国际规则的压力，也有违市场经济的本质特性。因此，安徽农村综合改革为适应世贸组织的规则要求，在财政支农的制度设计上，明确政府和市场边界，在不同领域发挥各自作用。如财政支农由重点支持流通环节和消费者转为重点支持生产者，由侧重价格支持转为侧重于对农民收入和基础设施的支持。对主要体现社会效益的公益性和基础性的项目，原则上采取政府直接无偿投资的方式；对符合国家产业政策和本省中长期规划、具有示范价值和经济效益显著的建设项目，可以采取政府投资参股、资本金投入和担保、贴息等投资方式，也可以在项目建成后用资产租赁转让和出售等方式实现政府投资的回收，以促进财政支农资金的循环使用。

税费改革有助于启动农村内需、改善国民经济发展格局。投资、消费、出口，是市场经济条件下拉动经济增长的"三驾马车"。经过二十多年的改革开放，中国通过高速增长的投资比重和扩大出口，实现了经济的快速增长。但进入21世纪，内需不足已越来越成为制约国民经济增长的主要因素，尤其是农村地区，农民收入水平较低，投资和消费需求难以启动。安徽农村税费改革使农民负担减轻，加上财政补贴，农民可支配收入明显增长。农民收入的增加为启动农村市场、扩大消费需求提供了先决条件。在农村税费改革第一年的2000年年底，安徽许多农村的集镇出现了久违的人流如潮、供销两旺的现象，多数县乡的社会消费品零售额出现较大增幅。据某县综合商场的一位负责人介绍，往年他们的年货销售高峰时期是腊月廿四到大年三十，今年腊月十五就掀起了购物热潮，令他们始料不及，有些商品因货源组织不及时出现断档。农村市场的激活带动消费需求增长，为经济增长提供了动力源泉。首先为工业生产扩大了市场空间，增强了拉力；工业生产的发展，又带动就业机会的增多、职工收入的增长。就业的扩大和居民收入提高又带动新一轮的消费和对服务业的需求，因而形成对第三产业的拉动。安徽农村税费改革从增加农民收入和消费入手，润滑了分配、消费、生产之间的连接链条，可谓牵一发而动全身，对国民经济发展步入良性循环功不可没。

总而言之，在当时的历史条件下，安徽农村税费改革及其配套的综合改革，是减轻农民负担、增加农民收入的根本举措，为"以工补农、以城带乡"的城乡统筹发展奠定了制度基础，加快了农村和农业的市场化进程，对社会主义市场经济在农村的构建和完善起到积极的推动作用。但农村税费改革只是一个起点，要彻底解决错综复杂的中国"三农"问题，真正实现农村全面、持续、协调发展，还需要进行相关的改革探索和制度建设，这一切都依赖于下一步的深化农村综合改革，依赖于中国特色社会主义制度的不断创新和发展。

三、农村改革的深入推进

我国的农业小规模经营状况必须改变，适度规模经营是农业发展的必然方向，也是农业现代化的必由之路。只有在适度规模经营基础上，农业的生产力才能提高，农业的科技应用才能达到高水平，农业的社会化服务才能更好地发展，而高水平的社会化服务必须建立在专业化生产的基础之上。农业的适度规模经营要求土地集中，土地的集中必须有两条重要保证：一是农村劳动力要有较大规模的转移，即要有一大批人从事非农业生产；二是必须在保障土地产权的前提下农民才会出让土地。因为在农村劳动力转移过程中不能确保非农从业人员不下岗失业，加上我国农村社会保障制度的滞后和低水平，非农从业人员失了业还有土地作为保障是一个理性选择。目前，我国农村劳动力转移已达到一定数量，成亿计农村劳动力外出打工。因此，解决这一问题的关键是在保障土地产权。

（一）土地确权使农民吃了"定心丸"

从凤阳县小岗村开始的家庭联产承包责任制改革，并未解决土地的产权问题。第一轮土地承包到期后再延长30年，但30年后怎么办？仍未解决土地产权归属问题。稳定家庭联产承包责任制必须在产权这个根本问题上有所动作，土地确权迫在眉睫。开展土地确权登记是中央从深化农村改革全局出发作出的一项重大决策。早在 2008 年安徽省即在全国最早开展以村为单位的试点，当时共有13 个县的 17 个乡镇 73 个村开展试点，以后逐步扩大。党的十八大之后的 2013 年，安徽作为全国最早改革的试点省，开始在全省试点土地确权颁证工作，解决家庭承包地的空间四至位置不明、登记不健全、承包土地面积不准等问题。2014 年省委、省政府把开展农村土地承包经营权确权登记颁证作为深化农村改革的重要突破口，在 20 个农村改革试点县（区）启动整县推进试点，当年安徽省被批准为全国三个整省推动试点省之一。自此省委、省政府坚持统筹部署，高位推进，强化督查，试点工作整体进展平衡有序。至年底，首批 20 个县（区）已完成确权登记工作，陆续进入颁证阶段。2015 年新增的 65 个县（区）已进入测绘阶段，剩余的 22 个县（区）也分别于当年 9 月启动试点工作。2015 年安徽全省土地确权基本结束，开始颁发土地证，是全国较早颁发土地证的省份，确认了农户对承包地的占有、使用、收益等各方面权利，强化了对土地承包经营的物权保护。全省试点任务在 2016 年年底结束，比中央要求提前一年。土地确权对推动农业的适度规模经营，对农业现代化，对农民增加财产性收入大有好处。2018 年 2 月 9 日，凤阳县小岗村村民领取了第一次集体经济收益股权分红，每人 350元，加上村集体为村民承担的新农合、新农保和政策性农业保险，每个村民从集体经济中收益约为 600 元。村民从"户户包田"实现了对村集体资产的"人人持股"。

1. 推动了农业适度规模经营

通过确权登记颁证,明晰了农村土地产权关系,强化了农民对土地物权的保护,给农民吃了一颗"定心丸",强化了农民对土地经营权的预期,促进了土地的流转。确权之后消除了农民对流转土地的顾虑。土地流转实现了由亲戚邻居间代耕代种、自发流转为主向市场主导、政府引导为主的转变,市场化、规模化程度大幅度提高。土地流转促进了新型农业经营主体发展,确权登记颁证工作解除了农民长期的忧虑与担心。庐江县流转土地占全县耕地的65%以上,土地50亩以上合同签订率超过98%。2010—2015年五年中,全省耕地流转面积增加2284.05万亩。截至2015年年底,安徽全省流转土地面积3788.92万亩,其中耕地占2921.85万亩,约占全省耕地总面积的46.8%。

2. 增加了土地的财产性收入

流转土地无后顾之忧,稳定了土地经营权的长期流转关系,带动了资金、技术、人才等生产要素向农业聚集,向新型农业经营主体集中,加快农村种养大户、家庭农场、农业合作社的发展步伐,提高了土地生产率,流转土地的农民也从中获得收益。截至2015年年底,全省各类新型农业经营主体发展到211847家,其中农民合作社56909家,家庭农场24304户,专业大户12559户,适度规模经营流转土地占全省流转土地面积的近八成。阜阳全市家庭农场4134家,合作社8439家,成立的各类农业联合体六十多家。各类经营主体间的产业链接、要素联结、利益联结更加紧密。群众得利,也加快了农业现代化进程。土地确权还为农民带来直接收益,农民既可以从土地转让出租中获得收益,也可以以地入股获得红利收入。六安市金安区孙岗镇狐堰村的劳动力进城打工,村里成立合

宁国市积极探索土地管理制度改革,其改革经验在省内外受到关注

作社,土地流转 3000 亩。合作社不再要求农户"承包土地支付租金",而是要求"带田入股,与合作社合作经营"。2013—2015 年有 156 户农民带田入股,入股土地 1462.5 亩,每亩年终分红 1100 元,而流转租金每年只有 500 元左右。同样,灵璧县灵南生态农业专业合作社,入股土地 1500 亩,如果流转租金按当地价每亩 800 元计算,入股土地分红比这要高得多。全省已有 12 个市、25 个县(市、区)先后开展了农民土地股份合作社试点,共有 93 家农民土地股份合作社,入社农户 14093 户,入股土地 95330 亩。据测算,入股后的生产成本降低了 25%,每亩产量却增加了 40 公斤以上。所以,在安徽许多地方都采取"内股外租,保底分红"的形式。凤阳县小岗村流转土地 8450 亩,流转率达 58%,流出的土地每亩租金为 700 斤稻子,农民说比自己种还划算。另外,农民还可以在流

转出的土地上打工，获得工资性收入。

3. 创新了土地流转的多种形式

全省在土地确权后形成以转包、租赁、转让为主的流转形式，以托管、互换、股份合作及其他形式为补充的土地流转格局。宿州市埇桥区全区农机合作社 170 家，植保服务队 135 个，开展代耕代种，为农民提供产前、产中和产后各个环节的服务，为全区 150 万亩农田服务，累计节本增效 1.5 亿元。

4. 在一定程度上解决了土地谁来种的问题

农地确权后，适度规模经营得以发展。一大批新型职业农民逐步形成。这些职业化的农民，重视科学种田，农业科技水平提高、农业的机械化程度提升。耕种收割的机械化不仅减轻了农业的劳动强度，而且在抢种抢收中表现出极大的优越性。农业大户经营，商品量大、商品率高，尤其是注重农产品品质，有利于社会监测，促进了农业向现代化方向发展。宁国市有龙头企业几百家，农民专业合作社四百多家。这些龙头企业都是由职业农民兴建和发展起来的。现在各地都把培育新型职业农民作为一项重要工作来抓。土地流转活跃，适度规模经营农户大批出现，为适应这种需要，开展了新型职业农民培训、皖北万名农村实用人才带头人培训和 1500 名农业技术人员轮训，提升了新型经营主体的综合素质和发展能力，提高了农业部门服务现代农业发展的能力。阜阳市农作物耕种及综合机械化水平达到 88%，2015 年全市土地流转面积 483 万亩，土地流转率 56.2%。全市畜牧规模养殖场发展到 2.9 万家，规模化养殖比重达 76%。土地流转、规模经营和新型职业农民之间形成相辅相成的关系，共同促进农业向现代化方向发展。新型职业农民是农业现代化的基础，这就解决了农地由谁种和怎么种的问题。

（二）在实践中创造出来的"一块田"改革

20世纪80年代的"分田到户"的改革极大地调动了农民群众的生产积极性。但随着农村经济社会的发展以及农业机械化程度的提高，原先分田时农户承包地地块分散零星、面积较小的弊端，越来越不利于农业的规模经营及种养业的发展，也不利于农民外出经商打工。在这种情况下，2010年9月蒙城县辛集李大塘村4个村居民为方便耕种，先后开展了农村土地"一块田"的改革试点，通过群众协商互换地块，把各家各户分散承包的土地集中到"一块田"。2012年秋种时，蒙城县在立仓镇炮台沟村18个村民小组进行"一块田"改革试点成功。在此基础上蒙城县委、县政府及时总结经验做法，在全县普遍推广。在"稳定农村土地承包长期关系不变的前提和坚持家庭经营的基础上，结合农村耕地承包经营确权登记颁证工作，通过农户协商，把零碎分散的耕地承包以互换方式依法流转，最终形成一块地的新型承包经营方式"。从蒙城县推行"一块田"改革的上述做法看：

一是有广泛的群众基础。"一块田"改革是群众的自发要求，群众在生产经营中感到有必要进行改革。这种改革对生产有利、对群众有利，获得了群众的支持。这种改革不是领导的主观意愿，更不是为了标新立异、为了政绩而推行的改革。

二是符合农村发展的实际需要。符合农民外出打工的实际情况，农民要外出打工，在农业生产经营中有必要将其耕种的土地转移出去，而分散零星的承包耕地很难转移出去，因为它不利于大户承包者经营耕种，例如，它不利于大户统一规划水利、道路等基本建设，不利于农业统一耕种和良种改良等。土地转移供给与需求方

皖北平原

很难统一起来，这阻碍了土地的规模经营。

三是县委、县政府抉择改革的时机好。蒙城县早在 2010 年就在部分乡村中实行"一块田"的做法，2012 年秋种时在更大范围内进行有计划、有目的的改革试点，然后在充分调查的基础上在全县启动改革，接着再结合土地确权在全县推行改革。由此把新的承包土地办法与确权登记有机结合起来，无须重新确权登记。因为工作有序、方案规范，推行得比较顺利。可以说顺应了民意、抓住了最佳时机。工作是扎实的，效果是良好的，改革是成功的。

蒙城县"一块田"改革的作用是值得肯定的，改革的成果是有目共睹的。

首先，实现"双节约"。一是减少了分散零星承包时的垄沟、水渠、生产道路等占地。过去由于承包地分散零星，相邻各家都建有沟垄、水渠和生产道路等，占用了大量耕地，如今实行"一块田"承包，那些不必要的垄沟、水渠和道路等就节省下来，节约了土地就意味着土地资源的增加。这对人均耕地少的我国来说意义重大。据有关资料显示，该县乐土镇丁奎村通过"一块田"改革就增加土地780亩，增幅达15%，全县合计下来是个不小的数目，统一以10%计算可达10万亩。二是节约农业生产成本。过去分散零星承包，每户有四五块土地，不利经营，投工较多，生产成本较大，实施"一块田"改革后，据县里的测算资料，每亩成本可节约30—50元，全县因此而减少农业生产成本近2000万元。农业的小规模分散经营造成的过高成本是我国农业生产中的一块"短板"，而承包地零星分散的做法更在一定程度上加剧了这一短板。这项改革在一定程度上有利于解决这一问题。

其次，"双有利"。一是有利于土地的转出与转入。现在农村中有转入土地的需求，一些有能力的大户希望能转入土地，实行适度规模经营。另外，随着农民外出打工，许多农户也有转出土地的愿望，但在许多地方因承包地分散零星，不能集中连片，阻碍了土地的转出与转入。实行"一块田"改革则有利于破除这一瓶颈，推动土地的规模经营。据介绍，蒙城县土地流转面积曾经达91.2万亩，占全县耕地的50%，涌现出一批经营大户。二是有利于农民增加收入。现在农民外出打工收入已成为农民收入的重要组成部分，在安徽农民打工收入已接近或超过农民家庭经营收入，但分散零星的土地承包方式使得农民再难以转出土地，实行"一块田"的改革使得更多的土地毫无牵挂地顺利转出，农民可以从务工和土地承包转让两个方面增加收入。

最后，推进农业现代化进程。农业现代化的重要标志是农业劳动生产率和土地产出率，"一块田"的改革有利于土地的转出和转入，进而有利于农业规模经营的发展。而农业的适度规模经营有利于农业机械化的作业，这是提高农业竞争力的重要手段，对节约农业的人工成本大有好处，也是减轻农业劳动强度的重要途径。农业的适度规模经营也有利于农业的科技应用，因规模经营者更关心科技对增产的作用，有少许的作用即在土地上大面积推广，而分摊到单位面积上的成本也大大下降。相比较于单个弱小农户，科技应用更具有吸引力。

农村改革虽然取得重大突破，也获得了巨大成就，但我国"三农"问题并未完全解决，仍然存在许多问题，这些问题应该通过深化改革一步步解决，可以说农村改革永远在路上。对于农村承包如何在坚持家庭承包经营的基础上深入推进才能有利于农业发展，农民如何实现增收更是值得探讨的问题。蒙城县在新的历史条件下，根据群众意愿进行了"一块田"的改革试点，对当地的农业发展和农民增收起到很好的作用，对于其他相似情况的地方也有很好的参考和借鉴价值。

第二章
生产要素自由流动：为农村市场经济体制的确立做出贡献

一、农产品价格与流通体制的改革

产品价格的形成机制是经济体制的关键环节，也是区别计划经济与市场经济的重要标准之一。因此，安徽在推进农村改革、建立农村市场经济的过程中，首先就以价格改革为突破口，逐步放开对农产品的价格管制，形成以市场定价为主、政府宏观调控为辅的价格形成机制，并通过制定政策法规、培育市场主体、创新流通方式、搭建交易平台，不断地推进农村市场经济体制的建立和完善。

（一）计划经济体制下的农产品购销政策

1. 农产品统购统销政策下的"剪刀差"

统购统销政策从 1953 年开始实施。统购统销，就是借助政权的强制力量，让农民把生产的粮食卖给国家，全社会所需要的粮食全由国家供应，农民自己食用的数量和品种也得由国家批准后才能留下。城镇家庭每家一个粮本，凭粮本供应粮食。此外，国家还严格控制粮食市场，禁止粮食自由买卖。

"剪刀差"是在工农业产品的长期交换中，农产品价格低于其价值，工业品价格高于其价值，由这种不等价交换形成的剪刀状差距。剪刀差有比价剪刀差和比值剪刀差两种表现形式。剪刀差在新中国成立前就已经存在，新中国成立后一个时期不仅没有缩小反而日益扩大，发展成为我国工农业之间、城乡之间以及工人和农民之间的一个重大经济问题。如果单从农业税上看，农民对国家的贡献是很小的、农民负担是不重的，如1982年我国农业各税收入是29.4亿元，只占当年财政收入的2.4%。而该年度农产品价格转移总额是740亿元，农业总产值是2785亿元，农副产品收购总额为1083亿元。那么套用剪刀差的绝对量测算公式：（740÷2785）×1083，可以得出1982年国家通过价格渠道从农业部门创造的国民收入中转移出去的价值量约为288亿元。1982年农民剪刀差绝对量负担是当年农业各税税收的9.8倍，占1982年国家财政收入1212.3亿元的23.8%。农业各税与剪刀差绝对量之和是317.4亿元，占当年财政收入的26.2%。

2. 工农业产品剪刀差成为农民长期的隐性负担

关于国家从实行粮食统购统销开始到取消统购统销制度，国家通过工农产品剪刀差从农民手里取得多少钱的问题，官方没有给出正式的数据，不少研究者根据不同计算口径测算出的剪刀差额度数据，从中可以看出农民所承受的这种剪刀差隐性负担是很沉重的。

土地家庭承包制下，农民的剪刀差负担并未消失。1978年以后，由于实行了包括家庭联产承包责任制、大幅度提高农产品价格、给农业生产自主权、改革统购统销制度和开放农产品、劳动力及资本市场等一系列新的农村经济政策，大大调动了农民的农业生产积极性，劳动生产率得到提高。在劳动生产率大为提高和农产品价格大幅度提高两种因素的交互作用下，1978 年以来工农业产品剪刀差逐步缩小。但效果并不理想，剪刀差呈波浪起伏状，从 1978 年到 1988 年，工农业产品剪刀差逐步缩小，但 1989 年后又有所扩大；1994 年国家大幅度提高农产品收购价格后剪刀差又开始缩小，然而 1996 年后剪刀差又回升。20 世纪 90 年代后半期，由于绝大多数非农产品已经进入市场竞争决定价格的时代，剪刀差的汲取功能才开始弱化。

（二）改革农产品流通体制

农产品流通是指农产品由生产领域向消费领域转移的经济过程，主要由农产品生产、收购、运输、储存、装卸、搬运、包装、配送、流通加工、分销、信息活动等一系列运作环节组成，并在整个过程中实现了农产品保值、增值和组织目标，其中，价格形成机制是核心环节，也是区别计划经济和市场经济的重要分界线。我国农村经济体制改革开始于 20 世纪 70 年代末，以推行家庭联产承包责任制为突破口，先后采取了放开物价、开放农产品市场、大力发展乡镇企业、发展"三高"农业和外向型农业、推动农业规模化和产业化经营等改革措施，农业和农村经济发展取得了举世瞩目的巨大成就，农业开始进入了一个新的发展阶段。

改革开放以来，我国农产品流通市场体系发展迅速、变化巨大，彻底改变了统购统销、统购包销的政策，市场开放程度不断扩大，农产品流通渠道也由过去的单一型转变为多元化，形成了多渠道的流通体系及公平竞争的市场格局。

第一，过渡时期（1978—1984 年）。统购统销政策是粮食供求紧张、国家需要在农村取得大量工业化积累等历史条件下的产物。1978—1984 年是我国由计划调节向计划调节与市场调节相结合的过渡时期，随着家庭联产承包责任制的实施、人民公社制度的解体，农产品流通体制也开始突破传统的计划经济体制。根据党的十一届三中全会的决定，从 1979 年起国务院及有关部门对农产品统购派购的范围和品种进行了重新规定。在这一阶段，国家逐步减少了统购统销和限售的品种和数量，缩小国家收购农产品的范围。到 1984 年年底，属于统购派购的农产品由过去最多时的 180 多种减少到只剩下 38 种，统购派购的范围大大缩小。除棉花外，其他农产品在完成政府收购任务后，根据市场供求实行议购议销。在过渡时期，由于政策的放宽，农民生产积极性增加，剩余农产品大量出现，农村集贸市场和传统农副产品市场也得到恢复和发展，成交金额增长迅速。

第二，双轨制时期（1985—1997 年）。这一阶段废除了传统的农产品统购统销制度，逐步建立起农产品市场调节机制，合同定购与市场收购两种交易方式并存。统购统销制使生产、消费、需求相脱节，损害了农民的利益。1984 年的粮食大丰收，使国家陷入购不起、销不动、调不出的困境。因此，在 1985—1991 年期间，我国农产品流通领域开始实行合同定购与市场收购的"双轨制"方式，农产品流通体制的市场化改革进程大大加快。1992—1993 年，农产品购销走出"双轨制"，进入全面市场化的阶段。经过十多年的改革，粮食等农产品统购统销体制已经结束，适应市场经济要求的购销体制正式形成。但在 1994—1997 年，农产品流通又回归"双轨制"模式。国家放开粮食购销体制后，以市场化为目标的农产品流通体制改革却并未顺利付诸实施，并由此导致了粮食供需缺口的扩大，引发粮价大幅上涨。为保持社会稳定，国家再度强化了对市场的介入。在棉花的购销中，继续不放开经营，不放开市场，不放开价格，实行国家统一定价，由供销社统一经营。

第三，深化改革时期（1998—现在）。深化农产品流通体制改革是解决"三农"问题的重要突破口。从1998年开始，我国农产品流通体制进入全面改革时期。《关于进一步深化粮食流通体制改革的意见》《粮食流通管理条例》《国务院关于进一步深化粮食流通体制改革的意见》及《关于进一步深化棉花流通体制的意见》等文件的出台，说明这一时期的农产品流通体制改革的重点是在粮食领域，粮食以外的各类农产品流通的市场化改革进程都得到了持续的推进，并逐渐形成了较为稳定的市场化流通秩序，虽然也有流通不畅的情况发生，但主要是局部的结构性问题，只有粮食流通在市场和计划取向上出现了反复，其间存在的问题呈现出典型的体制内生性，使粮食体制改革陷入两难境地。因此，1998年以后，粮食流通体制改革成为农产品流通体制改革的主要内容。

（三）农产品价格与流通体制改革的意义

安徽以价格改革为突破口的农村市场化改革，重大意义在于以此奠定了我国社会主义市场经济体制改革的基础。从全国来看，农村经济体制改革是我国经济体制改革的前奏，农村流通体制改革则是我国经济体制改革的突破口。从计划经济体制向市场经济体制转轨，正是从流通领域开始的。改革开放初期，按照党中央、国务院部署的"三多一少"（多种经济形式、多种经营方式、多种流通渠道，减少流转环节）进行商品流通体制改革，对冲破计划经济统购统配的产品流通体制起了重大作用，使商品流通体制改革先行，推动了整个经济体制改革。安徽正是紧紧抓住商品流通领域的关键环节——价格形成机制，通过渐进式改革，实现了以政府定价为主向市场定价为主的根本性转变，从而使安徽农村走上了社会主义市场经济的发展道路。

农业在国民经济中的地位决定了农产品价格在价格体系中属于基础价格，对其他价格有重大影响。如农产品价格直接影响劳动力价格，从而引发其他商品价格的连锁反应；部分农产品是工业品的原材料，其价格直接或间接地决定着相关工业品价格。因此说，农产品价格的市场化改革，以及伴随而来的劳动力价格的市场化改革，是市场体制改革的基础。如果没有基础产品的价格形成机制的改革，市场经济体制的建立就如同空中楼阁。

安徽在实现农产品价格市场化改革的同时，开始着手对相应的外部环境和制度条件进行改革，让市场规则在农村经济发展中发挥作用，特别是要使市场在社会主义国家宏观调控下对资源配置起决定性作用，提高生产效率和经济效益。这些年的农业产品结构调整、产业化专业化经营、生产加工中的新技术应用、流通模式和经营业态的创新，无一不是受市场的指引。市场经济的意识和规则正不断地深入人心、深入大众。政府也开始从农村微观经济领域中退出，减少对农业生产经营的不当干预，转而专注于粮食安全、农民增收、农村发展等方面的调控，以及农村社会主义市场经济体制法制的建立与完善，这也是市场经济得以良性发展的最重要的前提和保障，从而不断推进市场经济与法治社会的同步发展，相得益彰。

安徽农村市场体制改革经过 40 年的演变，从市场流通领域到其他环节，逐步推进，取得了重大成效，对全国农村市场体制改革有积极的借鉴意义。当然，也存在一些不足和需要进一步完善的地方。这里主要提两个方面：一是在市场经济体制框架下如何解决农村资源外流的问题。市场配置资源的规律决定生产要素必然持续向更高收益的领域流动，而农业本身的弱质性决定其无论多么努力也很难成为高收益领域，农村资源外流、农村的相对衰落不可避免，这在全世界是个普遍现象。安徽也是如此，农村资源外流，导致农村市场不景气、基础设施落后、城乡收入拉大，甚至由于精英外流而使农村留下的人员整体素质偏低。在当前条件下，仅仅采取市场经济的手段，可能无法扭转这一趋势，只能立足于社会主义的国情和性质，通过宏观调控和转移支付来解决这个问题。二是鉴于农产品的特殊性，对宏观调控的要求越来越高。农产品具有生产周期长、需求弹性小、对国计民生影响大的显著特性，不可能单纯依靠市场调节，任何国家对农产品的价格及流通都有一定的调控和干预，我国也不例外。但中国农业的生产经营整体上是分散的、小规模的，且生产经营主体应对市场的能力较弱，获取信息的难度较大。信息也是市场经济的核心要件，如果不能得到政府或其他组织及时有效的信息指导，往往会造成生产的盲目性和经济损失。如频繁发生的农产品"卖难"和剧烈的市场价格波动，严重打击了农民生产积极性，也造成社会资源浪费。因此，农村市场化改革不能一放了之，还要提高政府宏观调控能力，提供有效的指导和服务，尤其是市场信息的及时发布和传播，提高农村的信息化水平。

二、乡镇企业异军突起

改革开放后，同全国一样，安徽乡镇企业异军突起，并且在国内具有一定的影响。阜阳地区在 20 世纪 80 年代中期进行了一场不发达地区发展乡镇企业的勇敢探索，曾出现乡镇企业蓬勃发展的好势头，当时的阜阳地区是经国务院批准设立的乡镇企业制度建设的农村改革试验区。可以说，乡镇企业是农村改革的产物，是农民在改革进程中继农业家庭承包经营之后树立的又一座丰碑，没有农村改革就没有乡镇企业的发展。

（一）乡镇企业发展的背景

1. 家庭联产承包制的改革，为乡镇企业发展提供了生产要素保证

中共十一届三中全会以后，安徽农村率先实行家庭联产承包责任制，劳动效率成倍提高，全省出现了大约三分之一的农村剩余劳动力，一些田少人多的地方剩余劳动力多达50%，这为乡镇企业的兴起与发展提供了充足的劳动力。同时随着劳动生产率的提高和生产的发展，农产品的商品率有了很大提高，农民的收入大幅度增加，手头开始有了剩余资金。据调查，1984年年末仅蒙城、休宁、嘉山（今明光市）等三县农民个人存款余额就达3723万元，这为乡镇企业的兴起与发展提供了资金条件。此外，家庭联产承包责任制的推行促进了农业生产的大发展，不仅粮食生产发展较快，而且经济作物和其他农副产品也得到了较大的发展，有的产品一倍至数倍地增长。农业的高速发展，为主要以农副产品为加工原料的乡镇企业提供了充足的原料来源。

2. 投资和消费的快速增长，为乡镇企业发展提供了市场保证

改革开放以来，伴随着经济的快速发展，安徽投资增长势头强劲。1978—1987年，安徽省基建投资增长了1.5倍，年均递增10.7%。农民收入增长也较快，1980—1987年，全省农民人均收入

增长 1.3 倍，年均递增 12.8%。随着农业生产的发展、农民收入和生活水平的提高，中小农具、化肥、农药、建筑材料和日用消费品等需求量猛增。1987 年，安徽全社会商品零售总额比 1978 年增长 2.7 倍。投资和消费的快速扩张，为乡镇企业创造了巨大的市场空间。同时，改革开放前期农村的广大市场由于基础设施、交通运输等条件不便，而为城市工商企业所鞭长莫及，表现出较强的区域性和半封闭性特征。这就使得大多数乡镇企业占领市场空间成为可能，为推动乡镇企业迅速发展提供了市场的保证。

3. 政府高度重视，为乡镇企业发展提供了环境保证

乡镇企业得以快速发展，各级政府部门高度重视和对其加强领导起了极为重要的作用。过去一个时期，安徽省委、省政府主要负责同志始终把乡镇企业抓住不放，逢会必讲乡镇企业，检查地方工业必问乡镇企业，到基层必看乡镇企业，把重视乡镇企业、抓好乡镇企业作为使用干部的重要标准之一。各地、市、县都成立了乡镇企业工作领导小组，主要负责同志亲自挂帅。很多县的几大班子领导每人都必须包扶一个乡镇、蹲点一个企业，所包单位在发展中遇到什么问题，就直接找包点领导。当时，为调动积极因素，安徽省委、省政府每年都要表彰奖励一批对发展乡镇企业做出突出贡献的先进集体和个人。1994 年、1995 年连续两年，安徽对全省 92 个县（市、区）上一年度发展乡镇企业的实绩进行考核排序，并将结果通过新闻媒介进行公布。1996 年，安徽省委、省政府首次拿出 180万元资金，奖励 5 个先进地市和 21 个先进县（市、区）。这种行政推动，为安徽乡镇企业发展提供了外部环境保证。

（二）乡镇企业在安徽经济和社会发展中发挥了重要的历史作用

经过多年发展，安徽乡镇企业经济总量和运行质量都有了较大提高，虽然乡镇企业如雨后春笋般产生的时期已成为历史，但对全省经济和社会发展做出了重大的贡献。

1. 吸纳农村剩余劳动力的重要渠道

乡镇企业发展不仅加快了安徽省工业化的进程，也为解决农村富余劳动力的问题提供了一条有效途径，解决了长期困扰安徽省发展的农民非农化的问题。到 2007 年年底，全省乡镇企业已经安置农村剩余劳动力约 800 万人，缓解了安徽省的就业压力。乡镇企业发展拓展了就业空间，吸收了农村大量的剩余劳动力，使安徽农村剩余劳动力问题得到缓解，同时也优化了农村劳动力结构，为农业适度规模经营、提高劳动生产率创造了条件。

2. 开辟了农民增加收入的新途径

由于人多地少，仅仅依赖土地来增加农民的收入、改善农民生活，显然是极其困难的。与非农产业相比，农业效益偏低，因此农业劳动力向非农产业转移实际是从低收入部门转向高收入部门，乡镇企业成为农民增收的主渠道之一。乡镇企业的发展过程，也是农民收入增加的过程。据抽样调查显示，1988 年安徽省每个农民平均从乡镇企业获得的收入为 110 元，占人均收入的 23%。桐城县双铺乡 1984 年遭受严重水灾，种植业绝收面积占农业总面积的70%，粮食产量比上年减少 76%。但由于乡村工业规模较大，所创产值占全乡工农业总产值的 61.2%，大灾之年人均收入持续增长，达到 305 元，比全县平均水平高出 97 元。霍邱县行蓄洪区 10 个乡的农民利用水面优势，大力兴办运输业，参加水运的农民人均收入达到 680 元，比全县人均收入高出 1 倍以上。同时，乡镇企业的发展还在很大程度上承担了农村各项社会性开支，减轻了农民的负担，农民的实际收入相应增加。

3. 为农业现代化提供物质基础

乡镇企业的发展，增加了农业投入，提供了大量农用生产资料，实行农产品加工增值，以工补农建农带农，有力地支持了农业的发展。1987 年到 1988 年，全省乡镇企业从所得利润中提取 9.2 亿元作为补农、建农资金，用于农民购置农业机械和农田基本建设。淮北市烈山乡先后从乡镇企业利润中拿出 600 余万元，用于架设电线，购置农业机械，建造温室，为全乡粮食和蔬菜生产的进一步发展创造了条件。据统计，1978—2007 年，安徽乡镇企业用于

第十二届安徽名优农产品绿色食品（上海）交易会布展

支农建农的资金约 200 亿元。特别是农业产业化发展模式的运用，通过龙头企业、中介组织、专业市场、农民合作社等带动，农业产业链条得到延伸和放大，有效降低了农业自然再生产和社会再生产的风险。

4. 带动了小城镇建设

实践证明，乡镇企业发达的地方，小城镇发展也快。乡镇企业的迅猛发展大大增强了农村经济实力，加快了安徽小城镇建设的步伐。在乡镇企业的发展过程中，主要通过两种形式推动小城镇的发展：一是有的乡镇企业在依托原有乡镇集中发展起来后，农村富余劳动力由农业转向工业，并延伸出为工业生产和职工生活服务的第三产业，于是大量的农民转为城镇居民，并不断集聚，推动小城镇发展壮大。据对安徽省 48 个建制镇的抽样调查，乡镇企业的发展既增强了小城镇的经济功能，也大大推动了小城镇规

太和县皮条孙村尼龙绳专业市场

模的扩张和人口增加。通过发展工业园区，与小城镇建设相结合，48个建制镇面积扩大了2—3平方公里，道路、通信、电力等基础设施得到了加强。2006年，48个镇乡镇企业实现增加值108亿元，占当地GDP的76%；上缴税金近10亿元，占当地财政收入的84%。二是不少乡镇是依托乡镇企业发展起来的。在很多地方，出现了许多同一行业的乡镇企业，于是开始出现专业市场，随着专业市场商品规模的不断扩大，带动了人口的集中和第三产业的发展，形成小城镇。由于乡镇企业的发展，阜阳地区小集镇由1983年的489个发展到1988年的六百多个。太和县皮条孙村过去没有集镇，尼龙绳加工发展起来后，促使互不靠集的偏僻乡村兴起了集镇。小城镇发展，反过来也有利于乡镇企业的集中和经济效益的提升。乡镇企业与小城镇互为依托，互相促进，共同发展，加快了农村城镇化步伐。

5. 加速了城乡一体化进程

乡镇企业发展为城乡结合、工农结合、条块结合创造了条件，打破了行政上的城乡分割格局。由于乡镇企业的发展，在农村形成了新的工业生产力和新的工业生产体系，使得城市工业有机会将那些零部件扩散到农村加工，乡镇企业与城市企业在生产领域联营协作。城乡企业生产要素的结合，把城乡企业的命运紧紧拴在一起，形成竞合双赢的关系，既解决了城市工业扩大再生产缺少场地、厂房的困难，又解决了乡镇企业资金、技术力量不足的问题。芜湖市微型电机厂将国优出口产品分马力电机的全部铸件和部分精加工配件扩散到9家乡镇企业生产，企业生产能力成倍扩大。乡镇企业在兴起与发展的过程中，紧紧围绕企业生产和城市消费者的需求，逐步形成与国营商业和供销社平行的商品流通队伍和供销机构，使得工业品既下乡又进城、农副产品既进城也下乡，打破了长期以来城市工业品下乡、农副产品进城的单渠道流通方式。

三、农村劳动力的自由流动

改革开放后，大批农民从土地中解脱出来，实现了人这种生产要素在城市和农村之间的自由流动。无数的中国农民离开"希望的田野"，从西向东、由北往南，外出务工，像潮水一样漫卷祖国大地，形成民工潮。在浩浩荡荡的民工潮中，有一支移而不迁、规模庞大的皖籍劳务大军，他们南下广东、西去新疆、北赴佳木斯，汗水洒遍祖国的大江南北，神州大地留下他们艰苦拼搏的身影，这就是被称为"皖军"的安徽农民工。"皖军"在全国具有一定影响力，与"川军""湘军""豫军"齐名，被称为在外的"另一个安徽"。农民工从改革开放之初的拾遗补阙，演进到当今社会不可缺少的一部分，他们用朴素的行动，以一种不可抗拒的力量，缩小着城乡之间的社会、经济与文化差异，推动着国家的城市化和现代化。

（一）农村劳动力转移的动因

1. 家庭联产承包责任制推行后大量剩余劳动力显现

党的十一届三中全会以后，家庭联产承包责任制在农村普遍推行，一方面打破了农村人民公社集体劳动管理体制，提高了劳动生产率，农户在获得土地经营自主权的同时，获得了在农业劳动之外寻求就业和收入的权利，从而使农业劳动力由过去的"隐性剩余"转化为现实的"显性剩余"，也获得了劳动力自由支配的流动权利；

另一方面，粮食等主要农产品产量大幅度提高，由长期短缺变为供求平衡、丰年有余，改变了粮、油统购统销制度，基本上能够满足进城就业农民食品供给的需要，这就为农村劳动力流动提供了最基本的物质生活保障。

2. 城镇对劳动力的需求旺盛

改革开放后，乡镇企业的快速发展提供了大量就业岗位，这为农村劳动力的就地转移创造了条件。在党和国家改革开放政策指引下，沿海地区率先实施了外向型的经济战略，"三来一补"等劳动密集型出口加工工业及服务业的迅速崛起，成为吸引中西部地区富余劳动力流入的重要因素。随着城乡经济发展的深化，逐步允许农村劳动力进入城市二、三产业，进一步拓宽了农民流动就业的空间。从20世纪90年代开始，中国经济改革和发展迈上了快车道，外商投资、个体私营经济等非国有经济部门快速成长，进一步扩大了对农村劳动力的吸纳能力，出现了一浪高过一浪的"民工潮"，并显示出农村富余劳动力流动的多向性和市场配置人口资源的多样性。

3. 城乡、地区间居民收入差距的存在

居民收入差距是农村劳动力转移的基本拉力。居民收入差距包括城乡居民收入差距和区域居民收入差距。城乡居民收入差距是农村劳动力转移到城镇就业的基本激励因素。许多学者利用刘易斯关于发展中国家劳动转移的二元经济模型和托达罗的人口迁移模型来解释中国农村劳动力转移的原因，基本认同城市居民较高的工资率或预期收入或不断扩大的城乡居民收入差距是农村劳动力转移的根本动力。区域居民收入差距是农村劳动力跨区域转移就业的重要因素。改革开放以来，由于地理位置优越、发展政策优惠、人力资源素质较高等因素，东部沿海地区率先发展，我国地区间经济社会发展出现明显分化，1980 年东部、中部、西部地区人均 GDP 之比是 1.8∶1.18∶1，2002 年扩大到 2.63∶1.26∶1。东部地区存在的相对较多的就业机会、相对舒适的生活环境和较高的工资福利待遇水平，是中西部地区农村劳动力包括安徽农村劳动力向珠江三角洲、长江三角洲、环渤海地区转移的主要原因。

（二）安徽农村劳动力转移的五个阶段

安徽是全国农业大省，也是全国农村劳动力转移大省。2008 年安徽信息中心预测处的一份调查显示，当年 11 月全省有一千一百多万的农村劳动力在外打工，其中 90% 集中在长三角、珠三角等发达地区，仅长三角地区就集中了 70% 以上。回顾安徽农民工发展的历程，大致经历了五个阶段。

1. 离土不离乡（1985—1991 年）

20 世纪 80 年代中后期，"大包干"改革解决了农民的温饱问题以后，乡镇企业异军突起，对劳动力的需求量不断上升，部分农民开始进入乡镇企业，离土不离乡，早出晚归，一支亦工亦农的队伍"风生水起"，最终形成了一股潮流，成为带动一方经济建设的弄潮儿。据统计，1988 年安徽省乡镇企业职工人数由 1978 年的 78.6 万人猛增到 476.4 万人，年均增长 19.7%。与此同时，也有少数人离土离乡，到大中城市从事保姆等家政服务业。安徽省委、省政府对农民工外出打工一直持赞同态度，当时的省委书记就说过："无为的小保姆出外打工应支持，这也是人才输出。"总体上看，这一阶段的农村劳动力转移主要是以转移到乡镇企业为主，属于就地转移，具有自发性、盲目性、群体性特点。

民工潮

2. 离土又离乡（1992—1998 年）

1992 年，邓小平南方谈话催生了开发区发展大潮，港澳台地区的制造业开始大规模向广东等地的开发区转移，民工潮开始涌起。与在本地乡镇企业离土不离乡的打工不同，外出打工是离土又离乡，做工不务农，年初出、年末归，周而复始地在居住地与打工地之间呈钟摆式摆动。这几年，全国农民工流动的数量每年以 800 万至 1000 万的速度增加，最多时在城市的农民工的总数达 1.2 亿。皖籍农民工是这段时期全国农民工方阵的主流，1997 年全省劳务输出达到 659 万人。

3. 大规模流动（1998—2003 年）

世纪之交，东南亚金融危机爆发，我国乡镇企业受到严重冲击，吸纳农村劳动力的能力急剧下降，农村大量剩余劳动力纷纷涌向大中城市和沿海发达地区，他们在城乡之间呈候鸟式来回流动，形成了波澜壮阔的民工潮。安徽是农业大省，进城打工的农民总量居全国前列。2000年，全省共转移农村剩余劳动力786万人，其中到外省务工经商是最主要的转移途径之一，占转移总数的60%。但是，由于传统观念和旧体制的束缚，很多城市对农民的本能流动并不认同，仍然认为这是"盲流"，采取"围、堵、限、赶"措施，限制"盲流"进入，广大农民工被误解，处境艰难。

4. 有序流动（2003—2008年）

2003年以后，中央加大了对农村、农业的支持力度，以前的各种税负大为减轻，同时农副产品价格开始上扬，在减负增收的双重作用下，种田变得不再无利可图，农民工开始回流。广东、福建、浙江等东南沿海经济发达地区开始出现"民工荒"，甚至在一贯是农民工输出地的内陆省份，也一度出现了企业招工难的现象。与此同时，随着改革开放的进一步深入，农民工在现代化建设中的地位和作用逐渐得到社会认同，各地不断完善保障农民工合法权益的政策措施，纷纷建立农民工城乡间有序流转的机制，农民工流动逐渐步入规范化渠道。在这些因素的作用下，从2005年起民工潮再次兴起。2008年安徽农村劳动力外出就业人数达到1125万人，占整个农村劳动力的比重达27.4%，其中转移在省内的占28%，转移劳动力315万人；转移省外的占72%，转移人数810万人。

5. 返乡潮带动创业潮（2008年以来）

2008年下半年，世界范围的经济危机爆发，大批农民工因企业不景气提前返乡。一大批经过10年、20年在外打拼的安徽农民工，带着在市场经济条件下积累的经验、技术和资金回到家乡，创

农民工返乡创业

办企业，民工回乡创业出现新高潮。截至 2009 年 6 月，安徽省已有一百余万农民工返乡创业，创办各类企业三十余万家，吸纳农村富余劳动力二百二十余万人。其中金融危机之后，安徽全省就有 5.1 万名农民工返乡创业，创办各类经济实体 3.1 万个，带动就业二十多万人。在宿州、淮北、阜阳、安庆等市以及无为、天长、舒城等县（市），都涌现出不少由返乡农民工创办的现代种植养殖业、以制造业为主的第二产业和以零售服务为主的第三产业。随着安徽经济持续快速增长，企业用工需求量激增，省内务工对安徽农村劳动力的吸引力与日俱增。2010 年，在省内就业的安徽农村劳动力近 400 万人，比 2009 年年末增加 42 万人。

（三）农村劳动力转移对经济社会发展的贡献

1. 促进了经济增长

大量农村剩余劳动力从中西部地区向沿海发达地区的转移，促进了我国劳动密集型加工业的发展。正是由于源源不断的廉价劳动力供给，从20世纪80年代后期开始，国外及香港、台湾地区纷纷将劳动密集型加工工业转移到我国东南沿海地区。"民工潮"实现了国外及港台地区资本、沿海地区的土地和中西部地区大量廉价劳动力的相互结合，创造出极大的生产力，这不仅大大加快了我国工业化进程，也推动了珠三角和长三角经济的迅速崛起。据测算，一个农民打工者在珠江三角洲等发达地区的贡献折合成GDP全年约为3万元，除去自身的消费和带回家乡的费用，还剩余1.5万元至2万元。以平均每人贡献1万元至1.5万元计算，安徽省外出农村劳动力为流入地区GDP所作的贡献每年为400亿元至600亿元。

2. 培育了人力资本

人力资本在经济发展中的意义和作用越来越大。农村劳动力素质普遍较低是安徽农村经济发展不快、后劲不足的主要原因。传统农业经济活动投资收益低下，主要是由于农业技术落后、农民过去技能低下所引起的。农民贫穷的根本原因是缺乏现代物质资本和人力资本。"民工潮"的出现，使安徽农民在工业社会的熏陶下，一方面提高了科技文化水平和劳动技能；另一方面增长了见识，积累了从事经营活动的经验，培育了社会主义市场经济观念，塑造了推动社会变革的原动力。"出去一个憨厚腼腆的乡下人，回来一个见多识广、精明能干的城里人""出去一身土气，回来满脑袋灵气"成了农民打工前后的鲜明写照。安徽农民工在流动中改造了自己，也影响着他人。终年风尘仆仆的"打工仔""打工妹"回到农村，不仅带回了打工的收入，更带回了先进的文化和城市文明的生活方式和生活习惯，引导农民更加关注信息社会的动态，更加注重科技文化知识的学习、子女的教育培养等，推动了农村社会由封闭型向开放型转变，由农业文明向工业文明的迈进。

3. 推动了社会变革

农民工在流动中不可避免地要与传统的制度发生碰撞和冲突，而社会恰恰在这种碰撞中发展，在这种冲突中变革。安徽农民工跟我国其他地区的农民工一道，有力地促进了我国的社会变革。民工潮推动了户籍制度的改革。伴随着从计划经济向市场经济的转型，我国农民工所代表的迁移过程开辟出一条市场机制的迁移路径，并逐渐地"稀释"着严格的户籍管理制度。20 世纪 90 年代以后，民工潮的规模越来越大，人数越来越多，改革户籍制度的要求更加广泛、更加迫切。应该说，在推动户籍制度创新方面，民工潮是积极的、重要的推动力量。1997 年，国务院批转公安部《小城镇户籍管理制度改革试点方案》，小城镇户籍改革首先拉开序幕。该方案中引人注目的一点就是，办理小城镇常住户口"实行指标控制"，而且纳入"农转非"的计划。2001 年 5 月，国家粮食局发出通知，取消了"户粮挂钩"的政策，为户口迁移扫除了一个重大的制度性障碍。此外，对农民工权益的关注也引发了全社会对社会公平、社会保障制度等的进一步反思、探讨乃至修改。

4. 铸就了安徽形象

安徽农民工创造了很多享誉全国的品牌，这些安徽品牌是大家对安徽农民工认同的积淀，是农民工很好的就业名片，也是安徽新形象的最好代表之一。以输出"无为保姆"闻名遐迩的安徽无为县，当地人对"保姆"两个字的认识发生了根本性的变化。无为县姚沟镇农民工王爱华说："以前进城做保姆，自个儿都脸红，背后也有人指指戳戳。如今我们拿它当一个好职业来看，在北京抢手得很呢。县里、乡里还搞了'保姆礼仪培训''烹饪技术培训'，要把这个劳务品牌叫得更响！"家住北京市方庄小区的章凯曾驱车千里，到无为县姚沟镇找保姆，他说："无为小保姆勤快又灵活，最懂料理家务，在北京的劳务市场上，可是块响当当的品牌呀，抢手呢！"肥东县 15 万民工从事建筑，从青藏高原做到东南沿海，省份多达 19 个，被誉为"肥东建工现象"，成为安徽民工创品牌的标志。有 36 万外出劳动力的颍上县根据当地外出务工人员的职业选择特点，组织技能培训，在服装裁剪、机械维修、汽车驾驶这三大专业上培养了熟练技工八万多人，"颍上裁剪""颍上机修""颍上驾驶员"在苏、浙、沪地区企业非常抢手。肥西县根据本地的优势特色劳务，积极引导，创造了"肥西家政""肥西缝纫""肥西建工"等系列劳务品牌。随着创业经验的积累和文化素质的提高，一些农民工已经不再满足于卖苦力赚钱的状况，开始将创新品牌的触手伸向高技术行业。在北京高科技园区中关村，霍邱县冯井镇一千一百多名"泥腿子"牢牢占据着中关村 CPU 芯片市场 60% 以上的经营份额，几乎垄断着电脑芯片零售市场，被称作"冯井电子现象"。"霍邱芯片"如今在中关村已是路人皆知，这群"不安分的泥腿子"彻底实现了从"卖苦力"到"玩智力"的转变。"六安保安""阜阳家政""滁州电子""桐城推销员"等一批在社会上颇有影响的劳务品牌也先后脱颖而出，为安徽形象增光添彩。安徽农民工谱写出一曲曲动人的英雄之歌。2007 年 8 月，卢丙会在温州打工期间，为了帮一名素不相识的妇女追回被抢的包，遭到歹徒报复，身中二十多刀；2007年8月21日，徐义胜在宁波市北仑区一间突然起火的民房内，勇敢地救出了两个被困火海的孩子，自己全身面积80%被烧伤，先后荣获浙江省十佳"最感动您的民工""宁波市优秀外来务工人员""感动宁波十佳外来务工人员"等荣誉称号；2002年3月13日，胡广胜在长春市绿园区奋勇抓捕入室窃贼，被歹徒刺伤，经两次大手术，左肾摘除，先后被授予"吉林省见义勇为先进个人""长春市见义勇为先进个人"称号；董学法在北京做保洁员期间，业余担任治安巡逻员，与违法者搏斗33次，抓获违法人员一百多名，2009年被选为"首都十大公德人物"；2003年12月24日上午，梁友来途经一铁道口时，看到一位老人违章穿越铁轨，奋不顾身上前营救，不幸被疾驰而来的火车撞击牺牲，被北京市人民政府授予"首都见义勇为好市民"（荣誉市民）称号……

"最感动您的民工"——徐义胜

这些人是安徽农民工的典型代表，他们在展示自己风采、传播正能量的同时，为安徽在外树立了良好的形象。

四、改革使生产要素实现市场化的配置

继农业"大包干"改革之后，安徽农村又进行农产品价格与流通体制改革，乡镇企业应运而生，带动了农村劳动力的流动。这对农村资源的配置产生了深远影响，对社会主义市场经济体制的形成具有推动作用。

（一）农村生产要素配置市场化改革推动了"三农"问题的解决

"三农"问题是以农民为主体、以农村为地域、以农业为纽带相互交织为一体的农民、农村、农业问题的总称。其中，农业问题主要是农业产业化的问题，即农业基本上属于自给自足的小农经济，没有形成规模经济，农业的购销体制不畅；农村问题主要是户籍制度将城乡予以二元分割，形成了城乡之间经济发展、文化水平的较大差异；农民问题主要是农民文化水平不高，自身素质较低，农民收入增长缓慢。"三农"问题是农业文明向工业文明过渡的必然产物，也是个带根本性、全局性、广泛性的问题。改革开放后先是物质要素在城乡和地区间自由流动，接着是农村生产要素配置的市场化改革，打破了以往农村的劳动力、资金和土地等生产要素只能投入农业的禁锢和局限，使农村生产要素能够由效益低的地方向效益高的地方流动，促进了农村生产要素优化配置，在一定程度上

推进了"三农"问题解决。

首先，推进了农业规模化、产业化。同全国一样，安徽省农业耕地面积不多，人均占有量偏低，长期以来农民一直沿袭传统生产方式下的自给自足小农生产方式。大量农村剩余劳动力从农业中释放出来，不仅缓解了人地紧张关系，农民人均可利用农业资源条件得到改善，而且通过土地流转，推动了农业规模化、集约化、产业化经营，大大提高了农业生产率。安徽省宿州市埇桥区夹沟镇夏刘寨村党支部书记王化东，看到有的土地没人种便提出由村民一人租出一亩地，由他成立的星原农业科技开发公司规模经营，走生产、销售一体化新路子，大力发展产业农业、科技农业、生态农业、观光农业。到 2006 年王化东种植的规模从夏刘寨村辐射到周边 4 个村，面积从 500 亩扩大到 1 万亩，夏刘寨村从一个贫困村变成全国

全国美丽乡村示范村夹沟镇夏刘寨村山杏喜获丰收，全国劳动模范、村党委书记王化东正带领农民喜摘山杏

闻名的小康村，夏刘寨村被誉为全国农村改革的一面旗帜，王化东本人也先后被授予"全国农村青年创业致富带头人""全国十大种粮标兵""中国农村改革十大风云人物"等荣誉称号。安徽不仅涌现出一批种粮大户，还在有的地方逐步形成具有一定规模的产业群体，如安徽省桐城市挂车河镇的蔬菜生产加工基地，天长市芦龙乡、十八集乡集约化水产养殖基地，含山县环峰镇的规模化苗木花卉基地，定远县、凤阳县一些丘陵地区的药材生产加工基地等。

其次，促进了农村经济社会发展。乡镇企业的发展冲破了城市搞工业、农村搞农业的二元经济格局，不仅推进了农村经济发展，还优化了农村产业结构。在安徽省 16 个地市中，1984 年乡镇企业总产值占当地农村社会总产值比重在 30% 以上的有 8 个，1985 年增加到 13 个。1988 年，全省 16 个地市农村的非农产值占当地农村社会总产值的比重均已超过或接近 30%。乡镇企业也带动了小城镇发展，促进了农村城镇化。安徽农村劳动力转移不仅促进了流入地的经济发展，对流出地二、三产业的发展同样起到了巨大推动作用。安徽许多个体、私营企业是农民工在外出打工积累了原始资本、掌握了生产技术、学习到管理经验和经营能力后返乡创办的。据 2003 年调查统计，安徽外出打工者有 2%—4% 走上了回乡创业之路，全省有 20 万人左右，主要从事开发性农业项目，创办工商企业，成为小城镇经济发展的新生力量。仅无为县就有 5600 名外出人员返乡办起了企业，其中年产值超过 1000 万元的工业企业 14家，固定资产投资近 2 亿元，安置就业人员十一万多人。

再次，增加了农民收入，提高了农民素质。农村劳动力外出的最大动机是寻求较高的经济收益，外出务工的直接效益是促进了农民的非农收入增长。1999 年，安徽省农民外出打工收入达 217 亿元，超过了当年全省 174.3 亿元的地方财政收入；人均劳务收入达 431.6 元，占全省农民人均纯收入的 22.7%。农民从非农产业从业中获益匪浅，外出打工成为农民增收的主渠道、脱贫致富的重要途径。"一人打工，全家脱贫；两人打工，全家致富"，这句在农村地区流行很广的口号，是安徽许多农民的真实写照。同时，农村剩余劳动力在从第一产业走向第二产业和第三产业、从农村走向城市的过程中，不断接受工业社会和城市文明的洗礼和熏陶，从生活方式到价值观念，无不在发生潜移默化的变化。他们不仅开阔了视野，更新了观念，而且学会和掌握了新的知识和技能，增强了信息观念、技术观念、市场意识、自我实现感等综合素质。成千上万的农民工从传统意义上的农民脱胎换骨，成为现代产业工人和现代市民。

因此，农村生产要素配置的市场化改革，是解决"三农"问题的治本之举。要解决目前我国依然存在的"三农"问题，必须进一步推进农村生产要素配置的市场化改革。

（二）农村生产要素配置市场化改革推动了国家政策的调整与改变

随着我国社会主义市场经济体制的建立和不断完善，农村生产要素配置的市场化改革，既是农村生产要素追求利益最大化的内在要求，也是农村地区和农民积极探索的过程。同时，要推进农村生产要素配置的市场化改革，离不开国家政策的支持。安徽在改革开放前就有了乡镇企业，只不过当时叫社队企业，并在"文化大革命"期间受到严重打击。1979 年中央《关于加快农业发展若干问题的决定》和国务院《关于发展社队企业若干问题的规定（试行草案）》两个文件下发后，安徽乡镇企业才得以恢复发展。1989—

1991 年，安徽乡镇企业发展受挫，甚至出现了"零增长"。正是因为邓小平同志南方谈话，1993 年国务院《关于加快发展中西部地区乡镇企业的决定》为乡镇企业发展创造了前所未有的宽松环境，1992 年后安徽乡镇企业进入大发展时期。可以说在安徽乡镇企业的发展和转型中，国家政策起了重要的支持和引导作用。

在农村剩余劳动力转移过程中也是如此。随着城乡经济改革的不断深化和食品供给状况的逐步好转，国家对农村劳动力流动管理政策在改革中不断推进和完善，特别是在建立社会主义市场经济体制之后，政府对农村劳动力流动管理政策发生了质的变化，经历了从最初限制流动到允许流动、从控制盲目流动到实施有序化流动，直到实行城乡统筹就业，推动城乡劳动力市场逐步一体化。1984 年中央一号文件准许农民自筹资金、自理口粮进入城镇务工经商；1994 年实施以就业证卡管理为中心的农村劳动力跨地区流动就业制度；2000 年"十五"计划纲要首次提出打破城乡分割体制，逐步

农民工工资偿付

建立市场经济体制下的新型城乡关系，改革城镇户籍制度，形成城乡人口有序流动的机制，取消对农村劳动力城镇就业的不合理限制，引导农村富余劳动力在城乡、地区间有序流动；2004年保障进城就业农民的合法权益，进一步清理和取消针对农民进城就业的歧视性规定，要求各地政府采用法律、经济和必要的行政措施，督促拖欠农民工工资的企业尽快偿付；2007年组织动员社会力量广泛参与农民转移就业培训，完善农民外出就业的制度保障，做好农民工就业的公共服务工作；2008年健全农民工社会保障制度，加快制定农民工养老保险办法，扩大工伤、医疗保险覆盖范围；2012年坚持城乡统筹，建立健全城乡劳动者平等就业的制度，消除劳动者就业的城乡差别和就业歧视，创造公平就业环境。没有体制转轨后的政策松绑，就没有民工潮流动的政治环境。国家政策的调整既为农村剩余劳动力转移扫清了体制上的障碍，也较好地保障了农民工的权益，促进了农村剩余劳动力的转移。

（三）农村生产要素配置市场化改革促进了城乡关系的融合

农村生产要素配置市场化改革的目的，是促进农村各类生产要素的自由流动。为达到这一目的，需要相关配套改革的协同推进。比如，为促进农村土地的自由流动，不仅需要进行农村土地制度改革，建立完善的土地流转制度机制，还要进行城乡社会保障制度改革，解除农民的后顾之忧，弱化土地的福利和社会保障功能；为促进农村劳动力的自由流动，需要进行户籍制度、就业制度、城镇住房制度等一系列相关配套制度改革。同全国一样，安徽在农村生产要素配置市场化改革过程中，进行了相关配套改革。比如，2001

年安徽开展了全面的小城镇户籍制度改革，但相关配套改革还不到位。土地流转的制度机制不完善，流转价格及方式等配套的措施尚未明确，土地的流转受到很多限制，跨区域流动难以实现，整个流转过程也缺乏规范性，造成对农民工土地权益的侵害。农村社会保障体系尚处于非规范化、非系统化阶段，"养儿防老"的传统养老模式已不适应当下农村社会的发展，新型农村合作医疗制度在实际运行过程中覆盖面还太小，且普遍存在报销起付线高、比例小等问题，救助能力弱。户籍制度改革虽然取得一定的成效，但是附于户籍上的公共服务和福利制度并没有发生根本性改变，很多地方的户籍改革主要是放宽本辖区内本地农民在城市落户的限制，对跨地区的流动人口户籍基本没有改革。劳动力市场分为城市劳动力市场和农村劳动力市场，而且城市劳动力市场存在典型的二元结构。农民工多从事的是城镇居民不愿意干的工作，也享受不到城市和企业对他们进行技能培训的权利。外来农民工在住房产权拥有、住房类型、住房质量、住房面积，以及城镇保障性住房拥有等方面，均落后于城镇非农户籍家庭，严重影响着农民工在城镇获得住房的可能性。正因为相关配套改革的滞后，农村生产要素尚未实现自由流动，土地流转还不顺畅，农民工市民化仍存在障碍。因此，随着城乡融合发展的提出与实施，在下一步农村生产要素配置市场化改革中，要继续推进农村土地制度、城乡社会保障制度、户籍制度、就业制度、城镇住房制度等相关配套制度的改革。

　　总之，农村生产要素的自由流动、自主配置，在一定程度上为社会主义市场经济体制的确立做出了重大贡献，推动了我国社会经济结构的调整与变化，成为经济发展和社会转型的第一波动力源。

第三章
引进来走出去：安徽开放战略的
演化升级

一、国际国内的双向开放

（一）安徽开放型经济格局的形成

党的十一届三中全会确立改革开放以来，安徽省开放型经济格局历经孕育准备、萌芽起步、快速推进、稳步提升四个发展阶段。

1. 孕育准备阶段（1978—1990 年）

1978—1986 年，国家在经贸改革方面的做法主要是放开搞活和下放经营权，实施国家外贸公司统一经营，完善贸易管理体制机制。安徽省完成了从"收购站"式的外贸体制到外贸口岸的转变，1981 年开办本省直接出口。1986 年，安徽省政府出台了《关于鼓励外商投资的若干规定》，探索外贸领域承包经营责任制，调动出口企业的积极性。1988 年开始，中央向省区下放外贸经营权。安徽省向合肥、蚌埠、芜湖、安庆、马鞍山、铜陵等 6 市下放外贸经营权。

2. 萌芽起步阶段（1991—2000 年）

随着安徽省委、省政府制定的"一线两点"发展战略以及外向带动战略的实施，对外贸易发展势头强劲。从 1991 年起，我国取消了外贸企业的财政补贴，实行企业自主经营、自负盈亏。安徽外贸企业抓住这一机遇，积极探索建立现代企业制度。1992 年，安徽省进一步向地市下放外贸经营权，将加工贸易审批权限下放到 33 个县；取消国际招标机构资格审批。安徽省第一家外贸股份制企业——安徽省技术进出口股份有限公司成立。在外贸业务上探索"搞活经营"，在外向型经济上拓展"改善环境"，加强对外经济技术合作，有力地促进了安徽的发展。1996 年，国家向科研院所下放外贸经营权，到 2000 年，安徽省有 33 家科研院所获得进出口经营权。

芜湖港集装箱码头

3. 快速推进阶段（2001—2011 年）

2001 年我国加入世贸组织，这对安徽省外贸发展既带来了机遇，也带来了挑战。为此，安徽积极实施科技兴贸战略、大外贸发展战略、以质取胜和名牌战略、市场多元化战略和"走出去"战略，调整优化外贸主体结构、出口商品结构、市场结构和贸易方式结构，努力实现外贸出口由初加工向深加工转变、外贸发展由数量型向质量效益型转变、外贸增长方式由粗放型向集约型转变，促进全省国民经济持续快速健康发展。

4. 稳步提升阶段（2012 年至今）

党的十八大以来，在全面对接"一带一路"等倡议中，安徽省坚持在更大范围、更高层次上，以更加主动的姿态，打造内陆开放新高地，形成了双向互动、内外联动的全面开放格局。安徽省第十次党代会明确提出，实施开放发展行动，加快打造内陆开放新高地，出台《关于打造内陆开放新高地的意见》。2017 年 3 月 30 日，省委、省政府召开全省打造内陆开放新高地推进大会，明确了"四高"的开放发展目标，即基本形成高端化的外向型产业集群、高质量的双向开放格局、高水平的对外开放形态、高效率的开放型经济体制机制。

（二）安徽对外贸易成果丰硕

1. 对外贸易规模不断壮大，促进国民经济提质增效

改革开放以来，安徽省不断加大市场开拓力度，转变外贸发展方式，对外贸易规模日益扩大。"十二五"期间，全省进出口总额从 2010 年的 242.7 亿美元增加到 2015 年的 488.1 亿美元，年均增长 15%。其中，出口从 124.1 亿美元增加到 331.1 亿美元，年均增长 21.7%；进口从 118.6 亿美元增加到 156.9 亿美元，年均增长 5.8%。五年累计进出口 2143.8 亿美元，是"十一五"期间的 2.4

倍。2017 年，全省进出口总量实现了历史性突破，迈上 500 亿美元台阶，达到 536.4 亿美元，总量居中部省份第二位。全省加工贸易进出口额由 41.2 亿美元增加到 101.7 亿美元，年均增长 19.8%，占比由 17% 提高到 20.9%；一般贸易进出口由 195.1 亿美元增加到 349.5 亿美元，年均增长 12.4%，占比由 80.4% 下降到 71.6%，占主导地位。一些新型贸易业态发展提速。2017 年，全省实现跨境电商进出口 4.2 亿美元，出口包裹 800 万件，进口包裹八万余件；大龙网在合肥建成家电离岸集采中心，安徽一达通实现出口七千多万美元。服务贸易发展加快。15 家企业、4 个项目入选国家文化出口重大企业和项目，企业和项目数均居中部省份第一位。海关特殊监管区物流货物进出口由 2010 年的 3858 万美元增加到 2015 年的 28 亿美元，年均增长 1.4 倍，占比已达 5.7%；保税监管场所进出境货物由 5729 万美元增加到 4.3 亿美元，年均增长 49.7%，占比

合肥出口加工区

已达 0.9%。随着先进技术设备的大量引进和高端产品出口的快速增加，对外贸易对国民经济提质增效升级发挥了重要作用，有力地推动了安徽省经济社会的长足发展。

2. 经营主体不断壮大，为经济发展注入新活力

改革开放以来，随着外贸体制改革不断深化，企业经营权逐步放开，贸易企业大力转变生产经营方式，外贸内生动力增强，经营主体不断壮大，民营企业异军突起，为经济发展注入了新的活力，成为拉动全省进出口增长的强劲引擎，外贸经营主体形成以私营企业为主力的新格局。"十二五"时期，安徽省有进出口经营权企业由 11476 家增加到 22000 家以上。全省有进出口实绩的企业由 3529 家增加到 5832 家，其中年进出口额过亿美元的企业由 34 家增加到 67 家；户均进出口额由 688 万美元增加到 837 万美元。民营企业活力增强，进出口额由 70.8 亿美元增加到 234.1 亿美元，年均增长 27%，占比由 29.2% 提高到 48%；外资企业由 81.2 亿美元增加到 127.1 亿美元，年均增长 9.4%，占比由 33.4% 下降到 26%；国有企业由 90.8 亿美元增加到 126.8 亿美元，年均增长 6.9%，占比由 37.4% 下降到 26%。

3. 经贸合作加快，市场多元化取得积极进展

改革开放初期，安徽省商品仅出口到日本、朝鲜、苏联等国家和中国香港地区。随着我国推进多边、双边贸易发展，实施"一带一路"倡议以来，安徽省与发达国家、新兴经济体以及欠发达国家普遍建立商贸往来关系，在巩固传统市场的同时，积极拓展新兴市场，国际贸易业务日益活跃，市场多元化战略成效显著。"十二五"时期，与安徽省有贸易往来的国家（地区）由 207 个增加到 220 个。对欧盟、美国、日本、中国香港四大传统市场进出口由 97.1 亿美

元增加到 182.8 亿美元，年均增长 13.5%；对新兴市场进出口由 145.7 亿美元增加到 305.3 亿美元，年均增长 15.9%，占比由 60% 提高到 62.5%，其中对东盟占比由 6.7% 提高到 12.7%，对海湾地区占比由 3.3% 提高到 5.6%，对印巴地区占比由 2.8% 提高到 3.7%。贸易往来的加强，拓展了安徽省对外发展空间。

4. 出口商品结构改善，机电产品、高新技术产品占比上升

1978 年以前，安徽省出口的商品主要以农副产品和初级加工品为主。进入 80 年代后期，随着工业化进程的加快，工业制成品出口比重开始上升。随着工业强省战略深入实施，新型工业化加速推进，安徽省机电产品、高新技术产品出口增长强劲，比重逐步提高，带动了商品结构升级。出口商品结构由以粗加工、低附加值工业制成品为主向深加工、高附加值制成品为主转变，出口商品的质量、档次有了较大提高。"十二五"时期，全省机电产品出口由 48.4 亿美元增加到 175 亿美元，年均增长 29.3%，机电产品出口占全省出口比重 52.9%，比 2010 年提高了 14 个百分点；高新技术产品出口由 20.1 亿美元增加到 67.5 亿美元，年均增长 27.4%，占比由 16.2% 提高到 20.4%。一批具有高附加值的拳头产品走出国门，如家电出口额一直位居全国前五位，笔记本电脑出口从无到有，2015 年出口额达 21.9 亿美元。高能耗、高污染、资源性（"两高一资"）产品出口占比下降，其中八大劳动密集型产品占比由 24.8% 下降到 19.8%。汽车整车出口量连续 12 年始终保持全国第一位。江淮汽车集团股份有限公司累计出口汽车 29.2 万台，是"十一五"期间的 3.6 倍。

5. 进口商品结构升级，带动外贸经济长足发展

改革开放初期，安徽省进口商品结构由最初的以工业制成品

为主逐步转变为以资源型商品、机电产品、高新技术产品为主。"十二五"以来，产业转型升级对高新技术产品进口需求增加，机电产品、高新技术产品进口实现高速增长，进口商品由资源性产品占主导向以机电产品、高新技术产品为主转变。全省机电设备进口由 40.6 亿美元增加到 47.4 亿美元，年均增长 3.1%。资源性商品进口额由 52.5 亿美元增加到 53.3 亿美元，年均增长 0.3%。其中，铜矿砂进口由 136.7 万吨增加到 460.4 万吨，年均增长 27.5%，进口额由 27.5 亿美元增加到 39.2 亿美元，年均增长 7.4%；铁矿砂进口由 1456.9 万吨增加到 1794.5 万吨，年均增长 4.3%，进口额由 19 亿美元减少到 10.7 亿美元，年均下降 10.9%。一批关键设备的进口如鑫晟光电科技有限公司的制造平板电视设备，促进了产业结构优化升级。

6. 开放平台不断优化，综合服务水平不断提升

目前，安徽省已经构建起了包括陆海联运、铁海联运、中欧中亚班列等在内的"陆、空、水"全方位发展的进出境大通道。一是开放平台日益完善。截至 2017 年，安徽省共有 21 家国家级开发区，96 家省级开发区。其中，国家级经济技术开发区 12 家，高新技术开发区 5 家，国家级海关特殊监管区 4 家。总数居全国第四位，中西部第一位。合肥已获批中国（合肥）跨境电商综合试验区，建立了 17 个进口直销中心。全省现有合肥、芜湖、马鞍山 3 个综合保税区、1 个出口加工区、4 个 B 型保税物流中心，对外贸的贡献率达到 30%。电子口岸改造升级加快推进，合肥海关正式加入全国通关一体化改革试点，合肥综合保税区获批设立，合肥空港、蚌埠、安庆等保税物流中心（B 型）顺利运行，芜湖港进入国家启运港退税政策试点。积极复制推广上海等自由贸易试验区改革试点经验，

复制推广经贸区试点经验 56 项，加快国际贸易"单一窗口"建设，推进一站式作业和关检合作"三个一"等新型通关模式，推行普遍备案、有限核准的外商投资管理制度。二是口岸建设步伐加快。目前已获批或建成的一类口岸 5 个，海关特殊监管区或场所 4 个。全省共有 17 个港口，其中一类开放口岸 5 个，分别是芜湖、马鞍山、铜陵、安庆、池州，其均对外国籍船舶开放。全省拥有合肥、黄山两个航空口岸。已获批肉类、水果、冰鲜水产品、粮食等 9 个指定进境口岸。三是开放通道不断拓展。中欧（汉堡—合肥）班列开通，安徽与亚欧大陆之间的国际物流大通道实现双向贯通。广州—合肥—美国洛杉矶国际货运航线开通，"合新欧"国际货运班列加密开行。安徽省各类开放载体对外贸发展的支撑作用日益增强。

"合新欧"国际货运班列

（三）安徽构建开放型经济新体制

2016 年 4 月，习近平总书记在安徽考察时指出，安徽推动深化改革、内陆开放有闯劲，具有沿江近海、居中靠东的区位优势，又处于"一带一路"和长江经济带重要节点，可以说"左右逢源"，要积极融入国家"三大战略"，推进开放大平台、大通道、大通关建设，加快打造内陆开放新高地。安徽省委、省政府高度重视，全力构建开放型经济新体制，取得了构建全方位开放新格局的"五个新经验"。

1. 聚焦三个重要的战略定位，形成双向协调开放的新局面

推进开放发展，必须深度融入国家开放战略。安徽省聚焦三个重要的战略新定位，逐步加强与中原经济区、长江中游城市群、珠三角、环渤海等区域联系，全面扩大开放，深化区域合作。一是深度参与"一带一路"建设。实施重点国别合作带动，巩固提升对德合作成果，省委、省政府"一号工程"江淮大众新能源汽车项目，获商务部批准。合肥、芜湖中德合作智慧产业园挂牌筹建。支持奇瑞汽车、江淮汽车等四家单位成功加入中德经济顾问委员会，安徽省单位占中方总数近十分之一。2017 年，对"一带一路"沿线国家出口达 104 亿美元，增长 10.6%。对"一带一路"沿线国家非金融类直接投资 8961 万美元，增长 22%，高于全省平均水平近 50 个百分点。二是深入推进长江经济带发展战略。充分发挥长江"黄金水道"的优势，全面提升皖江地区开发开放水平。积极推动与上海港、宁波港、南京港战略合作，提升港口综合竞争力。推动建立水运、铁路、航空口岸联盟，积极发展"口岸＋产业＋市场"于一体的口岸经济。三是深化长三角一体化发展战略。整省纳入长三

角城市群规划建设，全面融入长三角一体化发展和世界级城市群建设，东向发展取得实质性突破。航道畅通、枢纽互通、江海联通、关检直通的"四通工程"深入实施，区域发展能级进一步提升。瞄准沪、苏、浙高科技产业链的关键环节、传统产业链的高增值环节，推进皖江、苏滁、苏皖等产业合作平台建设，积极承接先进制造业和高技术服务业。

2. 加快构建金融支撑体系，探索服务实体经济的新路径

安徽省设立专项资金支持企业走出去参与"一带一路"建设，大力开展国际产能和装备制造合作。其中，从事国际产能和装备制造合作及境外经贸合作区建设的企业，最高可享受500万元的资金支持。专项资金重点支持企业在境外投资实体经济。对企业开展国际产能和装备制造合作，以及对"一带一路"沿线国家实体经济投资的项目，当年累计实际对外投资1000万美元以

安徽打造内陆开放新高地，成为"一带一路"重要枢纽

上，按照投资额给予不超过 6% 的补助，单个项目一个年度最高补助不超过 300 万元。企业在境外从事生产加工、矿产资源开发、农业合作、技术研发、文化产业等实体经济投资，当年累计投资 100 万美元以上的项目，按投资额给予不超过 3% 的补助，单个项目一个年度最高补助不超过 100 万元。在境外设立技术研发机构，在境外获得专利技术，其专利技术注册费按最高不超过实际发生费用的 50% 给予补助。皖企在境外开展承包工程，当年与境外企业新签合同额 1000 万美元以上的承包工程项目，给予合同额 2‰ 的前期费用补助；设计咨询项目合同额在 50 万美元以上的，给予合同额 2% 的前期费用补助。其中，"一带一路"沿线国家和建营一体化项目最高补助不超过 120 万元，其他项目最高补助不超过 80 万元；与国内企业签约的项目按境外企业签约项目补助标准的 50% 执行，单个项目最高补助不超过 50 万元。

3. 优化投资营商环境，打造产业优化升级新动能

一是深入推进"互联网 + 政务服务"建设。深入推进"四送一服"双千工程，加快"互联网 + 政务服务"建设，搭建公共服务信息共享平台，协助企业应对国际贸易摩擦，形成政府服务企业"走出去"的政务开放新格局。全面建成全省政务服务"一张网"，推行线下办事"一次办结"，加快实行"不见面"送达。精简审批事项，动态完善清单制度，大力推进"证照分离"改革，推进项目审批标准化和集成化建设。安徽省率先建立并实施政府权责清单制度和编制周转池制度，稳步推进外贸、外资和对外投资改革，完善"信息公示、风险分类、随机联查、结果告知、联合惩戒"五环相扣的链条式监管体系，为企业家创业发展营造公平诚信、开放包容的市场竞争环境。着力维护市场公平，大力推进产权制度和要素市场化配置改革，创新市场监管制度和手段，加强信用体系建设，扎实开展政务失信专项治理行动，保护各类市场主体合法权益。

二是加快深化"放管服"改革。全面深化商事登记制度改革，实行"一站式"办公，建立登记疑难问题会商制度，加大商标保护力度，为"走出去"企业提供税务咨询服务，协助企业享受协定优惠、解决税收争议。全面收集整理"一带一路"沿线国家的外商投资、税收、金融等信息，提醒企业规避"走出去"过程中的涉税风险。

三是深化区域通关、通检一体化、关检合作"三个一"改革。加快形成国际国内要素有序流动、市场深度融合的开放型经济新格局。实行节假日 24 小时预约通关通检，提升通关验放效率。加快安徽电子口岸建设，加强口岸单位协作，积极推进"一站式作业"。全面推行"一窗式受理、一次性告知、一条龙服务"，做到企业到政府部门办事"最多跑一趟"，建立"亲""清"的政商关系，让企业真正感受到浓浓的亲商、爱商氛围。在全省范围内和海关特殊监管区分类复制推广自贸区改革试点经验，2017 年年底，正式建成运营中国（安徽）国际贸易"单一窗口"。

4."引进来"和"走出去"互动发展，构建产业开放竞争新优势

第一，积极参与国际经济合作和竞争，推动装备、技术、标准、服务"走出去"。近年来，安徽省把握"一带一路"建设的战略机遇，在更大范围、更宽领域、更高层次上参与国际竞争与合作，力推钢铁、水泥、汽车、家电、服装等优势产业和富余产能"走出去"，越来越多的"安徽制造""安徽服务"品牌走向世界，加快了经济结构的优化升级。目前，安徽省已建立包括基础交通、贸易平台、产能合作和人文交流等四类重点项目共一百余个"一带

一路"重点项目库，总投资额近万亿元。以德国、俄罗斯等国家为重点，积极有效推进国际产能合作，目前仅实施对德合作重点项目就有 115 个，总投资达 104 亿美元。

第二，积极扩大开放领域，以外资带动内资，引进优质跨国公司和先进技术。通过创新招商方式，深化"放、管、服"改革，优化投资环境，吸引跨国公司布局安徽。拓宽利用外资领域，鼓励外商以技术出资，支持投资基础设施、金融服务、电子商务、医疗养老、先进制造及各种基于"互联网＋"的优质项目，不断培育和壮大利用外资新的增长点。支持通过现金注入、利润再投、股东借款等方式利用外资，引导外资投向高端装备制造、现代服务业。鼓励外资企业通过并购整合产业链，提升产业发展水平。

第三，积极引导外商向产业链高端转移，推动产业结构优化升级。安徽省"引进来"坚持有所为、有所不为，紧紧盯住主导产业、新兴产业和现代服务业，推进全产业链招商和产业集聚发展。积极引导外商将投资重点向高端制造业、高新技术、现代农业、交通、现代服务业布局，改善外资结构。

5.国企、民企、外企"三企联动"，探索开放式产业协同创新的新范式

建立开放型创新机制，通过研发机构"引进来"和"走出去"，发挥技术"溢出效应"和"挤出效应"，培育以技术、品牌、质量、服务为核心的竞争新优势，实现技术创新范式和轨迹的转变。安徽省依托"三重一创"和重大创新平台，围绕 24 个战略性新型产业基地建设，引进一批外向型大企业、大项目。如惠而浦作为全球最大的家用电器制造商之一，它的中国总部、全球研发中心、亚太经营中心和生产制造基地均以合肥为中心进行布局。芜湖拥有全国唯

一的国家级机器人产业发展集聚区，打造政策支持、投融资、技术研发、检验检测、人才支撑、应用推广六大产业支撑平台。截至2017年，基地已落户哈尔滨行健、上海酷哇、意大利 CMA、意大利 EVOLUT、天津瑞思、济南海拓志永、中山大洋电机、南京海格力斯等一批机器人产业龙头企业一百余家，产值超百亿元，形成了多个企业集群，构建了较为完善的机器人及智能装备全产业链。

党的十八大以来，安徽省对外开放发展取得了令人瞩目的成绩。展望未来，安徽省应以更高水平推进大开放主战略，努力把安徽打造成为内陆双向开放新高地；积极参与"一带一路"建设，深化国际贸易与经济技术合作，构建外向型经济发展新优势；大力推进大开放平台建设，搭建外贸、外资、对外经济合作"三外"联动平台，融合发展，创新发展，促进安徽省外向型经济发展升级，为安徽省国民经济发展做出更大的贡献。

二、利用外资迈上新台阶

改革开放以来，特别是中国加入世贸组织以来，安徽利用外资取得了积极成效，外资在推动经济发展、产业升级、技术进步、城市建设等方面均发挥了重要作用。进入新时代，随着国际经贸呈现新趋势和国内经济进入新常态，利用外资工作面临新的历史使命和要求。安徽迫切需要把利用外资作为开放型经济的重点，着重围绕提质增效和优化升级，以强有力的举措着力推进利用外资迈上新台阶，为加快推进"三个强省"战略、高水平全面建成小康社会提供强大的动力。

（一）安徽利用外资的历程

改革开放四十年来，安徽省利用外资从无到有、从少到多、从重量到量质并重，其历程可以划分为四个发展阶段。

1. 初始起步阶段（1978—1991 年）

1979—1982 年，国内引进外资的主要是四个经济特区，1980年，安徽省启动引进外资工作。1984 年 5 月，安徽省委、省政府发出《关于尽快打开利用外资和引进技术工作新局面的通知》，同时颁发了吸引外资的一系列政策，安徽省第一家中外合资企业——安利人造革有限公司在合肥成立，拉开了全省利用直接外资的序幕。在 1981—1984 年间，安徽省利用外资主要以对外借款为主，合同引进外资额很少，至 1984 年年底，共签订引进外资项目 22个，占同期全国外资项目的 0.65%；合同金额 835 万美元，占全国的 0.029%，实际利用外资额 5011 万美元。1985 年，国家大力推进招商引资工作，并颁布了《鼓励外商投资的规定》。1986 年 11 月，安徽省制定了配套政策，颁发了《关于鼓励外商投资的若干规定》。1990 年，安徽省政府颁布《安徽省鼓励台湾同胞投资的规定》，招商引资的政策环境得到一定改善。1985—1991 年间，安徽省批准引进外资项目近 300 个，实际利用外资额 4237 万美元，引资工作取得一定发展。

2. 快速发展阶段（1992—2001 年）

1992 年邓小平南方谈话后，中国对外开放进入新阶段，国务院修改和废止了四百多份制约经商的文件，部分放开国内重要经济领域市场，提升了招商引资活力。20 世纪 90 年代以来，安徽省委、省政府积极推进皖江开发开放战略，推动了这一时期招商引资的快速发展。1992 年 11 月，第一家世界 500 强企业瑞士 ABB 集团投资的企业——合肥 ABB 变压器有限公司在合肥设立。1993 年马鞍山钢铁股份有限公司发行 H 股吸引港币 37 亿元，成为全国在香港上市融资最大的企业之一，开创了安徽以股票上市吸引外资的新方式。1996 年省政府颁发了《关于加快利用外资的决定》，进一步拓宽利用外资领域。1992—2001 年，协议引资额 56.3 亿美元，实际利用外资额 34.4 亿美元，较 1985—1991 年实际利用外资总额，增长了近 80 倍，处于快速增长之中。

3. 迅速提高阶段（2002—2011 年）

2004 年 12 月，全省第一家外资并购企业安徽天圆粉体新材料有限公司成立。2005 年，安徽省人民政府出台《关于进一步加快利用外资步伐提高利用外资水平的指导意见》。2007 年 12 月，合肥市被认定为全国第十二个服务外包基地城市。2008 年 2 月，时任国务院副总理吴仪来皖出席合肥服务外包基地城市授牌仪式并亲自授牌。2008 年，东亚银行合肥分行、首创安泰人寿保险有限公司安徽分公司相继开业，标志着安徽省金融业利用外资"零"的突破。

4. 全面提升阶段（2012 年以来）

随着中国加入世界贸易组织和全球经济转好，安徽在国家中部崛起战略推动下，合芜蚌自主创新示范区、皖江城市带承接产业转移示范区和加快皖北地区经济发展战略相继实施，安徽利用外资呈现全面增长态势。2013 年实际利用外资额首次突破 100 亿美元，达 106.8 亿美元，进入全国第一方阵，2002—2015 年，对外签订利用外资协议额 332.5 亿美元，实际利用外资额 706.79 亿美元，较 1992—2001 年实际利用外资总额增长了 20.5 倍，来皖投资的境外世界 500 强企业从 2006 年的 35 家迅速增至 2015 年 11 月底的 72 家，利用外资质量逐步提升。2017 年，安徽省出台《关于进一步做好招商引资工作的意见》，围绕树牢开放发展新理念、大力促进精准招商、创优招商引资环境和完善工作推进机制制定了具体措施。同年，安徽省人民政府办公厅出台《关于促进外资增长的实施意见》，从减少外资准入限制、财税支持政策、完善国家级开发区综合投资环境、便利人才出入境以及优化营商环境等五个方面提出了 22 条相关措施。

（二）从招商引资到招才纳智

"招商引资"与"招才引智"并重，开辟以智力资本撬动产业资本的新路径。大力组织实施重大人才技术引进项目，将人才特别是领军型人才及其创新创业团队的引进作为产业发展的关键，力求引进一个团队，带来一批技术，形成一批项目，提升一个产业。以

京东方合肥生产线厂区外景

智力资本撬动产业资本，促进国际国内要素有序流动、资源优化配置。合肥市紧紧抓住系统推进全面创新改革实验和合芜蚌国家自主创新示范区建设获批的历史机遇，加强招商策划，着力引进一批创新项目和专家团队。京东方入驻合肥后，在建设第六代 TFT-LCD 生产线时，集聚了一千两百多人的技术研发团队，其中来自韩国、日本等境外人才达两百多人，有力促进了平板显示产业的高速发展。芜湖市加快人才特区建设，每年安排专项资金 1.2 亿元，采用期权股权激励、生活补助、工作补贴等形式，吸引高端人才集聚。针对机器人产业基地建设，制定《芜湖市机器人及智能制造产业引进创新创业人才暂行办法》。目前，全省拥有"两院"院士 33 人，建成院士工作站 114 家，"柔性"引进院士 135 人。

（三）安徽利用外资成效显著

1. 外商直接投资规模不断扩大

20 世纪 90 年代以来，安徽出台了一系列鼓励外商投资的政策，加快了利用外资的步伐。"十二五"期间，安徽省实际吸收外商直接投资额年均增长 22.1%，全省累计利用外商直接投资 519.1 亿美元，是"十一五"期间的 3.1 倍；累计新批投资总额过亿美元项目 42 个，引进法国米其林等境外世界 500 强企业 21 家，累计已有 73 家境外世界 500 强企业在安徽投资设立 121 个企业。到 2017 年年底，安徽吸收外商直接投资累计 673 亿美元，增长 7%。外资引入区域聚集明显。安徽省吸引外商投资主要集中在少数几个地市，1998 年以来，合肥、芜湖、马鞍山引入外资稳居第一方阵。2008 年后，随着合芜蚌新区、皖江示范区和加快皖北地区经济发展政策的陆续实施，合肥、芜湖、马鞍山、蚌埠和滁州五市引资发展迅速，2010—2015 年五市实际利用外资累计总额占安徽省当期累计总额度的 64.8%，其他 11 个市仅占 35.2%。

2. 外资来源地呈多元化趋势

改革开放初期，来皖投资的外资企业主要来自亚洲，随着安徽省全方位开放格局的形成，外资来源地进一步向多元化发展。投资来源地由最初的香港地区增加到 2008 年年末的 79 个国家和地区，其中欧洲 27 个、亚洲 23 个、拉丁美洲 13 个、非洲 8 个、大洋洲 5 个、北美洲 3 个。中国香港、英属维尔京群岛、美国、中国台湾、新加坡、日本、韩国、英国、加拿大、德国等国家和地区为安徽省十大投资来源地。2012 年前，十大外资来源地到位资金占全省实际利用外资的 87.6%，其中亚洲投资额所占比重最高，主要为中国香港、中国台湾以及日本、新加坡、韩国。中国香港一直是安徽省外来投资来源最多地区，1994—2010 年间中国香港投资所占份额达到 40% 以上，2011—2016 年，每年占比均超过当年实际利用外资额的 50%。

3. 外资投资领域不断拓宽

改革开放之初到 20 世纪 90 年代中期，外资投资主要以劳动密集型的制造业、建造业项目居多。随着我国加入世贸组织后，安徽省第三产业外商投资比重大幅提高，房地产、批发和零售、交通运输、仓储及邮政、采矿等传统产业部门是吸收外资较多行业。目前，外商投资主要集中在制造业、建筑业、信息传输、计算机服务和软件业、批发和零售业、金融业、租赁和商务服务业等十多个产业。从安徽外资投资产业分布情况来看，以制造业为主的第二产业占比较高，高端制造业占比较低。2015 年前制造业在各年所占比例均超过 50%；战略性新兴产业利用外资比重稳中有升，由 2012

年的 17.4% 提高到 2017 年的 20.8%，服务业利用外资比重由 2012 年的 28.2% 提高到 2017 年的 36.3%。从要素使用情况来看，劳动密集型产业吸引资金份额大，而资本和技术密集型产业吸引外资比例较小。近年来，安徽省利用外资在规模扩张的同时，引资结构向产业链中高端环节转移，高水平承接产业转移效应已经初步显现。2018 年前两个月，安徽省先进制造业实际使用外资 12.6 亿美元，占引资总额的近一半；现代服务业实际使用外资 11 亿美元，同比增长 31.3%，其中，仓储物流、科技信息、文化娱乐等行业引资均保持 3 倍以上的增长。

4. 利用外资质量不断提升

随着安徽省招商引资力度的加大和投资环境的不断改善，利用外资逐步由数量型向质量型转变。2017 年，全省外贸备案登记企业达到 2.8 万家，实绩企业超过 7000 家，其中，过亿美元企业达到 68 家，过 10 亿美元企业 6 家。聚焦招大引强，高水平承接产业转移效应初显，引进跨国公司成效显著。世界 500 强企业德国采埃孚集团首次在皖布局，与安徽合力股份有限公司联手打造全球领先的工业车辆传动系统研发、制造、装配、测试及销售基地。外资大项目不仅能带来先进技术和管理经验，更能进一步壮大优势产业、催生新兴产业，有效促进安徽省产业结构优化升级。在工程机械行业，世界最大挖掘机生产商日立建机来皖投资建厂，生产多吨级挖掘机和多种特殊工作装置，助力安徽省跻身工业机械大省。在家电行业，惠而浦在合肥设立中国总部，成为北美以外全球布局最大的一块，推动合肥由"家电制造之都"转型升级为"家电创新之都"。在汽车零部件行业，德国大陆集团来安徽省投资设立的轮胎及汽车电子生产企业，引进了先进生产设备和工艺，延伸和提升了安徽省汽车产业链。自 1984 年引入第一家外商投资企业 (安利人造革有限公司)，到 2008 年年底，累计引进联合利华、日立、西门子、ABB、圣戈班、微软、德尔福、沃尔玛等 44 家境外世界 500 强企业来安徽省投资 52 家企业。党的十八大以来，安徽省稳步推进外资管理体制改革，截至 2017 年年底，德国大陆、美国康宁等一批外资大项目成功落户安徽，共有 80 家境外世界 500 强公司在安徽累计设立了 152 家企业，为全省经济注入了新的活力。

（四）苏滁现代产业园：跨国跨省合作新成果

　　作为中国和新加坡两国合作成立的中新集团走出江苏省合作共建的第一个投资项目，苏滁现代产业园是安徽省参与长三角分工合作的重大成果。苏滁现代产业园自 2012 年 4 月开工以来，紧紧围绕"中新合作新实践、安徽园区建设新探索和皖版苏州工业园区"的目标定位，全面学习借鉴苏州工业园区的成功经验，致力打造安徽省开放合作的新高地，取得明显成效。

　　按照"产城融合、产业先行、以人为本、宜居宜业"的规划理念，投资三千多万元，委托新加坡邦城规划院、澳大利亚 TRACT 公司等国际顶级设计单位编制总体规划、专项规划、清流河景观设计等 30 项规划，合理确定空间布局和开发秩序。2013 年 6 月，安徽省开发区产城一体化推进现场会在滁州召开，将苏滁现代产业园产城融合发展的理念、规划实施的路径作为样板复制推广到全省。

　　苏滁现代产业园始终坚持把招大引强、招外引新作为"一号工程"和首要任务，围绕"品牌、高端、外资"项目，全力实施产业招商、以商招商和平台招商。累计签约引进项目 116 个，协议引进资金三百多亿元，其中台湾隆达电子、长久轿运车、南方黑芝麻食品等国内外行业领军企业投资的旗舰项目 10 个，外资项目 19 个，注册成立各类企业一百五十多家，投产企业 43 家，在建工业项目 17 个，初步形成了电子信息、汽车及装备制造、营养健康、新能源新材料四大主导产业。2016 年 9 月，园区获批国家级产城融合示范区。

2018 年是全面贯彻落实党的十九大精神开局之年，也是苏滁现代产业园进入"加速崛起、跨越腾飞"阶段的关键之年。园区将以习近平新时代中国特色社会主义思想为指导，以供给侧结构性改革和新发展理念为引领，以纵深推进国家级产城融合示范区建设为路径，以全面落实滁州市五大发展五个"一号工程"为抓手，以"双百"为目标，即新签约、新开工、新投产亿元以上工业项目达 100 个，经营收入超百亿元，加快打造国家级产城融合示范区的核心增长极。

三、积极参与国际分工合作

近年来，安徽省委、省政府主动融入国家"一带一路"倡议，高度重视推进国际产能合作，将其作为推动新一轮扩大对外开放和增强企业国际竞争力的重要途径。高品质的安徽制造在加速走出国门的同时，充满活力的安徽企业也在各项政策的精准助力下，积极投身"一带一路"建设，为全球经济发展贡献安徽力量。

（一）对外投资和合作不断扩大

1. 规模扩张快

1983 年，安徽省国际经济技术合作公司与伊拉克签订第一份劳务技术合同，填补了安徽省对外经济技术合作发展的空白。之后，对外经济技术合作事业不断发展，签订的合同项目越来越多，完成的营业额也越来越大。截至 2008 年年底全省已累计签订对外经济技术合同 2243 份，合同金额 53.8 亿美元，完成营业额 37.2 亿美元。"十二五"时期，全省对外承包工程签订合同额 122 亿美元，完成营业额 138 亿美元，分别是"十一五"的 2.2 倍和 2.6 倍。2012—2017 年，对外承包工程累计完成营业额 154 亿美元。

改革开放以来，安徽在吸引外资的同时，也到境外投资兴办实体企业。1997 年安徽省企业开始对外投资，第一家境外企业是马鞍山钢铁股份有限公司在香港设立的马钢（香港）有限公司。1999 年，我国明确提出"走出去"战略后，安徽省企业对外投资步伐明显加快。到 2008 年，安徽省共设立 124 家境外企业，累计协议对外投资额 2.7 亿美元，实际对外投资 1.5 亿美元。"十二五"以来，安徽省不断加快"走出去"步伐，企业赴境外开展投资合作的能力和主动性明显增强。2014 年，安徽省全年对非洲投资额已占到中国对非投资的 10%。2015 年当年实际对外投资额 9.7 亿美元，创历史最好成绩，较 2011 年增长了 90%。"十二五"期间全省对外实际投资累计达 31 亿美元，是"十一五"累计对外投资的 3.2 倍。2017 年，安徽省对外投资与经济合作稳步有序发展，全年新增备案境外企业和机构 75 家，协议对外投资额 10.6 亿美元，实际对外投资额 9.3 亿美元。

2. 投资和合作国别广

对外经济合作市场由 1983 年的 1 个国家发展到 2008 年年底的以亚洲为主遍布全球五大洲一百多个国家的多元化格局。"十二五"期间，安徽省对外投资地区从发展中国家向发达国家延伸，涌现出铜陵有色、奇瑞、江淮等一批国际知名"走出去"企业，遍布十几个国家和地区，初步形成了以非洲、东南亚市场为主，以拉美、中东市场为主要方向，以欧美、南太平洋为更高层次目标的多元化的"走出去"格局。海外投资在欧盟、北美设立境外企业数由"十一五"期间的 23 个增加到"十二五"期间的 116 个。这些企业对外承包工程，大力拓展拉美、中东欧国家市场，并成功开拓了巴拿马、厄瓜多尔和白俄罗斯等市场。到"十二五"末，安徽省对外投资合作市场已覆盖 137 个国家和地区，与"一带一路"沿线 19 个国家有对外投资。2016 年，安徽省对外承包工程企业在巩固传统市场的同时，通过蚌埠国际中非机场、中交二航局四公司黑山高速公路、安徽电信工程几内亚电信网络等项目的签订，对外承包工程新增 3 个国别，市场范围得到进一步拓展。据统计，全年安徽省企业对外承包工程新签合同额 30.7 亿美元，同比增长 0.2%；完成营业额 30.9 亿美元，增长 14.9%。

3. 投资和合作领域宽

安徽对外承包工程从以劳动密集型为主的房建、修路等单纯土建向以技术、资金密集型为主的冶金、石化、建材、水利、电力、通信等领域发展。安徽企业对外投资领域逐步从轻纺、机电行业向汽车、建材、医药、新能源、农业合作、市场网络、园区建设等领域扩展，尤其在建筑、汽车、水泥等领域领先全国。2012 年，铜陵有色投资的中铁建铜冠投资公司厄瓜多尔铜矿项目金额达到 17

亿美元，为迄今为止安徽省最大的境外投资项目。"十二五"时期，安徽对外涉及的行业达 49 个，比"十一五"时期增加了 17 个。如安徽建工集团从 2002 年开始实施在五十余个国家承建中国驻外使领馆、机场、电站、大学城、办公楼、会议中心、公路桥、医院、商业中心、厂房、清真寺、别墅、公寓、宾馆等上百个房建与基础设施项目。近年来，安徽建工与合肥建工、阜阳建工、安徽二建和三建等多家企业通过"整合资源、抱团出海"的方式"联合走出去"；到 2015 年，已经连续 7 年入选"ENR 国际承包商 250 强"。2015 年 12 月，安徽建工还与安徽最大的专业外贸公司——安粮集团签署战略合作协议，在继续开展海外建筑市场合作的基础上加强贸易领域的合作，实现优势互补、共同做大做强。

4. 投资和合作方式多样

安徽省企业开展对外投资与国际产能合作方式多样，主要包括海外并购、海外办厂、合资合作、承包等方式。境外投资由起初在境外设立贸易公司向境外资源开发、境外加工、境外技术研发延伸。"十二五"时期，安徽省对外承包在 BOO 及建营一体化项目上取得了突破，EPC 项目显著增多。对外承包工程由"借船出海"、承揽分包工程为主走向"造船出海"、总工程承包为主转变。对外投资方式由单一型"点对点"绿地投资向跨国并购、股权置换等集约式、产业链投资延伸。如 2015 年马钢股份以 1300 万欧元收购方式接收法国的瓦顿公司；安徽丰原集团采取海外建厂方式，在法国、比利时等地投资建设贸易公司，在巴西马拉卡茹市合资设立丰原巴西投资公司，在泰国投资建设 8 万吨/年柠檬酸生产工厂，并于 2014 年在欧洲布局柠檬酸生产线、成立丰原索尔诺克生化股份有限公司。对外承包工程加快转型升级，带动技术、装备、标准和服务"走出去",成效显著。如安徽省外经建设(集团)有限公司等企业在电力、化工、铁路、基础设施、加工制造等优势领域积极推行投资、建设、运营一体化模式。

5. 投资和合作主体多元

境外投资的主体由国有和国有控股企业逐步转变为国有、民营等多种所有制形式共同发展的格局。2000年,安徽省对外投资、对外承包工程和对外劳务合作队伍中开始出现民营企业的身影,到2008年,全省兴建外派劳务基地13个,其中肥东和太和成为全国行业外派劳务基地。"十二五"期间,共设立境外企业406家,其中民营企业254家,占62.6%,较"十一五"的32.6%提高了30个百分点。对外承包工程企业中民营企业数量由"十一五"期间的22家增加到"十二五"末期的40家。

(二)建立境外产业园区——安徽省农垦津巴布韦经贸合作区

2014年,安徽省实施"走出去"加速推进工程,支持"走出去"产业集聚发展。2015年年初,安徽省外经建设(集团)有限公司建设的莫桑比克贝拉经贸合作区、安徽省农垦津巴布韦经贸合作区、奇瑞巴西工业园,成为安徽省首批3个挂牌运营的境外经贸合作区,为汽车零部件、消费品制造加工、商贸流通等领域企业开展国际化经营创造了条件。

2010年12月,安徽农垦集团与津巴布韦国防部在津合资成立了皖津公司,签订了农业开发的合作协议。皖津项目从2010年12月至2012年9月,开垦土地5000公顷,试种三个农场的小麦、玉米、大豆、烟叶,平均产量分别达到6吨/公顷、6.75吨/公顷、2.25 吨 / 公顷、2.25 吨 / 公顷，远远超过当地平均水平。皖津公司已经成为津巴布韦境内规模最大的农业生产企业，也是津巴布韦最大的粮食收购公司、定点供货商和中国烟草总公司津巴布韦天泽公司的烟叶供应商。皖津项目二期自 2012 年 10 月开始实施，计划开发土地至 5 万公顷。2015 年，安徽农垦在津已拥有 10 个农场 1.2 万公顷的土地，每年实际种植玉米、烟叶等作物六千多公顷，皖津公司年产粮食近两万吨。到 2018 年，拥有的土地面积几乎接近安徽农垦在省内的土地，相当于在非洲再造了一个"安徽农垦"。2013 年 6 月，安徽农垦牵头成立了"皖企赴津巴布韦合作开发联盟"，以皖津项目为平台，示范引领省内相关企业"走出去"，参与国际竞争与合作，通过为会员企业提供多功能、多层次、一站式服务，推动皖企低成本、高效率"走出去"，不断提高安徽省开放型经济水平。

（三）安徽中鼎集团——安徽省外贸企业培育竞争新优势的典型案例

面对国际分工模式的重大变化和新技术、商业模式、组织模式的迅速变革，企业通过获取境外技术、品牌、营销渠道及资源，培育竞争新优势，实现企业核心竞争力的提升。经过三十多年的发展，创建于 1980 年的安徽中鼎密封件股份有限公司已经成为我国最大的汽车橡胶零部件生产、出口企业，产品覆盖国内各大汽车主机厂和汽车零部件厂，并直接出口配套美国通用等世界知名企业。从 2004 年开始，安徽中鼎集团通过收购全面进入高端密封件研发和制造领域，并进行系统整合形成跨国经营布局。2004 年收购韩国 HST 和 KA 公司，2007 年收购德国 Schmitter（施密特）

93

公司，2008 年收购美国 AB 公司，2009 年收购美国迈尔斯工业股份公司旗下两家橡胶制品工厂，2011 年收购美国 COOPER 公司，2012 年收购美国 ACUSHNET 公司及 Precix 公司，2014 年收购德国 KACO 公司，2015 年收购德国 WEGU 公司及法国 FM 公司。安徽中鼎通过进入高端品牌核心供应领域，升级企业技术储备和产品结构，从单一零部件供应商向集成系统供应商转变，成为安徽省外贸企业培育竞争新优势的典型案例。

第四章
经济转型：安徽不断发展的强劲引擎

一、工业强省战略的实施

党的十一届三中全会作出了把党的工作重心转移到社会主义现代化建设上来的重大战略决策。安徽工业在由计划经济体制向社会主义市场经济体制转变的过程中，不断进行改革探索、调整提高，实现了由计划向市场，由粗放到集约经营的转变，工业生产基础持续改善，产业结构不断优化，科学技术在工业领域内的应用范围不断扩大，工业发展呈现出持续较快增长的态势，彰显了蓬勃发展的强大生命力。

（一）由农业大省向工业大省的转变

1978 年以后，国民经济进入恢复发展时期。针对轻重工业比例失调，安徽加快发展轻纺工业，积极调整工业经济内部比例。从1979 年开始，大力推进工业企业改革，经历了试行扩大企业自主权、承包经营责任制、厂长（经理）负责制、转换经营机制等几个主要阶段，极大地调动了企业和职工的生产积极性，产品产量稳步增加，工业经济发展逐步加快。1984年，我国提出建立有计划的商品经济，对国有企业实行利改税，逐步理顺国家与企业的分配关系，促进企业建立和落实经济责任制。随着国有企业改革的不断深入，安徽省工业增长速度继续加快，1985年，工业生产总值达101.37亿元，首次突破100亿元大关。1992年工业增加值293亿元，为1983年的3.4倍，年均增长14.4%。1993年，全省轻工业发展的"1114"计划出台，提出在五年内实施"优化壮大一批、改造提高一批、开拓创新一批、放开搞活一批"的发展计划。轻工业整体技术水平快速提升，全行业大中企业数达到200个，五大重点行业涌现出美菱电冰箱、古井贡酒、芳草牙膏等一批国内名牌产品，安徽"轻工大省"称号应运而生。

1995年，安徽提出了由资源大省向工业大省跨越的奋斗目标。为此，确立了机械、电子、日用电器、汽车、石油化工为主导产业，实施了产业扶持政策。巩固发展冶金、建材、煤炭、电力等行业，新上了一批大项目。随着淮南、淮北能源基地，马鞍山钢铁公司、铜陵有色金属加工基地，安庆石油化工基地，皖中加工业基地以及合肥高新技术工业园等一批重大项目的建设，煤炭、电力、冶金、机械、电子、化工等行业规模迅速扩大，部分能源原材料工业、加工工业形成新的发展优势。在工业发展的拉动下，安徽实现了由农业省向工业省转变。2000年，工业总产值5400亿元，与1990年相比较，增长了4.57倍；同期GDP仅增长了2.46倍。在三次产业产值结构中，以工业为主体的第二产业产值占比达到41.3%。

进入新世纪以来，安徽以工业化为核心，加快经济结构升级，深化企业三项制度改革，推进企业并购重组，加快重大项目建设，着力培育了一批在国内有地位、具有国际竞争力的大公司、大集团，发展了一大批"专、精、特、新"的中小企业集群。随着各项改革的进一步深化，政策累积效应得到集中释放，安徽省工业经济出现重大转机。安徽工业经济迈入了厚积薄发、加速崛起的新阶段。2003 年 6 月省政府出台《安徽省全面建设小康社会的战略目标、战略步骤及起步阶段的重点建设任务》，要求构筑经济持续快速健康发展的新平台，提出了起步阶段重点建设八大产业基地和六大基础工程的战略构想。2004 年 1 月，省人大十届二次会议审议通过的《政府工作报告》中，明确指出全面实施"861"计划（"8"是指建设八大重点产业基地，"6"是指构筑六大基础工程，"1"为发展目标，是指到 2007 年实现全省人均生产总值 1000 美元以上）。随着"861"行动计划的全面实施，安徽工业经济发展速度明显加快，运行质量继续提高，规模和总量进一步壮大，对全省经济增长的支撑作用日益显著。2003 年到 2007 年，安徽工业年均增长16%，对 GDP 增长的贡献率由 43.0% 提高到 49.3%，成为推动全省生产总值连续跨越四个千亿元平台的主导力量。2007 年，工业经济上缴税金达到 410.1 亿元，占地方财政收入的比例已达 80%。安徽已经从传统意义上的农业大省，转变为以工业为主导的发展中省份。

（二）工业强省战略的提出和实施

安徽经济发展能够驶上快车道，得益于工业强省战略的实施。2006 年，"工业强省"首次作为发展战略写入安徽"十一五"发展规划，作为推动安徽经济发展的第一抓手。2007 年 8 月 16 日，安徽省委、省政府专门召开工业强省大会，明确提出以大中型企业、优势产业和特色产品为重点，以产业集聚发展为方向，以科技进步和自主创新为支撑，以改革开放为动力，优化工业结构和区域布局，加快工业增长方式转变，提高工业综合竞争力和带动力，加快形成以高新技术产业为先导、以先进制造业为骨干、以基础产业为支撑，大中小企业合理布局的工业体系，推进安徽从传统资源大省向新型工业强省的跨越，使工业成为推动全省经济发展的主导力量。

安徽牢牢把握"工业强省"战略不动摇，坚持把加速推进新型工业化作为富民强省的第一推动力，各级各地区各部门谋工业、促发展氛围浓厚，有力推进了全省工业经济又好又快发展。"十一五"期间，安徽省工业增加值由 1373.5 亿元增加到 5601.9 亿元，年均增长 22.6%。推动三次产业结构比例从 2005 年的 18.1：42：39.9 调整为 2010 年的 14.1：52.1：33.8。汽车、钢铁、装备制造业、有色金属、轻工、石化六大主导产业占全部工业的 70% 以上，高新技术产业增加值占全省规模以上工业 29%。千亿产业实现零的突破，由 2006 年的"零"起步发展到 2010 年汽车、家电等 7 个行业主营业务收入超千亿元。电子信息、新能源、新材料等新兴产业工业总产值已达规模以上工业总量的 15% 左右。全省规模以上工业企业达到 1.65 万户，企业销售收入超 100 亿元的工业企业达 17 家，超 500 亿元的 4 家，其中 11 家进入中国企业 500 强。工业在全省经济中的地位明显提高，主导作用逐年稳步提升，为全省地区生产总值在 2009 年首次突破万亿元大关起到了重要作用。

"十二五"时期，安徽省继续实施工业强省战略，全面开展工业"12345"行动计划。具体内容为：实现工业总量超 1 万亿元；完成技术改造投资过 2 万亿元；实施做强做大优势产业、改造提升传

江汽安凯新能源客车

统产业、培育打造新兴产业三大工程；重点围绕皖江城市带、皖北地区、合肥经济圈及皖南皖西地区工业发展，形成四大区域快速、和谐发展的产业格局；培育五家以上超千亿元企业。努力将马钢集团、铜陵有色集团、奇瑞汽车有限公司、江淮汽车集团、淮南矿业集团等 5 家以上企业培育成规模大、实力强、具有自主知识产权和核心竞争力的超千亿元企业。逐步建成以高新技术产业为引领、先进制造业为主体、现代生产性服务业为配套，新兴产业培育壮大，传统产业优化升级，大中小企业协调发展，区域布局合理的现代工业体系。

（三）制造大省的确立和制造强省的建设

"十二五"期间，安徽省积极抢抓发展机遇，攻坚克难，砥砺奋进，工业强省战略成效显著。全省工业在工业总量、技改投资、科技创新等指标方面实现了翻番，呈现出有规模、有速度、有质量、有效益、可持续的良好发展态势。2014年，安徽工业化率由2005年的34.3%提升到46%；制造业增加值占工业和GDP比重分别上升至86.2%和39.4%，工业尤其是制造业已成为安徽经济发展的主导力量。2016年，规模以上工业实现了历史性突破，增加值总量首次跨越万亿元大关，达10081.2亿元；主营业务收入突破4万亿元，达到4.16万亿元；实现利润首次突破2000亿元，达到2078.9亿元，主要工业经济指标均位居全国第一方阵前列，安徽制造大省的地位基本确立。

但安徽制造业也存在总量不大、结构不优、创新不强等问题，特别是随着资源和环境等约束增强，劳动力等要素成本不断上升，高投入、高消耗、低技术含量的传统发展方式难以为继，全省制造业发展面临新的挑战。随着新一轮科技革命和产业变革孕育兴起，以跨界融合为特征的"互联网+"时代已经到来，先进信息技术与

安徽：绿色制造推动工业绿色转型

制造业融合渗透，网络化、绿色化、智能化、服务化制造模式逐渐普及，科技创新、产业创新、市场创新、管理创新加速推进，为安徽制造业跨越发展打开了"机会窗口"。为了进一步推进工业强省战略，让制造业成为安徽经济发展的主导力量，对应国家制造强国建设领导小组启动的《中国制造2025》"1+X"规划体系，2015年11月18日，安徽省人民政府出台了《中国制造2025安徽篇》，指出安徽必须紧抓新一轮科技革命和产业变革的历史机遇，突破一批重点产业和领域，努力实现安徽制造业做大做强做优"三重任务"，走出一条安徽制造业转型升级的新路径。提出了到2020年，基本实现工业化，制造业强省地位初步建立；到2025年，制造业整体水平大幅提升，实现迈入制造业强省行列的工业发展远景目标。

2017年《安徽省制造强省建设实施方案（2017—2021年)》出台，方案提出以推进供给侧结构性改革为主线，以高端制造、智能制造、绿色制造、精品制造、服务型制造等为主攻方向，大力推进信息化和工业化深度融合，加快健全"技术和产业""平台和企业""金融和资本""制度和政策"四位一体的创新体系，进一步完善产业链条，形成产业集群和竞争优势，打造现代制造的安徽"升级版"，为实现美好安徽奠定坚实基础。方案按照支撑"五大发展"美好安徽目标的要求，明确了安徽制造强省建设"三大四强"的目标体系。即力争到2021年，全省规模以上企业数进入全国前五位、主营业务收入进入全国前八位、利润总额进入全国前十位，实现"大"的跨越；着力培育一批具有核心竞争力的产品、具有核心竞争力的企业、具有核心竞争力的产业、具有核心竞争力的基地，实现"强"的晋级。方案围绕构建新型制造体系，聚力突破高端制造、改造提升传统制造，确立了重点发展的"七＋五"产业体系。

安徽猎豹汽车智能化生产线

即在《中国制造 2025 安徽篇》确立的十二大高端制造领域的基础上,好中选优、优中选强,确定重点培育发展新一代电子信息、高端装备、智能家电、新能源汽车、新材料、节能环保、生物医药和高性能医疗器械等七大高端制造业。方案聚焦"五大制造",着力构建发展目标、重点产业、关键支撑、实施路径、保障措施"五大体系",是安徽省制造业未来五年发展的纲领性文件。

为进一步推动制造强省建设,形成务实管用的政策组合,安徽省经信委从支持五大制造、支持企业做大做强、支持电子信息软件和大数据产业发展、强化金融土地要素支撑、落实税收优惠政策、加大工作激励力度等十个方面整合提出《支持制造强省建设的若干政策》,以聚焦产业发展为重点,进一步优化财政资金使用方式,着力突破制造业发展的瓶颈和短板,抢占未来竞争制高点。

2017 年 5 月 27 日上午，省委、省政府在合肥召开"制造强省"建设万人大会。这是近 20 年来安徽省召开的规模最大、规格最高的一次工业会议，会议向全省上下发出了"实干兴皖、制造强省"的动员令。会后立即启动"制造强省建设系列政策进万企"的宣传贯彻活动，合肥、宣城、铜陵等市先后召开制造强市大会，共制定出台相关配套政策文件 34 项，有效形成了叠加、互补和示范效应。制造强省战略的提出，是促进安徽加快发展的重大战略决策，是统筹区域发展的重大举措，为安徽工业发展指明了方向。当前，安徽制造业正在紧锣密鼓地实施高端制造、智能制造、绿色制造、精品制造和服务型制造"五大制造"工程。力争每年推广工业机器人 3000 台以上，建成智能工厂、数字化车间 100 个以上，每年培育认定省级新产品 500 项、安徽工业精品 100 项以上。通过大力开展节能环保"五个一百"行动计划，推进绿色制造、绿色产品、绿色工厂、绿色园区、绿色供应链，打造绿色经济增长点，加快建设新能源汽车、工业机器人、电子信息等一批战略性新兴产业发展集聚基地，进一步促进全省工业转型升级、提质增效，推动安徽制造再上一个台阶。

（四）十八大以来安徽工业发展成效

2012—2017 年是安徽工业取得历史性跨越的五年。五年间，在安徽省委、省政府的坚强领导下，全省上下牢固树立和践行"创新、协调、绿色、开放、共享"五大发展理念，全面推动实施《中国制造 2025》，围绕打造"三个强省"、建设五大发展"美好安徽"总体部署，主动适应并积极引领经济发展新常态，着力推动供给侧结构性改革，全面推进"制造强省"建设，全省工业经济呈现有规模、有速度、有质量、可持续的良好态势，规模以上工业相继实现"四大突破"，即规模以上工业增加值突破 1 万亿元、主营业务收入突破 4 万亿元、工业利润突破 2000 亿元、规模以上企业突破 2 万户，安徽新兴工业大省的地位已基本确立并不断巩固。

五年来，全省工业总量不断壮大。全部工业增加值从 2012 年的 8025.8 亿元提高到 2017 年的 11514.8 亿元，对全省经济增长的贡献持续超过 40%；其中 2016 年规模以上工业增加值总量达到 10081 亿元，历史上首次跨越万亿元台阶。2017 年规模以上工业主营业务收入达到 4.34 万亿元，总量居全国第 9 位，比 2012 年提高三位。规模以上工业企业数达到 20449 家，居全国第 6 位。主营业务收入超千亿行业 15 个，较 2012 年增加 5 个。产值超百亿元企业由 2012 年的 20 家提升至 2017 年的 34 家。

五年来，全省工业发展速度持续领先。规模以上工业增加值年均增长 10.2%，居全国第 5 位、中部第 2 位；始终保持在全国第一方阵。五年间，全省规模以上工业主营业务收入跨过两个万亿台阶，年均增长 9.2%，居全国第 8 位、中部第 3 位。规模以上工业企业数年均增加 1496 家，居全国第 1 位。

五年来，全省工业质量显著提升。2017 年全省规模以上工业实现利润总额 2285.3 亿元，同比增长 19.7%，增速创近六年来新高，是 2012 年的 1.6 倍，居全国第 12 位，较 2012 年提高三位。连续出台"降成本 20 条""降成本新 10 条"，企业成本不断降低，2017 年累计降低企业成本 1109.2 亿元；规模以上工业每百元主营业务收入中成本 86.8 元，同比下降 0.8 元，下降金额居全国第 13 位。全省单位工业增加值能耗五年累计下降 31.4%。

五年来，全省工业结构不断改善。2017 年，全省规模以上工业中能源、原材料工业增加值比重为 36%，较 2012 年下降 4.5 个百分点；电子信息工业增加值比重为 6.8%，较 2012 年提高 1.3 倍，年均增长 27.4%。五年累计完成技术改造投资近 3 万亿元，年均增长 13.9%。着力淘汰落后过剩产能，近两年全省累计去除炼铁产能 427 万吨、炼钢产能 535 万吨；在全国率先实现年产 30 万吨以下小煤矿全部关闭。

五年来，全省工业活力有效激发。坚持创新驱动，全省累计认定企业技术中心 1160 家左右，其中，国家级 77 家；认定安徽省首台（套）重大技术装备 240 个；组建产业技术创新联盟二十余家，认定省级新产品 2733 个、安徽工业精品 355 个，创建省级以上工业设计中心 155 家，区域创新能力连续五年居全国第一方阵。持续深化"放管服"改革，着力构建"亲""清"新型政商关系，民营经济发展活力加速释放，截至 2017 年年底，全省私营企业数突破 90 万家，是 2012 年的 3 倍。累计认定"专精特新"中小企业 1700 家。

二、产业结构的调整与升级

改革开放以来，结构调整一直是经济社会发展的主线。全省国民经济结构调整取得重大成效，经济结构不断优化，集中体现在产业结构随工业化进程呈现由低级到高级、由严重失衡到基本合理的发展变动轨迹；以公有制为主体、多种经济形式并存的所有制结构已经确立；多层次、宽领域、全方位的区域经济协调发展格局已经形成。

（一）安徽产业结构演变的回顾

改革开放 40 年来，安徽通过优先发展农业和轻工业，加强基础产业、基础设施建设，大力发展第三产业等一系列政策和措施，国民经济结构发生了巨大变化，产业结构逐渐趋于合理，彻底摆脱了改革开放以前那种"农业基础薄弱，工业畸形发展，服务业水平低下"的落后局面。在改革开放大潮的推动下，产业结构随之呈现由低级到高级、由严重失衡到基本合理的发展变动轨迹。1979—2007 年，安徽省生产总值以年均增长 10.4% 的速度快速扩张，三次产业都有较快的发展，第一产业年均增长 4.5%，第二、三产业增加值年均分别增长 13.3% 和 13.7%。三次产业的比例由 1978 年的 47.2 ：35.5 ：17.3 调整为 2017 年的 9.5 ：49 ：41.5，第一产业比重下降了 37.7 个百分点，第二、三产业比重分别上升了 13.5 和 24.2 个百分点。"三个强省"和"五大发展行动计划"等战略推动了二、三产业比重的明显提高。经济增长从主要由第一、二产业带动转为主要由第二、三产业带动，逐渐形成与现阶段工业化水平相适应的产业结构。

1. 产业结构呈"一、二、三"格局，农业迅速发展时期（1978—1983 年）

1978 年党的十一届三中全会作出了全党、全国工作的重点转移到社会主义现代化建设上来这一历史性的战略决策。由于率先实施农村改革，农民的积极性得到空前释放，农业生产以前所未有的速度发展，工业生产在调整中迅速恢复和发展，第一产业比重逐年有所提升，第二产业保持较高比重；受当时人民生活水平的限制，服务业没有得到应有的重视，服务业在三次产业中的比重并没有得到改善。到 1983 年，三次产业比例为 44.8 ∶ 33.9 ∶ 21.3。

2. 产业结构呈"二、三、一"格局，第二产业迅速发展时期（1984—1992 年）

这一时期总体特征是第二、三产业在生产总值中所占比重迅速上升，第一产业所占比重迅速下降。1984 年，随着以国有企业改革为重点的城市经济体制改革的逐步推进，安徽工业开始真正走上稳步快速发展的轨道，工业生产保持着上升的势头。到 1989 年，第二产业比重首次超过第一产业比重，一举打破第一产业长期以来的统治地位，产业结构调整为二、一、三顺序，三次产业比例改写为 36.57∶ 36.97∶ 26.46。随着改革开放的推进，经济发展水平的提高，人们生活水平的改善和提高，对服务业的需求大大增加，以前在政府计划限制内的服务业迎来了空前发展的机遇，批发零售贸易业、住宿餐饮业迅速崛起，商贸市场不断涌现，居民服务业也有了长足进步。1991 年，安徽遭受特大自然灾害，农业受到重创，第一产业所占比重下降，产业结构调整为二、三、一顺序，三次产业比例改写为 28.7∶ 42.24∶ 29.06。

3. 产业结构呈"三、二、一"格局，第三产业快速发展时期（1993—2004 年）

从总体上看，这个时期的显著特点是基础设施包括能源、交通和通信设施迅速发展，第三产业的比重迅速上升。1992 年以来，在邓小平南方谈话精神的指引下，安徽省改革开放和经济社会发展进入了一个新的阶段。工业初步建立起门类比较齐全的现代工业体系，第三产业得到迅速发展。1992 年，在《中共中央、国务院关于加快发展第三产业的决定》的推动下，安徽服务业进入了一个全新的发展时期，服务业开放领域从单纯的商业贸易发展到交通运输业、信息传输及软件业、商务服务业、金融保险业、房地产业、文化娱乐等各个领域。到 1999 年,安徽第三产业实现的增加值和比重首次超过第二产业,产业结构由"二、三、一"转变成"三、二、一",且保持了连续六年的产业结构形式,2004 年三次产业结构比例调整为 20.0:38.8:41.2。从工业产出结构变动情况来看,纺织等传统行业在全省工业中的比重明显萎缩,轻工、能源(包括煤炭、电力、供水)、建材、烟草和医药等行业所占比重相对下降;以冶金、机械、汽车和电子信息等为主的高附加值、高技术含量、高成长性行业的地位明显加强。在 2002 年产出结构中,比重居前五位的依次为轻工、能源、冶金、机械和化工行业,产值所占比重分别为 24%、13.5%、11.9%、11.4% 和 10.8%。

4. 产业结构呈"二、三、一"格局,工业成为国民经济发展的主导产业(2005 年以来)

2004 年以后,安徽从发展的实际需要出发,对发展战略进行了调整,实施"工业强省"的发展战略,第二产业进一步加速,第三产比重相对下滑,第二产业比重再次超过第三产业,2005 年,三次产业结构比例为 16.3:44.7:39,三次产业结构由"三、二、一"进一步转变成"二、三、一"的发展格局,表明安徽省经济发展方式正在向农业、工业、服务业协调发展转变。到 2017 年,全年生产总值 27518.7 亿元,分产业来看,第一产业增加值 2611.7 亿元,第二产业增加值 13486.6 亿元,第三产业增加值 11420.4 亿元,增长 9.7%。三次产业结构比例调整为 9.5:49:41.5,其中工业增加值占生产总值比重为 41.8%。全员劳动生产率 62975 元 / 人,比上年增加 6889 元 / 人。人均生产总值为 44206 元(折合 6547 美元),比上年增加 4645 元。

（二）产业结构不断优化

1. 综合实力跃上新台阶

改革开放以来，在一系列提升农业综合生产能力、做大做强工业、大力发展现代服务业等政策措施推动下，安徽省农业基础地位稳步增强，工业经济规模明显扩大，服务业比重逐步提升，安徽省综合实力明显增强。全省 GDP 中，第一产业增加值占比由 2010年的 14% 下降到 2017 年的 9.5%，第二产业占比由 52.1% 下降到49%，第三产业占比由 33.9% 上升到 41.5%。2017 年，全省实现地区生产总值 27518.7 亿元，全省生产总值增长 8.5%，增幅比全国高 1.6 个百分点，居全国第 6 位。主要指标中，规模以上工业增加值增长 9%，比全国高 2.4 个百分点，居全国第 6 位；固定资产投资增长 11%，比全国高 3.8 个百分点，居全国第 11 位；社会消费品零售总额增长 11.9%，比全国高 1.7 个百分点，居全国第 6 位；进出口总额（按美元计价）增长 20.8%，比全国高 9.4 个百分点，居全国第 6 位。多项指标居全国第一方阵。

2. 农业转型升级步伐加快

改革开放以来，安徽紧紧围绕以经济发展为主题、以结构调整为主线，不断调整和完善发展思路，优化农业生产布局，统筹农、林、牧、渔各业协调发展，在稳步发展生产中促进农业结构调整，以结构调整提升经济发展水平，实现了经济增长与结构调整的良性互动。全省大力实施农业产业化经营，发展生态农业，农业和农村经济结构进一步调整优化。随着粮食生产"三大行动"和畜牧业升级、水产跨越、千万亩森林增长工程的深入推进，农业内部结构不断调整。2017 年，全省第一产业增加值 2611.7 亿元，增速比全国高 0.1 个百分点。其中种植业增加值占比由 2010 年的 55.1% 下降到 51.7%,林业占比由 5.5% 上升到 7.9%,养殖业占比由 36.1% 波动上升到 36.2%。在行业布局调整的同时,农业区域化布局、专业化分工的趋势逐步显现,长期以来形成的"大而全、小而全"的农业生产格局被不断打破,主要农产品生产逐步向优势区域集中,大宗农作物向优质高产高效、专业化和区域化方向发展。安徽农业综合生产能力在推进结构调整中不断加强,主要农产品产量实现稳定增长。2016 年,全省粮食产量跨上 700 亿斤大关,实现"十三年丰",为国家粮食安全做出了重要贡献。

产业化水平不断提高。安徽农业产业化经营从小到大、从弱到强,不断取得新进展。在推进农业结构战略性调整中,各地注重完善农村基本经营制度和经营方式,积极发展农业产业化经营和农产品加工业,农业产业化经营规模不断发展壮大,产业化经营的组织方式呈多元化发展态势,以"公司+农户""公司+基地+农户"为主的龙头企业带动型,以"合作社+农户""专业协会+农户"为主的中介组织带动型和专业市场带动型经营模式蓬勃发展。在农业结构调整中,集中扶持具有显著带动作用的农业产业化龙头企业,龙头企业与农户的利益连接方式日益紧密,合作方式多种多样,迅速形成了以市场带龙头、龙头带基地、基地连农户的多元化经济格局。截至 2017 年 12 月底,全省经工商部门登记注册的家庭农场 76902 个、农民合作社 88901 个,分别较 2016 年年底增加 22446 个、11796 个,增长 41.2%、15.3%。全省各级示范家庭农场达 9106 家,其中省级 1298 家;示范合作社达 8709 个,其中国家级 361 家、省级 538 家。规模以上农产品加工业产值增长 9.2%,增速比 2016 年提高 2.6 个百分点。2016 年年末,全省联合收获机

11.7 万台，比 2006 年增长 107.1%，排灌动力机械 142.9 万台，占全国 10%。

3. 工业转型升级迈向中高端

改革开放以来，安徽始终把结构调整和转型升级摆在首位，大力实施 "861" 计划，高新技术产业比重不断提升，高能耗行业比重明显下降，供给侧结构性改革成效初显。2016 年，规模以上工业增加值首次突破万亿元台阶，新兴工业大省的地位基本确定。

轻重工业比例关系调整呈现重型化特征。新中国成立初期安徽重工业极其落后，基本上是以农副产品加工为主的轻纺工业和手工业。1980 年以后推行了优先发展轻工业的结构调整战略，同时对重工业加以改造，不断提高深加工程度，都取得了明显的成效。1995 年轻重工业结构比上升到 53.1∶46.9，低加工度、重型化的工业结构有所改善，工业总体实力也不断增强。新兴轻工业发展迅速，特别是日用机械、家用电器、塑料制品和饮料制造业发展更快。1995 年，安徽轻工业总产值已居全国第 10 位，成为全国的轻工大省。近年来，随着工业化进程的加快，安徽省工业重型化趋势明显。规模以上工业中轻重工业比例由 1978 年的 50.5∶49.5 转变为 2007 年的 29.4∶70.6，重工业比重上升了 21.1 个百分点。其中，黑色金属冶炼及压延加工业、电力热力的生产和供应业、电气机械及器材制造业、交通运输设备制造业、有色金属冶炼及压延加工业、化学原料及化学制品制造业、非金属矿物制品业等 7 个行业创造的增加值占规模以上工业的 50% 以上。这种状况表明轻重工业格局已由改革开放之初的 "轻重平衡" 转变为 "重高轻低"，拉动工业经济增长的主导力量已从轻工业转向重工业，工业化进程进入重化工业的新的发展阶段。

工业内部结构不断优化。改革开放以来，为适应全球高新技术产业竞争发展的大局和趋势，安徽省坚持体制创新与技术创新相结合，着力发展对经济增长有突破性重大带动作用的高新技术产业，有力地促进了产业结构调整。以电子信息、生物工程、新能源和新材料等为主的高新技术产业蓬勃发展。2016年，全省高新技术产业增加值4011.7亿元，增长16.7%，比全部规模以上工业高7.9个百分点，高新技术产业增加值占比由2010年的29%提高到39.8%；战略性新兴产业产值10161.3亿元，增长16.4%，产值占比由2010年的13.6%提高到23.3%；装备制造业增加值占规模以上工业比重由29.8%提高到35.7%，六大高耗能行业占比由28.5%下降到26.2%，能源原材料（采掘业、石油加工、水泥、钢铁、有色、电力）占比由37.3%下降到27.6%。2017年，六大工业主导产业增加值增长9.5%，装备制造业增长13.4%，高新技术产业增长16.3%；战略性新兴产业产值增长21.4%，24个战略性新兴产业集聚发展基地工业总产值增长23.1%，新一代信息技术、新材料、节能环保、高端装备制造、生物医药发展基础较好，产业规模居领先地位，产值均超千亿元；合芜蚌地区成为国内面板产能最大、产业链最完整、技术水平一流的新型显示产业集聚基地；埃夫特公司已经成为国产机器人产业的领头羊之一。一大批附加值较高的工业产品成为结构调整的典型代表。2015年，安徽智能手机、平板电脑、智能电视等产品产量实现零的突破。2017年全省冰箱、洗衣机、空调、彩电"四大件"产量累计达到10575万台，首次突破亿台，同比增长15.2%。其中电冰箱、洗衣机产量均居全国首位，空调产量居全国第2位，彩电产量居全国第4位。全省汽车生产133.5万辆，居全国第9位。

供给侧结构性改革深入推进。安徽省以推进供给侧结构性改革为主线，一体化推进"三去一降一补"，优化供给结构。2016年，全省化解煤炭产能967万吨、生铁和粗钢505万吨，平稳分流安置煤炭、钢铁行业职工37822人；扩大企业直接融资比例，推动规模以上工业企业资产负债率由57.7%降为56.8%；减免企业税费702.4亿元，减少企业用电成本31.4亿元；完成基础设施投资5285.9亿元。同时，持续深化行政体制和商事制度改革，建立"3+2"清单制度管理体系；发放"五证合一、一照一码"营业执照19.2万家；全面落实注册资本改革任务，公司注册登记不再要求提交验资报告，仅此每年为企业减负近1亿元。各项改革激发了市场活力，推动了产业结构升级和经济质量效益提升。2016年，全省新登记注册企业19.4万家，增长30%，新增规模以上工业企业2560家、规模以上服务业企业632家。

4.服务业结构升级加快

改革开放以来，省委、省政府出台了一系列促进服务业发展的政策措施，以加快经济转型升级，促进开放自主创新，培育经济增长新动能为抓手，第三产业迅速发展。特别是党的十八大以来，安徽省把发展服务业当成产业结构调整的方向和重点，以服务业集聚发展为突破口，大力支持现代物流、交通运输、金融、旅游等重点服务业产业集聚发展，持续强化政策引导和产业扶持，服务业发展呈现速度加快、比重提升、贡献增强的态势，服务业成为支撑经济增长主力军。全省服务业增加值从2012年起连续跨越了5个千亿元台阶。2017年，全省服务业增加值9883.6亿元，服务业增加值占比由2012年的32.7%提高到2017年的41.5%，对全省经济增长的贡献率达50%。在服务业内部结构中，现代服务业迅速增加，

大美黄山

传统行业平稳增长。2015 年，批发和零售业、交通运输业、仓储和邮政业、住宿和餐饮业增加值占服务业的比重为 31%，比上年下降 2.9 个百分点。以金融、保险、物流、旅游、文化创意等为主体的现代服务业快速发展，占比由 2010 年的 49.5% 提高到 2014 年的 50.3%，生产性服务业占比由 34.4% 提高到 37.5%。2015 年金融业增加值突破千亿元，占比由 9.4% 提高到 15.3%。旅游业正在成为第三产业中的一个新兴行业。2017 年，接待入境游客、国内游客、旅游总收入分别为 549 万人次、6.26 亿人次、6197 亿元，旅游业总收入相当于 GDP 的比例由 9.3% 上升到 18.7%。快递业异军突起，全省快递业务量完成 6.89 亿件，业务收入完成 70.56 亿元，占邮政业务总量的半壁江山。合肥商贸物流园成为安徽省首个全国示范物流园区。亳州市获批首批国家中医药健康旅游示范区，7 家企业入选国家电子商务示范企业，现代物流、软件信息、科技研发、文化创意等服务业发展迅速。

服务业集聚区发展质量明显提升。近年来，安徽省认真贯彻落实省委、省政府"五大发展行动计划"，以现代服务业集聚发展工程为抓手，全力推进省级服务业集聚区建设，加快发展现代服务

业。编制出台省级服务业集聚区发展规划，印发配套的认定管理办法。2017年全年新认定省级服务业集聚区30个，首批认定省级示范园区16个，集聚区规模不断壮大，发展质量明显提升，空间布局逐步优化，集聚效应进一步增强。2017年，全省161个省级现代服务业集聚区实现营业收入4851.3亿元，实际完成投资额1777.8亿元，入园企业数达4万家，就业人员总数达91.7万人。

三、开发区的兴起和发展

开发区是指国务院或省、自治区、直辖市人民政府批准，在城市未被开发的规划区域内设立的可以实行国家特定政策的区域。开发区建设是我国改革开放的成功实践，对促进体制改革、改善投资环境、引导产业集聚、发展开放型经济发挥了不可替代的作用。开发区是对外开放、承接产业转移的主要载体，是经济社会发展的重要引擎，是发展高新技术产业、打造战略性新兴产业的重要平台。改革开放以来，开发区的建设和发展对于促进安徽省转型发展、加速崛起、富民强省发挥了无可替代的重要作用。

（一）发展历程

安徽是全国开发区兴办时间较早、发展较快、规模较大的省份之一。自 1988 年合肥建立全省首个工业园以来，安徽省开发区走过了一段从无到有、由少到多的历程，基本形成了以国家级开发区为龙头、省级开发区为支撑的发展布局。

1990—2002 年为起步阶段。安徽省开发区始建于 20 世纪 80 年代后期。1992 年邓小平南方谈话，掀起对外开放和引进外资的高潮，国家级开发区飞速发展，安徽省开发区也进入集中建设阶段。1990 年 2 月 16 日，经安徽省人民政府批准，合肥市在西郊建立科技与经济结合的高新技术研究成果商品化开发试验区——合肥科技工业园；1991 年 3 月，升格为合肥国家级高新技术产业开发区（简称合肥高新区）。1992 年，全省首个省级开发区——滁州经济技术开发区批准设立。1993 年 4 月，芜湖经济技术开发区被批准为国家级经济技术开发区。1997 年 1 月 30 日，安徽省出台《安徽省省级开发区条例》，明确省级开发区的功能定位、设立和审批程序、管理机构和职责、开发和经营管理以及优惠待遇等。至此，全省开发区建设有了法律法规保证。进入 21 世纪，安徽各地学习江苏、浙江发展县域经济经验，在县、乡（镇）兴办一批工业园区、物流园区、旅游度假区、农业园区等各类园区。2002 年 2 月，合肥经济技术开发区被国务院批准为国家级经济技术开发区。

2003—2010 年为快速发展阶段。这是安徽省开发区遍地开花的时期，全国各地也都存在类似的情况。2002 年 4 月和 2004 年 4 月，安徽省人民代表大会常务委员会两次通过《关于修改〈安徽省省级开发区条例〉的决定》，严格了开发区的审批条件。这一时期全省开发区紧紧抓住新一轮产业转移的大好机遇，加快基础设施建设、打造优质投资环境，加大招商引资力度、加快项目建设步伐，开发区的整体实力显著提升。2008年11月，国务院批准了启动省级开发区升级为国家经济技术开发的工作，安徽多个省级开发区升级为国家级开发区。2010年1月12日，国务院批复同意皖江城市带承接产业转移示范区规划，安徽省决定大力推进皖江城市带承接产业转移示范区建设。2010年3月21日，国务院办公厅正式批复安庆开发区为国家级经济技术开发区。同年，马鞍山经济技术开发区、芜湖高新技术产业开发区、蚌埠高新技术产业开发区、安徽合肥出口加工区被批准设立或升级为国家级开发区。

2011年至今为优化整合阶段。随着我国经济发展方式的转变，安徽省开发区的外部环境发生了重大变化，不同类型、不同情况的开发区都先后进入转型发展的新阶段。安徽省政府2012年10月16日出台了《关于进一步加快全省开发区转型发展指导意见》，要求全省开发区努力实现从投资拉动向创新驱动、从数量扩张向质量提升、从粗放发展向集约发展的三个转变。意见指出"十二五"期间，原则上不再新设开发区，依法采取置换、整合等方式扩大开发区规划范围。鼓励各市整合中心城区内相邻开发区，形成一批布局合理、分工明确、竞争力强的产业集聚区。2017年安徽省人民政府出台《关于促进全省开发区改革和创新发展的实施意见》，进一步提出以国家级和发展水平高的省级开发区为主体，整合区位相邻相近、产业关联同质的开发区；对小而散的各类开发区进行清理、整合、撤销，建立统一的管理机构，实行统一管理。县（市、区）原则上实行"一县一区"。

（二）发展成效

自成立以来，安徽省开发区在省委、省政府的坚强领导下，深入贯彻落实中央全会精神，抢抓国内外产业转移和产业升级机遇，不断提高园区科学发展、转型发展、集约发展的水平，为全省经济社会又好又快发展提供了强有力的支撑。

园区数量持续增加，发展空间不断拓展。为加快高新技术产业发展，推进皖江示范区和中原经济区规划的实施，"十二五"期间安徽省先后批准设立了26家开发区，截至2017年年底，安徽省共有各类开发区152个。省级以上开发区117家，数量居全国第9位，占比为4.6%，其中国家级经济技术开发区12家，数量居全国第4位，中西部第1位；国家级高新技术产业开发区5家，省级开发区96家。实现了市县区省级以上开发区的全覆盖。随着开发区的发展，用地、人口等进一步增加，开发区规模不断扩大。至2015年年底，开发区占地面积达到4479.9平方公里，其中建成区面积1822平方公里，分别为2010年年底的1.5倍和1.4倍；区内聚集各类企业8.8万家，其中工业企业3.5万家，分别为2010年年底的3倍和2倍。

经济规模不断壮大，综合实力显著上升。全省开发区发展环境不断优化，发展质量不断提高，主要经济指标保持较高增长态势。2015年，全省开发区实现经营（销售）收入37235.9亿元，为2010年的3.1倍，年均增长25.2%；其中经营收入超百亿的有88家，比2010年增加63家；经营收入超千亿的有合肥经开区、芜湖经开区、合肥高新区、合肥新站试验区、芜湖高新区和安庆经开区等6家。开发区财政收入1456.9亿元，为2010年的2.5倍，年均增长

20.2%，比 2010 年提高 8.2 个百分点；税收总额 1099.9 亿元，为 2010 年的 2.7 倍，年均增长 21.5%，提高 8.6 个百分点。国家级开发区的综合实力显著增强。2012 年，合肥经开区产值首次达到两千亿元，综合财政收入首次超过百亿元。2013 年，有 5 家国家级开发区入选"中国国家级产业园区持续发展竞争力综合排名百强"榜单；2017 年，合肥高新区、合肥经开区、芜湖经开区和马鞍山经开区等 4 家国家级开发区进入中国产业园区发展百强榜，其中，合肥高新区、合肥经开区、芜湖经开区分别排第 12 名、第 15 名和第 30 名，整体竞争力快速上升。

产业升级稳步推进，产业集群初步形成。以吸引外资发展新型制造业为主，致力于发展高新技术产业是安徽开发区建设的重要指导方针。近年来，各级开发区在努力扩大引资规模的同时，更加注重提高引资的质量，一批像联宝电子、晶奥新能源等科技含量高的行业领军型企业纷纷落户开发区，促进了全省及各地产业结构调整和升级。战略性新兴产业集聚发展基地建设扎实推进。2016 年，全省 24 个战略性新兴产业集聚发展基地实现工业总产值 5100 亿元，增长 26%，高于全省开发区工业增速 13.5 个百分点。安徽省开发区注重发展比较优势，突出主导产业培育，坚持特色发展的思路，初步形成了合肥电子信息、芜湖汽车及零部件、马鞍山装备制造、铜陵铜基新材料、宿州鞋业、亳州现代中药、两淮矿山机械等一批主导产业集群。合肥新站试验区依托合肥京东方光电科技有限公司积极打造国家级新型平板显示基地，2015 年产值突破 300 亿元；芜湖市的 15 家开发区中有 8 家围绕汽车及零部件产业进行发展，2014 年开发区内汽车及零部件的规模以上工业总产值占全市的 56.9%。同时，安徽省部分开发区发展重心由"量的积累"向

"质的提升"转变，逐步形成了产业集聚的良好局面。

创新驱动深入拓展，集约水平不断提高。在开发区发展过程中，安徽省不断加大科研经费投入力度，着力打造科技创新服务平台。中国科学技术大学先进技术研究院、清华大学公共安全研究院、合肥工业大学智能制造研究院等创新和成果转化平台先后落户开发区。2015 年研究与实验发展经费支出 262.4 亿元，相当于开发区经营收入的 0.7%，比 2011 年提高 0.1 个百分点；申请专利 7.6 万件，为 2011 年的 2.9 倍，年均增长 30.4%；专利授权 4.1 万件，为 2011 年的 2.3 倍，年均增长 25.9%。党的十八大以来，安徽开发区建设更加注重土地的节约、集约使用，积极清理闲置低效土地，推

中国科学技术大学先进技术研究院

进标准化厂房建设。2015 年，全省开发区每平方公里（按建成区面积计算）经营收入 20.4 亿元，比 2010 年增加 10.8 亿元，年均增长 16.3%；工业产值 15.5 亿元，增加 7.6 亿元，年均增长 14.4%；税收总额 6037 万元，增加 2740 万元，年均增长 12.9%；进出口 1595 万美元，增加 644 万美元，年均增长 10.9%。

30 年的发展历史表明，开发区已成为安徽经济发展最活跃的区域，其支撑与影响能力正在显著增强。开发区已日益成为安徽经济社会跨越发展的增长极、科技创新的新平台、对外开放的主窗口、产城融合的示范区和体制创新的风向标。

跨越发展的增长极。安徽省开发区是全省产业发展的龙头和重要依托，是加快安徽经济发展的巨大引擎，对全省经济总量增长发挥着举足轻重的作用；开发区围绕"工业强区"战略，不断扩大产业规模，注重产业结构升级，成为全省新型工业化的主战场。2015 年全年开发区规模以上企业工业增加值 6527.6 亿元，增长 10%，增幅高于全省 1.4 个百分点，对全省工业增长的贡献率达 76.5%，总量占全省的 66.5%；财政收入 1456.9 亿元，占全省比重为 36.3%。主导产业进一步突出，2015 年全省开发区主导产业实现经营收入 20799 亿元，比上年增长 13.3%，增幅高于全区经营收入 2.1 个百分点，总量占 55.9%，比上年提高 1.1 个百分点。高新技术产业增长较快，全年实现产值 13329.4 亿元，增长 16.2%，增幅高于规模以上工业 5.3 个百分点，总量占规模以上工业的 50.8%，提高 2.3 个百分点。

科技创新的新平台。全省开发区自主创新能力不断提升，成为全省科技创新的重要平台。截至 2017 年年底，全省共有 20 家高新技术产业开发区，其中国家级 5 家；各类高新技术产业基地 49 家，其中国家级 24 家；高新技术产业中电子信息、节能环保、新材料、生物等战略性新兴产业加快发展，一批国家级重点实验室、工程技术研究中心建成投入使用，带动了园区产学研联合和科技成果的快速转化，促进了全省经济发展方式的转变。2017 年，规模以上高新技术产业产值比上年增长 20.4%，高新技术产业增加值占全省规模以上工业增加值的比重为 40.2%。全省规模以上高新技术产业对全省规模以上工业增加值增长的贡献率为 63.5%。国家高新技术企业健康发展，到 2017 年年底，全省共有高新技术企业 4310 家。其中，营业总收入亿元以上的高新技术企业 1138 家，10 亿元以上的 156 家，百亿元以上的 8 家。高新技术产业载体发展良好，全省共有众创空间 267 家，其中国家级 41 家，省级 98 家。据统计，2017 年众创空间总收入 2 亿元，众创空间总面积 390.7 万平方米，累计获得投融资的团队、企业 1492 个。全省共有科技企业孵化器 161 家，其中国家级 25 家，省级 59 家。

对外开放的主窗口。近年来安徽开发区承接产业转移加速推进，招商引资态势良好，对外贸易增势迅猛。2015 年，全省开发区实际利用外商直接投资 96.2 亿美元，为 2010 年的 2.6 倍，年均增长 21.2%，占全省的 70.7%；亿元以上项目实际到位省外境内资金达到 4850.7 亿元，为 2010 年的 3 倍，年均增长 24.6%，占全省的 54.1%，比 2010 年提高 14.3 个百分点；2015 年进出口总额 290.5 亿美元，为 2010 年的 2.4 倍，年均增长 19.4%，占全省的 59.5%，提高了 10.2 个百分点；其中出口 220 亿美元，为 2010 年的 3.2 倍，年均增长 25.9%，占全省的 66.4%，提高了 10.4 个百分点。合作共建产业园区是拓宽开发区国际视野、吸取苏浙沪先进经验的有效途径。目前，中德（安徽）智慧产业园、苏滁现代产业园等已进行了有益探索。

产城融合的示范区。全省各开发区持续加大基础设施建设力度，道路、厂房、供电、供水、通信等基础设施不断完善。"十二五"期间，固定资产投资40247.7亿元，年均增长19.8%，占全省比重由2010年的35.9%提高到2015年的43.8%。经过多年的建设，全省市辖开发区的基础设施建设标准基本达到"七通一平"，有的开发区甚至达到"九通一平"，项目承载能力进一步加强。开发区与城区基础设施的一体化进程加快，园林绿化、环境保护、企业服务等公用工程和公共服务基础设施基本完备，成为当地新城区的重要组成部分，诞生了一批新城区。2016年10月，依托合肥新站高新区、苏滁现代产业园设立的合肥产城融合示范区、滁州产城融合示范区成为首批国家级产城融合示范区。

体制创新的风向标。经过多年实践摸索，安徽省开发区已形成了多渠道的筹资方式、高效的行政管理体制，基本建立起"小政府、大社会，小机构、大服务"的运行模式，营造出良好的投资环境，在改革、创新、发展方面走在全省前列。开发区在经济和社会发展的体制机制上勇于探索，先行先试，成为全省改革创新的试验区。在国家级经开区投资环境综合评价中，合肥经开区、芜湖经开区连续多年位列中西部国家级开发区前列。

当前，安徽正努力将开发区打造成新型工业化发展的引领区、高水平营商环境的示范区、大众创业万众创新的集聚区、开放型经济和体制创新的先行区。全省积极创新开发区服务管理机制，建立了"三个机制、四个清单、三位一体、四轮驱动"服务管理模式，推动全省开发区转型升级创新发展。全省开发区规模以上工业增加值、固定资产投资、实际利用外商直接投资、进出口总额、财政收入等主要经济指标呈现出稳中有进、结构向好、活力增强的良好态势。

四、战略性新兴产业的兴起

大力发展战略性新兴产业，是推进供给侧结构性改革、培育经济社会发展新动能、实现新常态下新发展的重要支撑。安徽省委、省政府坚持政府引导与市场运作相结合、自主创新与培育产业相结合、投资驱动与应用带动相结合、重点突破与整体推进相结合，全省战略性新兴产业总体保持快速健康发展。

（一）战略性新兴产业发展历程

2007 年，安徽出台《"十一五"高新技术产业发展规划》，加快高新技术产业发展。2009 年，党中央、国务院根据战略性新兴产业的特点，立足于我国经济状况和基本国情，提出大力发展战略性新兴产业的战略决策。2009 年，在国务院发布 10 个产业调整和振兴规划后，安徽省相继出台了《关于加快新能源和节能环保产业发展的意见》《关于加快生物产业发展的意见》《关于进一步加快电子信息产业发展的意见》《安徽省电子信息产业调整和振兴规划的通知》等一系列重点产业调整和振兴规划纲要。

2010 年，《国务院关于加快培育和发展战略性新兴产业的决定》（国发〔2010〕32 号）发布后，安徽省委、省政府高度重视，制定出台了《关于加快培育战略性新兴产业的意见》，确定了八大战略性新兴产业，包括电子信息、节能环保、新材料、生物、新能源、高端装备制造、新能源汽车和公共安全产业，对战略性新兴产业进行战略部署。到 2010 年，安徽战略性新兴产业产值达 2504 亿元，占工业产值的 13.3%，战略性新兴产业已成为安徽省经济发展的强大动力和重要支撑。

2011 年，《安徽省国民经济和社会发展第十二个五年规划》中明确提出，要培育壮大战略性新兴产业，把战略性新兴产业作为抢占未来发展制高点的重要突破口，进一步确定了安徽战略性新兴产业的发展重点，即电子信息产业重点发展新型显示、智能家电、软件和物联网，节能环保产业重点发展节能环保装备、节能产品、资源综合利用，新材料产业重点发展高性能金属材料、硅基新材料、新型高分子材料、碳纤维材料等，生物产业重点发展生物制药、生物制造和生物农业，新能源产业重点发展光伏、生物质能源，高端装备制造产业重点发展数控机床等数字化、柔性化及系统集成的重大基础装备，新能源汽车重点发展纯电动汽车、混合动力汽车，安徽省还把独具优势的公共安全产业列入战略性新兴产业，重点发展通信安全、生产安全、食品安全产业，优先发展北斗导航、网络安全等。

2012 年，安徽省出台《安徽战略性新兴产业"十二五"发展规划》，提出到 2015 年，力争战略性新兴产业产值突破 1 万亿元，电子信息、新能源、新材料等产业产值超过千亿元，部分行业居全国领先地位；建成 2—3 个千亿元产业基地，若干产值超百亿元产业基地。

2016 年，安徽省发布《安徽战略性新兴产业"十三五"发展规划》，提出了"十三五"时期战略性新兴产业的发展基础、总体目标、重点领域、主要任务和保障措施。《安徽省战略性新兴产业"十三五"发展规划》提出，坚持以"市场主导、政府引导，创新驱动、龙头引领，开放合作、集聚资源，梯次推进、滚动发展"的原则，以加快建设一批重大新兴产业基地、扎实推进一批重大新兴产业工程、积极培育一批重大新兴产业专项，建设创新型现代产业体系（"三重一创"）为主要抓手，通过着力扩大开放合作、着力强化龙头引领、着力提升创新能力、着力破除体制机制障碍，重点发展壮大新一代信息技术、高端装备和新材料、生物和大健康、绿色低碳、信息经济五大产业。到 2020 年，战略性新兴产业总产值翻番，力争达到 2 万亿元，创新型现代产业体系初步形成。巩固一批产业，力争建成具有国际竞争力的世界级新型显示产业集群和具有重要影响力的国家级机器人产业基地；壮大一批产业，打造"中国IC 之都""中国声谷"；培育一批产业，将量子信息、太赫兹、通用航空等产业培育成引领型新兴产业，为加快创新型"三个强省"和美好安徽建设提供强大支撑。

2017 年 5 月 27 日，安徽省第十二届人民代表大会常务委员会第三十八次会议通过《安徽省促进战略性新兴产业集聚发展条例》（以下简称《条例》），规定自 7 月 1 日起开始实施。这是全国省级人大层面率先开展的此类专门立法。《条例》对建立健全技术和产业、平台和企业、金融和资本、制度和政策创新体系，分别做出了针对性规定，以提高创新能力和效率。在支持科技团队创新创业方面，《条例》规定，携带具有自主知识产权科技成果的科技团队，在本省创办或者与省内企业共同设立战略性新兴产业企业，开展科技成果转化活动的，省人民政府可以按照规定以债权投入或者股权投资方式给予支持；《条例》还要求建立容错纠错机制，规定高等院校、科研机构、国有企业、事业单位在推进战略性新兴产业集聚发展过程中，工作没有达到预期效果或者因成果转化后续价格发生变化造成损失，其负责人已经履行应尽职责，未牟取个人非法利益的，负责人不承担相关责任。经确定予以容错的单位和个人，免予行政追责和效能问责，在绩效考核、评优评先、职务晋升、职称评聘和表彰奖励等方面不受影响。

（二）安徽培育和发展战略性新兴产业的措施

1.实施重大工程，大力推进产业发展

实施重大工程是推进战略性新兴产业发展的重要抓手。2011年，安徽省启动"千百十工程"，以强化项目推动为抓手，重点培育领军企业，打造产业基地，延伸产业链条。计划到2015年，开工建设1000个左右重点项目，培育和引进100个左右重点企业，培育10个左右特色产业基地，战略性新兴产业产值规模突破1万亿元，增加值比2010年翻一番以上，全力打造安徽加速崛起新引擎。

2.建立产业基地，促进产业集聚发展

2013年安徽被国家发展和改革委、财政部确定为全国五个国家战略性新兴产业区域集聚发展试点省份之一。一是加快战略性新兴产业集聚发展基地建设。2015年，根据《安徽省人民政府关于加快建设战略性新兴产业集聚发展基地的意见》（皖政〔2015〕48号）精神，省政府确定了智能语音、集成电路、机器人等首批建设的14个省级战略性新兴产业集聚发展基地；2016年，省政府确定了半导体、生物医药、云计算产业等第二批10个省级战略性新兴产业集聚发展基地，其中基地有8家，试验基地有2家。目前，安徽省战略性新兴产业集聚发展基地共有24家。二是打造新型工业化产业示范基地。按照"创新引领、特色鲜明、集约高效、生态环

安徽两批战略性新兴产业集聚发展基地名单　　　单位：亿元

	名　　单		2016年产值
第一批	合肥新站区新型显示产业集聚发展基地		430.3
	合肥高新区集成电路产业集聚发展基地		173.1
	合肥高新区智能语音产业集聚发展基地		67.7
	合肥	新能源汽车产业集聚发展基地	238.3
	芜湖		134.5
	亳州谯城经开区现代中药产业集聚发展基地		279.5
	蚌埠硅基新材料产业园硅基新材料集聚发展基地		399.1
	阜阳太和经开区现代医药产业集聚发展基地		146.8
	滁州市经开区智能家电产业集聚发展基地		411.1
	马鞍山经开区先进轨道交通装备产业集聚发展基地		49.7
	芜湖鸠江经开区机器人产业集聚发展基地		84.7
	芜湖三山经开区现代农业机械产业集聚发展基地		124.5
	宣城宁国经开区核心基础零部件产业集聚发展基地		359.1
	铜陵经开区铜基新材料产业集聚发展基地		680.5
	安庆高新区化工新材料产业集聚发展基地		104.2
第二批	合肥市高新技术产业开发区生物制药和高端医疗器械产业集聚发展基地		
	合肥市包河经济技术开发区创意文化创意集聚发展基地		
	淮北市濉溪经济开发区铝业高端金属材料产业集聚发展基地		
	宿州市高新技术产业开发区云计算产业集聚发展基地		
	淮南市高新技术产业开发区大数据产业集聚发展基地		
	六安市霍山高桥湾现代产业园高端装备基础零部件产业集聚发展基地		
	池州市经济技术开发区半导体产业集聚发展基地		
	黄山市现代服务业产业园文化旅游产业集聚发展基地		
	芜湖市新芜经济技术开发区通用航空产业集聚发展试验基地		
	马鞍山市博望高新技术产业开发区高端数控机床产业集聚发展试验基地		

保"的要求，加快推进合肥电子信息、蚌埠硅基新材料、滁州家电等 11 个国家级新型工业化产业示范基地建设，新创建一批国家级、省级示范基地。三是促进特色产业集聚。大力实施民营经济提升工程，以省级产业集群专业示范镇、小微企业创业基地为抓手，优化"互联网＋"小微企业创业创新环境，提升集聚承载能力，提高专业化协作水平，加强区域品牌建设，着力培育一批具有核心竞争力的特色产业集群。

3. 优化产业政策，全力保障产业发展

为了加快培育和发展战略性新兴产业，安徽省从财税、金融、市场、开放等政策方面进一步给予大力支持。一是政策性资金支持环境逐步优化，财政支持方式不断升级。2010—2014 年，安徽省先期安排财政资金 45 亿元用于支持战略性新兴产业发展。其中，2010年省财政一次性安排 20 亿元拨付给 17 个省辖市，每个市获得 1 亿元，作为战略性新兴产业专项引导基金；省级留用 3 亿元，用于参股省级设立的风投、创投基金。省财政每年还安排 5 亿元设立战略性新兴产业专项资金，直接支持相关企业的发展。支持方式由2010 年主要采用直接补助，升级为后来的贷款贴息、投资补助、股权投资、风险补偿、奖励等方式。从 2013 年开始，为支持国家战略性新兴产业区域集聚发展试点，除中央财政下拨 3 亿元集聚试点资金之外，安徽省落实相关配套资金，使集聚发展试点资金总规模达到 12.64 亿元，并采取股权及项目融资方式带动社会资本 830 亿元。根据关于加快建设战略性新兴产业集聚发展基地的意见方案，自 2015 年起每年安排 20 亿—30 亿元，支持重大项目建设、新产品研发和关键技术产业化、重大技术装备和关键零部件及新工艺示范应用、关键共性技术研发平台和第三方检验检测平台建设等。二是融资体系逐步完善。安徽省发挥财政性资金的杠杆作用，引导民间社会资本支持战略性新兴产业发展，推动设立了 27 家创投类基金。已有 420 家企业挂牌托管的区域性股权交易市场。安徽省股权托管交易中心，通过与六十多家私募基金、天使投资基金等金融机构合作，帮企业利用私募债、股权质押及投资等渠道融资。同时，安徽省还在全国首个探索"银行、政府、担保"风险共担的政银担模式，实现全省各县市区全覆盖。2014 年年底，以县级法人为主体的83 家农商行改制在全国率先完成，基本能满足县域经济融资等需求。三是在市场政策上，围绕创新药物、新能源汽车等关键领域，组织实施重大应用示范工程。对于符合经济发展要求、代表先进技术发展方向的重大创新产品，由政府首购和订购。四是在开放政策方面，采取鼓励措施，提升"引进来、走出去"的质量和水平，注重引进领军企业和关键技术，支持走出去设立境外研发机构，开展国际技术合作。

4. 注重人才集聚，智力支撑产业发展

2011 年，省委组织部、省人力资源和社会保障厅、省发展和改革委、省科技厅等部门下发了《关于印发〈安徽省战略性新兴产业 "111" 人才聚集工程建设意见〉的通知》（皖人社发〔2011〕70 号）；2012 年出台了《安徽省引进培养战略性新兴产业技术领军人才实施意见》（皖人社发〔2012〕38 号），重点奖励突破核心技术和产业技术的优秀创新团队和个人，打造具有国际竞争力的人才发展环境。

（三）安徽战略性新兴产业取得的成效

1.产业规模迅速扩大

近年来，安徽战略性新兴产业产值规模不断提升，占工业总产值比重不断增加，对工业产值增长的贡献率大幅提高。"十二五"期间，全省战略性新兴产业产值年均增长 21.2%，高于规模以上工业 9.1 个百分点。2016 年，全省战略性新兴产业工业总产值突破万亿，达到 10161.3 亿元，比上年增长 16.4%，增幅高于全部规模以上工业 7 个百分点；产值占全部规模以上工业产值比重为 23.3%，对规模以上工业产值增长的贡献率为 38.2%。随着一大批产业链终端项目加速集聚，2017 年，全省 24 个战略性新兴产业集聚发展基地新建、续建项目就达到 1200 个，总投资超过 5600 亿元。2017 年前 8 个月，安徽战略性新兴产业实现产值 7854.6 亿元。一批产业上升为国家战略。电子信息产业获批"国家高技术产业基地"，新型显示、机器人获批"国家战略性新兴产业区域集聚发展试点"，语音产业获批首个"国家智能语音高新技术产业化基地"，光伏产业获批"国家分布式光伏发电应用示范城市"，新能源汽车获批全国首批 13 个"节能与新能源汽车试点城市"和 5 个"私人购买新能源汽车补贴试点城市""新能源汽车推广应用示范城市"。合肥成功获批"中国制造 2025"城市试点示范。

2.骨干企业快速成长

"十二五"时期，全省战略性新兴产业企业快速成长，龙头企业不断壮大，优势产品不断涌现，企业效益不断提升。2015 年在全省战略性新兴产业企业中产值超千亿的达到 4 个，比 2011 年增加 2 个；超百亿元的 5 个，净增 3 个；超十亿元的企业 142 个，净

科大讯飞语音交互技术

增 62 个；超亿元企业 1368 个，净增 62 个。全省战略性新兴产业企业总数、主营业务收入和实现利润等均有较大提升。京东方 8.5 代液晶生产线建成投产；科大讯飞作为中国最大的智能语音技术提供商，智能语音核心技术国际领先；芜湖埃夫特公司多关节机器人产销全国领先；铜陵有色年营业收入突破千亿元，规模国内领先，铜基新材料产业链条不断完善；马钢股份轨道交通装备高速车轮材料技术水平全国领先；江淮首款正向研发的新能源轿车 IEV5 研发技术水平全国领先；行业龙头叉车集团叉车产值产量多年稳居全国同行业第一位，正在向国内最大的智能物流综合制造商转变；滁州博西华成为西门子在亚洲最大的冰箱生产基地。涌现出一批知名企业，如节能环保业的海螺川崎、利特环保，生物产业的丰原药业、济人药业，高端装备制造业的安徽巨一、安庆环新，公共安全产业的科大立安、工大高科等。

3. 产业结构不断优化

安徽省战略性新兴产业内部产业结构不断优化，各产业规模增长速度较快，产业链条不断发展延伸，新兴产业不断兴起。2016年，全省战略性新兴产业的241个小类中，有197个产值增长，其中47个增幅超30%、21个超50%、8个成倍增长。新一代信息技术、

2016 年全省战略性新兴产业产值与贡献率

行业	企业数（个）		产值（亿元）		比重	贡献率
	2011 年	2016 年	2011 年	2016 年	（%）	（%）
战略性新兴产业	1552	2967	4132.1	10161.3	100	100
新一代信息技术产业	471	493	1017.7	2613.2	25.7	22.4
新材料产业	149	545	889.9	2340.6	23	22
节能环保产业	101	503	229.4	1560.2	15.4	18.1
高端装备制造产业	460	526	1066.6	1224.9	12.1	11.5
生物产业	271	519	591.6	1142.3	11.2	8.4
新能源产业	64	220	290.1	766.5	7.5	8.8
新能源汽车产业	4	161	5.2	513.6	5.1	8.9

资料来源：根据安徽省统计局网站数据整理。

新材料、节能环保、高端装备制造、生物医药发展基础较好，产业规模居领先地位，产值均超千亿元。新一代信息技术产业、新材料产业产值分别达到2613.2亿元、2340.6亿元，分别是2011年近3倍。新型显示、机器人、硅基材料、现代中药、集成电路和通用航空等一批产业快速崛起。在新能源汽车领域，全省企业数从2011年的4户增长到2016年的161户，产值增长近百倍，拥有江淮、奇瑞、安凯三家新能源汽车自主品牌，创建了全国首个国家级汽车工程实

江淮新能源汽车

奇瑞新能源汽车

验室，且合肥是全国十三个新能源汽车推广试点城市之一。

4.核心技术和高端产品不断涌现

量子调控与量子信息、大科学装置前沿研究、新能源汽车等16类34个项目列入国家重点研发计划；量子通信是全球首家通信安全解决方案及成套量子通信产品供应商，"京沪干线"成为我国首个量子通信领域的国家级重大工程，世界首颗量子科学实验卫星"墨子号"由中国科学技术大学主导发射成功；鑫晟8.5代线是全球首条使用金属氧化物技术的高端显示面板生产线；彩虹6代液晶玻璃基板生产线是国内第一条具有完全自主知识产权的生产线；科大讯飞在语音合成技术方面居国际领先地位。康卫生物公司一类新药"口服重组幽门螺杆菌疫苗"是国际上第一个完成Ⅲ期临床研究的疫苗；世界吨位最大的拉深液压机、首个单光子空间结构量子存储器、首台单光源3D投影机、国内第一套完善的微型SAR系统、弧焊机器人和下探式点焊机器人等一批重大创新产品成功研发，一大批技术走在国际前沿。

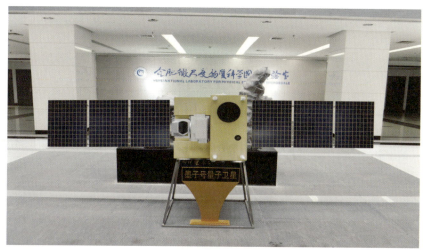

"墨子号"量子卫星模型

5. 一批项目取得突破进展

晶合 12 英寸晶圆制造项目即将投产；合肥京东方 10.5 代线、康宁 10.5 代玻璃基板、长鑫 12 英寸存储晶圆制造基地（506 项目）等项目正在加快建设，奇瑞年产 10 万辆新能源汽车、江淮年产 10 万辆新能源汽车等项目已开工，磁性随机存储器项目（505 项目）、江汽大众合资新能源汽车项目正在推进。这些投资规模大、带动作用强的大项目建成投产，有力推动了产业转型升级发展。

第五章
从小城镇到中心城市：
安徽城镇化建设

一、从小城镇到中等城市建设

改革开放后，农村经济的发展和农村劳动力的解放，带动了农村工商业的发展，促进了农村工商业的载体——小城镇的发展。小城镇的发展对安徽省城镇化做出了贡献，但其承载能力不足，吸纳农村人口有限，后期发展相对缓慢。县城和中等城市是小城镇的升级版，一度受到重视，也是未来中国城镇化的重要推手。

（一）安徽小城镇建设及评价

党的十一届三中全会后，在解放思想、放宽政策、搞活经济的方针的指引下，安徽省较早地推行了农业家庭联产承包责任制，极大地调动了农民的生产积极性，农村商品生产迅猛发展，乡镇工业开始发展。工业发展需要小城镇支撑，小城镇建设蓬勃兴起。为加速农村现代化和充分发挥小城镇沟通城乡、联结工农、聚集资源、辐射周边的主要作用，安徽省较早地提出了小城镇的发展战略，并将其作为一项关系全省经济社会发展全局的大战略来对待。1984

年，省委、省政府首次召开小城镇理论研讨会和小城镇工作会议，提出"小城镇，大课题"，引导农民发展商品经济，鼓励各地积极探索多种形式发展小城镇的路子，推进农业现代化、农村工业化和城乡一体化。

进入 20 世纪 90 年代以来，伴随着农村经济和农村剩余劳动力转移步伐的加快，小城镇建设和发展出现了第二次高潮。1993 年安徽就借鉴综合改革试点县的成功经验，决定在原六安地区霍邱县叶集镇进行综合改革试点，规定叶集实行地区计划单列，享受部分县级经济管理权限。从此，揭开了全省小城镇综合改革的序幕，事实上是开全国小城镇建设的先河。两年后，安徽又召开全省农村城镇化工作会议，出台《关于加快农村城镇化建设的决定》。同年，选择 20 个镇进行综合改革试点。1999 年，在全省小城镇发展工作会议上，总结叶集的经验，制定了进一步加快小城镇发展的政策措施，并下发了《关于进一步加快我省小镇发展的若干意见》，提出安徽省小城镇建设和发展要实现四个转变：由注重小城镇的外延粗放发展，转变为注重质量的集约型发展，依靠科技和人才，提升小镇的内涵，促进产业升级和功能开发；由单纯注重小镇建设规模和人口数量，转变为注重发展经济，发挥小城镇的经济积累和辐射功能；由单纯注重小城镇自身完善和发展，转变为注重城镇之间的相互联动和开放式发展，形成全省统一、布局合理的城镇网络体系；由主要通过政府的行政手段推动城镇化，转变为主要依靠市场经济的办法和多方面力量，促进城镇化的发展。1999 年 12 月，省政府确定了 195 个中心建制镇，作为发展重点，优先扶持。通过试点引领和典型示范，全省小城镇大多逐渐摆脱了以传统农业为主的发展困境，农业型、工业型、城郊型、工贸型、旅游型等特色城镇数量

宏村·南湖

增加，全省小城镇改革进入加速的新阶段。

　　党的十六大报告提出全面建设小康社会的宏伟目标，小城镇发展面临新的机遇。省委、省政府在小城镇的发展战略上更加注重以人为本，更加注重科学发展和可持续发展，把新农村建设和城镇化发展更好地结合起来通盘考虑，依托中心城市和城市群发展规划，发挥综合交通枢纽的连接作用，建设一批特色鲜明、功能齐全、环境优美的小城镇。以县城和中心镇为重点，加大财政引导资金对小城镇基础建设的投入，鼓励工商企业和个体私营企业投身小城镇建设，依托城镇发展农村非农产业和园区经济，实现与县域经济的有效对接，增强城镇的产业集聚功能和吸纳就业能力，涌现出无为县高沟镇、天长市秦栏镇、当涂县博望镇等一批全国千强乡镇，成为一定区域内，农村人口、产业、市场、文化、信息适度集中的经济社会发展平台，充分发挥承接城市、带动乡村的桥梁、纽带作用，促进了安徽大中小城市和小城镇协调发展。从2006年开始，省委、省政府决定，在全省开展"千村百镇示范工程"，即在全省确定1133个村、125个镇开展社会主义新农村建设试点，小城镇的引领

和纽带作用更加明显。

总之,改革开放以来,安徽省小城镇建设一度取得了较大成果,建设了一批中心建制镇、全国小城镇建设试点镇、全国重点镇等。这些小城镇建设呈现如下特点:

1. 小城镇建设已初具规模

1983 年年末,安徽省仅有建制镇 108 个。截至 2010 年,安徽省建制镇 908 个,10 万人以上的镇 47 个,20 万人以上的镇 1 个。全省小城镇年平均财政收入 1720 万元,其中超 3 亿元的镇 2 个,超 2 亿元的镇 2 个,超 1 亿元的镇 31 个。全省共有 15 个镇被批准为全国发展改革试点镇,安徽省小城镇建设已初具规模。

2. 小城镇建设地域性明显

安徽地域板块独特,自南向北分为皖南、皖中、皖北三个自然区域和皖江城镇带。在皖南小城镇的发展中,科学规划了皖南旅游区布局,实行了严格的环境、旅游资源保护政策,注重旅游组团内外部的合理分工和科学配置;皖中城镇群的发展,加强了合肥经济圈建设,合理地调整了合肥经济圈的产业结构,改变过去忽视自身优势、竞相争项目的不良倾向；在皖北城镇带的发展中，积极培育区域性增长极，在有利地段，加快建设城镇密集区；在皖江城镇带的发展方面，优先发展马芜铜共同体，率先融入长三角，建设皖江加工制造业基地，加快皖江地区的工业化步伐。

3. 小城镇发展呈现多元化

安徽省在城镇化过程中，按照比较优势原则，综合考虑不同区位资源优势、人口规模、经济发展水平，有重点地发展小城市、小城镇、特色村庄，把发展旅游城镇、工业城镇、文化城镇、农家乐休闲镇有机结合起来，小城镇发展呈现多元化。如地处黄山至千岛湖黄金旅游线上的深渡镇，积极发展成为旅游城镇，带动当地经济发展；秦栏镇则是一个由电子产业起家的工业主导型乡镇；地处合肥南端的三河镇，通过若干年发展成为一个农家乐休闲镇。

撮镇荷花节以景点拉动周边人气，推动区域经济转型升级

4. 依托自身资源出现特色经济强镇

依托自身的资源优势，安徽省已经出现了一批极具特色的经济强镇。它们有的地处交通干线，如萧县杨楼镇距江苏徐州仅 25 公里，2010 年经济增长率达 30%；有的具有区位经济优势，如合肥市肥东县的撮镇镇，该镇紧紧依托独特的区位优势，积极抢抓东部沿海产业转移和合肥市现代化滨湖大城市建设的战略机遇，2010年工业产值超亿元企业 10 家，产值 5000 万元以上 20 家；有的利用自身自然资源，如六安市霍邱县叶集镇初步形成了木竹产业、食品轻纺、商贸物流三大主导产业，2010 年叶集镇的地区生产总值达24 亿元。

5. 小城镇建设逐步纳入法治化、规范化的轨道

到 2000 年，全省小城镇全部完成了总体规划编制，有 97.3%的小城镇完成了建设规划的调整，而且规划的质量有了明显提高，凤台县毛集镇、濉溪县临涣镇、亳州双沟镇总体规划获省二等奖。

（二）中等城市及县城建设

新中国成立后很长时期，国家在城市发展方针上对大城市建设实施控制的原则，提倡"合理发展中等城市，积极发展小城镇"。1989 年 12 月国家颁布了《中华人民共和国城市规划法》，提出了"严格控制大城市规模，合理发展中等城市和小城市"的方针。在这个宏观背景下，安徽对城镇建设的探索和实际操作的重点，除了发展小城镇外就是中等城市，但在不同时期具体的策略与重点又不同。

1. 中等城市建设

新中国成立后，安徽的城镇化水平比较低。1948 年安徽只有

一个建制城市（蚌埠），人口不足 20 万人；1952 年安徽省人民政府成立，全省设 8 个建制市，市区人口仅 104 万人，其中市区非农业人口 73 万人，分别占全省总人口的 3.5% 和 2.5%。1978 年年底，安徽有 11 个建制城市，市区人口仅 390 万人，其中市区非农业人口 256 万人，分别占全省总人口的 8.3% 和 5.4%。安徽的城市不仅小而弱，各地都希望在中等城市建设发展方向上有所突破。早在安徽召开全国性小城镇发展研讨会之前，城镇建设的思路是把重点放在中等城市建设上。1983 年 11 月，安徽省委、省人民政府委托安徽省社会科学院、中国城乡建设经济所、安徽科学技术协会等单位共同发起，在合肥召开了全国中等城市经济发展战略讨论会，标志着安徽开始把城市建设作为推动经济发展的重要抓手。这不是一次单纯的学术研讨，有着省政府与各市政府参与的背景，研讨会实际是在谋划安徽中等城市发展战略，是一次理论与实际紧密结合的会议，会前的准备和会后的成果许多直接进入政府的决策之中，成为中等城市建设发展的重要指导原则，并付诸实践。

此后，安徽的中等城市发展是通过以下手段加以发展的：

一是实施地改市，增加中等城市的数量。1993 年原滁县地区改为滁州市，1996 年原阜阳地区改为阜阳市，1999 年宿县地区、六安地区、巢湖地区分别改为宿州市、六安市和巢湖市，2000 年宣城地区、池州地区分别改为宣城市、池州市，同年亳州改为地级省辖市。到 2000 年年底，全省地改市工作基本完成，建制市数量增加到 17 个。2011 年撤销巢湖市，巢湖市改为县级市，建制市为 16 个。通过地改市，扩大了地级城市的数量，推进了城市化进程。

二是扩大城市面积和规模。不断调整城市行政区划，把县和乡镇并入市辖区，扩大城市范围和规模，为城市发展留下足够的空

巢湖撤市后，巢湖成为合肥"内湖"，合肥步入"环湖时代"

间。如 2001 年至 2011 年，分别对马鞍山、合肥、蚌埠、淮南、六安、芜湖等城市辖区的行政区域进行了调整，重点是调整市辖区布局，破解郊区包围城区难题，并适度扩大了市区范围。 通过连续的区划调整，扩大了城市规模。2000 年城市市区面积为 24858 平方公里，建成区面积为 886 平方公里。2016 年为 28778 平方公里，建成区面积为 1824 平方公里。

三是通过县改市发展中小城市。在计划经济体制下，体制上的障碍使城乡要素不能充分流动，城乡资源配置不能自由组合，被人为地分割。改革开放后，乡镇企业异军突起，发展迅速，农村工业与城市并行发展。虽然在管理上分属不同体制，但工业发展的内在规律客观要求在空间上的集中，而农村工业实力的增强也为农村城镇的崛起提供了经济基础。正是适应这种社会需要，县改市成为一种选择。从 20 世纪 90 年代开始，安徽境内一些乡镇企业、县域经济发展比较好的县，如宁国、桐城、天长、界首、明光进行了县改市。

2. 做大县城

20世纪90年代，安徽比较重视小城镇的发展，但缺乏经济基础和产业的支持，小城镇发展不尽如人意。当时受国家政策和经济能力的限制，发展大城市也比较难。这一时期安徽的县城规模普遍不大，多数县城人口在5万人以下，建成区面积也只有几平方公里；新世纪后，安徽根据实际，把发展县城作为城镇化的着力点，县城人口急剧增加，规模迅速扩大，2014年15万以上人口的县城占一半以上。

县城对于一个县来说非常重要，县城发展好了能带动一个县的经济社会发展。第一，县城作为县域政治、经济、文化中心，长期以来都是促进县域经济发展的动力和载体，是连接城市与农村的桥梁和纽带。县城处于全省城镇体系的中心和结合点，上接大中城市，下连广大农村，具有与农村经济和农民联系紧密、人口转移半径短、农民进入门槛低、发展潜力大、带动农村中间环节少等比较优势，具有很大的发展潜力。

第二，县城相对于管辖的县域来说，具有整合优势资源的能力，可以吸引生产要素、优势资源、各类人才、劳动就业向其集中，可以加快县城的基础设施和公共服务设施建设，完善县城的各项功能结构，加快产业结构的改造和升级，从而带动整个县域经济的快速发展，并推进整个县域城镇化进程。

第三，县城的建设以县域经济发展为基础。县域农村作为县域经济的广阔腹地，涵盖了安徽省绝大部分的地域和人口，具有巨大的市场容量，是全省最大的潜在内需所在。因此，发展壮大县域经济，能有效拓宽非农就业水平，提高农民非农收入，开辟农民增收空间，进而有利于激活农村消费市场，变潜在需求为现实内需，实现经济发展模式由依赖外需转向内需驱动，推进经济结构调整。

第四，县域经济是一种中观经济，连接着城市与乡村，同时又是开放的枢纽体系，并非是自我孤立与自我封闭的。由于县域行政、经济、社会管理等手段比较完备，具有统揽全局的功能。因此，在调整农业结构、拓宽就业门路，以及在加大对农民的政策性扶持力度、增强农民增收的基础保障能力等方面都具有决定性的作用。

第五，县城建设有助于提高公共基础设施和公共事业建设的利用效率。县域内交通网络、供水排水、垃圾处理、文化设施等公共设施构成一个体系，农村公共产品和服务的供给体系也是以县为单位的。城乡一体化所包括的基础设施一体化、产业分工一体化、城乡服务功能一体化、城乡就业教育卫生社会保障一体化、城乡社会进步一体化等，都需要在现有体系上继续发展，在县域整体的角度上合理配置资源，进而逐步形成城市和农村紧密相连的、统一的、完整的系统。

第六，我国已进入工业化中后期阶段，步入着力破除城乡二元结构、形成城乡经济社会发展一体化新格局的重要时期。积极发展县域经济，并实现从以乡村为依托、以农业和农村经济为主体的传统县域经济，向以县城为依托、以非农经济为主导、一二三产业协调发展的新型县域经济转变，这对于解决"三农"问题、实现城乡统筹具有极其重要的战略意义。

3.加快县城发展的主要做法

完善县城功能。一是打造特色县城。科学确定县城发展方向，对各种资源要素进行科学整合，将县城镇域布局分为工业园区、集镇商贸、文化教育、金融服务、休闲娱乐等功能区，实现基础设施和公共服务设施的共建共享。根据县城的资源禀赋、地理环境、交通条件、产业基础、文化特色、民风民俗等要素，合理定位，形成各具特色、差异互补的城镇体系，使县城成为代表一个地区最高水平的龙头和中心。二是扩大县城规模。不少县将县城周边乡镇有计划、有步骤地纳入县城范围，加快改造步伐，拓展城市空间，引导农村住户向县城集中和流动，带动资金和劳动力等要素向县城集聚，增强县域经济发展的资本和动力。三是完善县城功能。加强道路、供水、供电、通信、有线电视、中小学校、医院等基础设施建设，提高综合承载能力，使县城具备居住舒适，配套设施完备，交通便利，公共交通网络发达，公共产品和公共服务如教育、医疗、卫生等质量良好，供给充足的条件，具有吸引力。

构建吸纳能力强的产业体系。城镇发展必须与产业紧密相连，尤其和工业、服务业密不可分。因此，各个县根据各自的优势特色，从实际出发，因地制宜地培育打造县域经济发展的优势特色产业。通过设立在县域内的省级升级开发区，吸引市内外有实力、成长性好、发展后劲足的大企业大集团落户工业园区，不断增强产业发展和人口集聚的综合承载能力，在增加就业岗位的同时增加农民务工人员收入，有的县在发展传统服务业的同时拓展物流、旅游、金融、理财、养老等现代服务业的发展空间，创造更多的就业岗位，吸引更多的农民入住县城。

健全城乡发展一体化体制机制。一是提升县城所在地的中心镇规格。有的县将县城所在地的中心镇政府升格为副县（处）级单位，这不仅有利于发挥中心镇党委、政府的行政功能，同时有利于

现代农业

县委、县政府集中精力抓好县域各项工作，提高县城的城镇化水平。二是创新农村管理制度。安徽省通过农村土地所有权、承包权和经营权的"三权"分离改革，农村资源变资产、资金变股金、农民变股东的"三变"改革，扩大农村规模经营，加快了农民向县城的转移，使更多的农民变市民。三是发展现代农业。通过村庄综合整治和土地合理流转，建设大面积高标准农田，推动耕地向经营能手和种养大户集中，把农民从土地上解放出来，引导农民向县城转移，有序释放城镇化的内需动力。四是转变农民生产、生活方式。在不改变土地承包经营权的前提下，推进家庭经营、集体经营、合作经营、企业经营等共同发展的农业经营方式创新，促进更多农民变身"农业股民"和"农业工人"，拓宽农民收入渠道，增加就业岗位，为农民变城市居民创造了条件。五是推进户籍制度改革。安

徽的户籍制度改革从小城镇开始先放开，这也加快了县城的发展。

二、区域中心城市和城镇群建设

安徽是人口大省、农业大省，但城市规模偏小，城市化水平较低。适当发展几个大城市以带动中小城镇的发展和省区经济的崛起，是促进安徽经济发展的必然要求，也是安徽人长期的期望。

（一）发展区域中心城市

安徽曾于 1992 年提出合肥现代化大城市建设问题，但进展不明显，全省大城市建设的真正启动是进入新世纪之后，呈逐步加快态势。如合肥市建成区面积达到 460 平方公里，城区居住人口接近 500 万人，目前向大城市迈进。芜湖市建成区面积达 172 平方公里，

合肥政务区鸟瞰图

城区各类人口 200 多万人，现在已被列为国家区域性城市。安徽的大城市发展主要采取以下措施。

第一，再造新城。由于安徽原有地级城市较小，在实施旧城改造的同时向外扩张成为必然选择。如合肥早在 20 世纪 80 年代开始旧城改造，90 年代在提出建设现代化大城市的同时提出"再造新合肥"。1990 年 10 月，合肥高新技术产业开发区建设正式启动，随后合肥经济技术开发区、新站综合开发试验区，龙岗综合开发区，双凤、桃花、蜀山等工业园区相继建立，通过开发区建设加快了城市经济规模扩张，增大了城市人口容量，市区面积得到拓展。"十二五"期间，合肥市进一步部署实施"141"城市空间发展规划，即在合肥城镇密集区范围内构建 1 个主城、4 个外围城市组团、1 个滨湖新区的总体空间框架。主城区包括老城区、政务文化新区等城市建设区，向东、西南、西、北方向建设 4 个城市副中心，沿巢湖逐步兴建一个生态型、现代化的滨湖新区。4 个外围组团分别

合肥滨湖新区

是由店埠、撮镇为主的东部组团，由双墩、新站试验区、庐阳工业园区构成的北部组团，由高新技术开发区、蜀山产业园、科技创新示范基地组成的西部组团，以及包括经济技术开发区、上派镇及滨湖新区组成的西南部组团。合肥仅是安徽城市拓展的一个代表，从20世纪90年代开始，省内的芜湖、安庆、蚌埠、铜陵等市都先后依托开发区、政务新区，建设新城区，扩大了城市规模。

第二，建设各类开发区和新区。一是建设开发区。1991年3月，国务院批准合肥科技工业园等27个高新技术产业开发区为首批国家级高新技术产业开发区，随后更名为合肥高新技术产业开发区。芜湖经济技术开发区也于1993年4月由国务院批准设立，是安徽省第一家国家级经济技术开发区。随后，安徽省开发区开始蓬勃发展，马鞍山经济技术开发区于1995年经安徽省政府批准设立，安庆经济技术开发区也在1993年被省政府批准为全省首批省级开发区。2003年后国务院部署了清理整顿开发区工作。安徽省开发区数目由 333 个减为 111 个，规划用地面积由 1715 平方公里降为 525.5 平方公里，开发区发展建设进入了良性循环的轨道。2009 年国务院批准皖江城市带承接产业转移示范区后，全省加大了承接产业转移的载体建设，加快开发区扩区升级，开发区发展迎来了快速发展时期。截至 2014 年年底，安徽省共有大小各类开发区 175 家，其中国家级开发区 19 家，省级正式开发区 72 家，省级筹建开发区 63 家，新型园区 21 家。占地面积总共 4288 平方公里，已建成面积为 1709 平方公里，其中工业用地为 1062.4 平方公里，工业用地占建成面积的 62.17%。全省开发区规模以上工业增加值 6064 亿元、固定资产投资 9740 亿元、财政收入 1396 亿元、实际利用外资 81.4 亿美元、进出口总额 273 亿美元，分别占全省总量的 63.6%、45.8%、38.1%、66.0%、55.4%，开发区已成为全省城市，尤其是地级城市发展的重要力量。二是建设大学城。随着高等院校扩大招生，一些大学原校区已满足不了发展的需要，一些城市都建有专门供大学发展的新校。如合肥市的中国科学技术大学、合肥工业大学、安徽大学、安徽建筑大学等都在新地点建有校区，面积比原来的校区都扩大了。其他的如安徽师范大学（芜湖）、安徽财经大学（蚌埠）、安庆师范大学（安庆）都有新校区。这些学校的新校区建设一方面适应学校发展需要；另一方面扩大了城市市区，形成城市专门的大学城，起到了专门功能区的作用。三是政务中心的兴建带动了城市产业布局的调整。由于历史的原因，城市的行政机关多设在老市区，不仅面积小而且影响城市商业区的发展。政务区搬迁到城市的边缘地区，腾出商业区，既改变了城市的商业布局，又带动了新区的发展。如合肥市的政务区选择在该市的西南，占地 12.6 平方公里，1999 年选址，2002 年 4 月完成总体规划，这里原先是

城市中的农村，政务区搬迁进入之后，迅速成为市区，带动了房地产业和商业的发展。合肥市的滨湖新区，位于合肥主城区东南部，南依巢湖，北靠二环南路，西接沪蓉高速公路，东临南淝河，规划用地面积约 190 平方公里，为合肥从环城时代迈向滨湖时代的一个重要标志。滨湖新区于 2006 年正式启动建设，成为未来合肥通过巢湖、走入长江、融入长三角的水上门户，是合肥未来新形象的集中展示区，也是合肥对外交流和发展的重要窗口。安徽省委、省政府 2017 年由合肥市长江路搬到合肥滨湖新区，带动了滨湖新区的发展。又如芜湖、蚌埠、六安等市市政府都是从闹市区中心向周边搬迁，置换出原有城市的稀缺资源，对促进城市发展、改变城市布局无疑起到了重要作用。

第三，旧城及棚户区改造。安徽各市对旧城进行更新改造，有的是通过集中城区成片改造，迅速改变城区面貌；有的是对重要街区、水域、道路进行改造，提升城市功能。旧城改造为安徽的城镇建设和发展作出了重要贡献。安徽省最早开展旧城改造的是合肥市。1983 年 8 月合肥市的城市总体规划中，针对当时道路狭窄、房屋低矮破旧、交通拥挤、市容景观差的状况制定了"收缩布

旧城改造后的合肥城景

局、控制征地、合理填补充实、分段改造旧城"的城内翻新、城外
连片的城市建设方针。当年 10 月从社会筹集 180 万元资金，拉开
了旧城改造的序幕。当时主要是对长江路西段和金寨路北段进行改
造，探索并试行了"统一规划、合理布局、综合开发、配套建设"
的经验，工作重点是对交通进行改善，调整网点，美化城市，获
得城乡建设部的充分肯定。此后，经过 10 年的连续作战，吸引社
会资金 5.8 亿元，开发面积 101.7 万平方米，相继改造了长江路西
段、金寨路北段、安庆路西段、寿春路中段、淮河路西段等 5 条路
线，新建了明光、益民、团结大庆巷、梅山路等 14 个住宅小区和
建筑组团，开发了城隍庙、七桂塘两个大型步行商业街，建成了金
融大厦、九州大厦、天都大厦、黄山大厦、供电大楼、省保险公司
大楼、省建行营业楼等七座高层建筑及青云楼、十字街食品商业楼
等，同时加快了市政建设。合肥的旧城改造被作为经验向全国推
广。合肥市道路改造成为全省城市更新改造的先行者，带动了其他
城市的改造，创造出各具特色的模式。马鞍山雨山湖综合整治工程
以水系整治为突破口，集引水、排水、绿化及游览为一体，先后对
南北湖水系进行综合整治，开展了清淤、截污等工程，有效地实行

马鞍山市雨山湖

了雨污分流，改变了昔日淤泥沉积、沼泽腐臭的问题；同时对周边违章建筑进行拆除，大面积营造绿地，对面积达 3.14 公顷的花雨园林文化广场进行改造建设，加强湖区周边山体绿化建设，完善环湖绿地系统，为广大市民开辟了新的园林绿地空间，极大地改善了城市居住环境。此外，芜湖市镜湖、安庆市菱湖公园建设以及六安市淠史杭综合整治工程也都取得了明显效果。

第四，撤销城市郊区。过去安徽城市都设有郊区，围绕在城市四周，形成一种农村对城市的包围圈。设置城市郊区的目的是在农产品供给不足的情况下保障城市居民的副食品供应。以粮为纲的年代，城市郊区的农民不仅可以不种粮食，而且他们的粮食由国家供给，他们主要从事蔬菜生产。尽管郊区农民吃到国家的供应粮，但社会保障、就业方式等仍然不同于市民，所以城市郊区仍然是农村，郊区的就业者仍然是农民。改革开放后，农产品供给丰富，农民也有了按市场需要进行生产的决策权，远郊农民也开始生产蔬菜供给城市，郊区作为专门的蔬菜生产基地的作用逐步弱化；同时近郊农村乡镇企业发展迅速，也使近郊农民不再专业从事蔬菜生产，另外，郊区的设置成为城市向四周拓展的一堵墙，影响城市向外扩张。安徽省不断调整城市行政区划，把县和乡镇并入城区，扩大城市范围和规模，为城市发展留有足够的空间。如 2001 年至现在，分别对马鞍山、合肥、蚌埠、淮南、六安、芜湖等城市辖区的行政区域进行了调整，重点是调整市辖区布局，破除郊区对城区的包围，并适度扩大了市区范围；通过连续的区划调整，扩大了城市规模。

第五，实施"11221"工程。2011 年，安徽省出台了《中共安徽省委、安徽省人民政府关于加快新型城镇化进程的意见》（皖发〔2011〕27 号），明确提出"十二五"时期，重点组织实施"11221"工程，推动合肥市建设成为全国有较大影响力的区域性特大城市，建设以芜湖市为中心的滨江城市组群，形成 6 个城镇人口 100 万以上的特大城市、8 个城镇人口 50 万以上的大城市；推动 20 个以上具有较强实力的县城加快发展成为县级中等城市，在 150 个省扩权强镇试点镇的基础上，再选择 50 个左右中心镇培育，共培育 200 个左右中心镇；在大别山连片扶贫攻坚地区、重点景区、农村危房改造集中点、整体推进农村土地整治示范建设点、农村环境连片整治示范村、历史文化名村、产业特色村及其他具备条件的中心村，组织开展"万村整治"工作。通过实施"11221"工程，做大了大中城市的规模。

第六，推进户籍制度改革。进入新世纪，安徽省开始推进户籍制度改革，相继出台了《安徽省公安厅关于进一步改进户籍管理推进城镇化进程的意见》《安徽省人民政府办公厅关于积极稳妥推进户籍管理制度改革的意见》和《安徽省流动人口居住登记办法》，在这些政策红利下，全省异地城镇化特征明显，除合肥、马鞍山两市外，其他14个省辖市均为人口净流出市，阜阳、宿州、滁州、六安、安庆、亳州等农业人口大市的外出人口之和占全省总外出人口的3/4以上。全省城镇人口向特大城市和县城集聚，中心城市人口占城镇人口比例约为45%，县级城市人口占城镇人口的比例约为40%，小城镇仅占10%。

（二）建设三大城市群

伴随着城市规模的扩大和城际之间交通条件的改善尤其是高速公路的出现，相邻城市辐射的区域不断接近并有部分重合，城市之间的经济联系越来越密切，相互影响越来越大，形成了初级的城市群。城市群是城市发展到成熟阶段的最高空间组织形式，是指在特定地域范围内，一般以1个以上特大城市为核心，由至少3个以上大城市为构成单元，依托发达的交通、通信等基础设施网络所形成的空间组织紧凑、经济联系紧密并最终实现高度同城化和高度一体化的城市群体。城市群是在地域上集中分布的若干特大城市和大城市集聚而成的庞大的、多核心、多层次城市集团，是大都市区的联合体。

进入21世纪，安徽城镇发展速度很快，形成以大、中、小城市、小城镇共同发展格局，同时，合肥作为全省经济增长的极核作用逐步增强，马鞍山、芜湖、铜陵、安庆等城市逐步形成带状城市群。伴随着城市化不断推进，在区域经济一体化的时代大潮中，进一步加强区域合作，培育、构建带动全省发展的"圈带群"，已成为安徽加快发展的选择。立足于安徽省情与社会经济发展现状，2006年10月召开的安徽省第八次党代会提出逐步形成以省会经济圈为中心，以皖江城市带和沿淮城市群为支撑的三大城市群发展战略。

合肥都市圈。合肥都市圈位于长江中下游沿江长三角西端，包括合肥市、淮南市、六安市、滁州市、芜湖市、马鞍山市、桐城市，合肥都市圈国土面积占全省的40.6%，人口占全省的43.2%，区域经济总量占全省的比重接近59%。2016年，合肥都市圈实现地区生产总值14206.3亿元，财政收入2434.0亿元，规模以上工业增加值5887.5亿元，全社会固定资产投资15598.0亿元，占全省比重分别为58.9%、55.7%、58.4%、58.3%。

按照规划，到2020年，合肥都市圈总人口约为1500万人，其中合肥800万人，芜湖420万人，马鞍山280万人。城镇人口约为1300万人。2030年，合肥都市圈总人口约为1800万人，城镇人口约为1700万人。同时，城镇化水平在2020年达到80%—85%，2030年达到90%—95%。城市化率、人均收入达到长三角平均水平。产业上以合肥为中心，打造合滁宁、合芜马、合淮、合六、合铜宜产业发展带，推动创新链和产业链融合发展，逐步建立和完善产业链合作体系，推动圈内城市合作，构建高水平、多功能、国际化的对外开放平台，建设具有较强影响力的国际化都市圈。未来，合肥都市圈将形成"一区、五轴、三带、多组团"的城镇空间布局结构体系，远景由点—轴模式向网络化模式发展。

皖江城市带。皖江城市带现包括合肥、芜湖、马鞍山、铜陵、安庆、池州、滁州、宣城八市全境，以及六安市的金安区和舒城县，共 59 个县（市、区），土地面积 7.6 万平方公里，人口 3132 万人，2016 年国内生产总值 16385 亿元。皖江城市带处于中国人口密集、消费需求较大的最靠近东部的中部地区，以合肥为中心，半径 500 公里，覆盖上海、江苏、浙江、河南、江西、湖北、山东、安徽七省一市，这一区域经济发展水平高，消费潜力巨大。无论是国内生产总值，还是社会消费额，占全国的比重都接近 1/2，皖江城市群无疑将是拓展国内市场、启动内需的关键区。

1990 年 7 月，安徽省作出了"开发皖江，呼应浦东"的重大决策；1995 年、1996 年、2002 年和 2005 年先后四次召开会议，研究进一步推动沿江城市群发展问题。2006 年 6 月底《安徽沿江城市群"十一五"经济社会发展规划纲要》正式出台。包括沿江的马鞍山、芜湖、铜陵、池州、安庆、巢湖、宣城、滁州八市及所辖 29 县 (市)，面积占全省总面积的 40.3%；2006 年年末，人口 2360.5 万人，占全省总人口的 35.8%；生产总值 2781.13 亿元，占全省生产总值的 44%。2009 年安徽省委、省政府在皖江城市群基础上建设皖江城市群承接产业转移示范区，将合肥、六安市的金安区和舒城县纳入皖江城市承接产业转移示范区。2010 年 1 月 12 日国务院正式批复《皖江城市带承接产业转移示范区规划》（以下简称《规划》），安徽皖江城市带承接产业转移示范区建设被纳入国家发展战略，《规划》确立了以长江一线为"发展轴"、合肥和芜湖为"双核"、滁州和宣城为"两翼"的"一轴双核两翼"产业布局，大力振兴发展装备制造业、原材料产业、轻纺产业以及现代服务业和现代农业，着力培育高技术产业，构建具有较强竞争力的现代产业体系，真正在承接中调整产业结构，在转移中发挥示范作用。这是迄今全国唯一以产业转移为主题的区域发展规划，是促进区域协调发展的重大举措，为推进安徽参与长三角区域发展分工，探索中西部地区承接产业转移新模式，也为中部地区加速崛起点燃了助推器。

沿淮城市群。沿淮城市群包括淮北、亳州、宿州、蚌埠、阜阳、淮南 6 个市和六安市的霍邱县、寿县，国土面积约占全省的 1/3，总人口约占全省的一半。沿淮城市群社会经济发展与省内外城市群相比有一定差距。2006 年年底，省政府发布了沿淮城市群"十一五"经济社会发展规划，规划突出城市群对皖北地区跨越式发展的功能与作用，从区位条件、产业基础、资源、交通运输条件出发，着眼于培育和发挥比较优势，强调发展循环经济，突出发展重化工业，强化产业链延伸，强调把转变经济增长方式、走新型工业化道路和建设现代农业放在沿淮城市群建设的核心地位，对组织、调整和优化沿淮城市群工业结构具有指导作用。

（三）合理的城镇体系形成

改革开放 40 年来，安徽走出了从发展小城镇，到大中小城市，再到建设三大城市群的城镇化道路，城镇体系趋于合理，有力地提升了安徽的城镇化水平。2017 年年底，安徽城镇化率达到 54%。1978 年年底，全省有 11 个建制城市，到 2008 年年末，全省各级城镇总数为九百九十多个。从城镇规模等级来看，城镇人口数 100 万以上的特大城市有 3 个，人口数 50—100 万的中等城市有 33 个，城镇规模等级序列呈"金字塔"式分布，大中小城市和小城镇基本实现协调发展。省域城镇体系格局基本形成。

城市间的区域融合不断加强，即以沿江、合徐、合芜、芜宣高速公路为城镇发展轴，以合肥都市圈、皖江城市带、沿淮城市群为城镇组合发展地区，以各地级市为发展极核的"两线三片多极"的省域城镇空间结构基本形成。以合肥为核心的合肥都市圈，以芜铜马为核心的皖江城市带建设，以淮北、宿州、蚌埠、阜阳、淮南为核心的沿淮城市群建设成效显著，成为带动区域发展的核心。同时，合肥、芜湖、马鞍山等城市与周边江、浙、沪城市加强联合发展，成为承接长三角产业转移的先行地区。

三、以人为本的新型城镇化道路

2012 年 12 月 15 日，中央经济工作会议提出，要积极稳妥推进城镇化，着力提高城镇化质量。2013 年 7 月 9 日，中共中央政治局常委、国务院总理李克强在广西主持召开的部分省区经济形势座谈会中强调要推进以人为核心的新型城镇化。所谓新型城镇化是以城乡统筹、城乡一体、产业互动、节约集约、生态宜居、和谐发展为基本特征的城镇化，是大中小城市、小城镇、新型农村社区协调发展、互促共进的城镇化，新型城镇化的核心在于不以牺牲农业和粮食、生态和环境为代价，着眼农民，涵盖农村，实现城乡基础设施一体化和公共服务均等化，促进经济社会发展，实现共同富裕。2014 年 3 月，《国家新型城镇化规划(2014—2020 年)》正式发布。2014 年 12 月，国家发展和改革委等 11 个部委联合下发了《关于印发国家新型城镇化综合试点方案的通知》，将江苏、安徽两省和宁波等 62 个城市(镇)列为国家新型城镇化综合试点地区。

（一）安徽新型城镇化试点内容

为落实《国家新型城镇化试点省安徽总体方案》，2015 年 6 月安徽省制定了《安徽国家新型城镇化试点省三年行动计划（2015—2017 年)》，提出围绕"人、地、钱、规划、建设、管理"，重点推进农业转移人口市民化"153"行动、城乡统筹水平提升行动、产城融合促进行动和资金保障行动。

农业转移人口市民化"153"行动主要包括户籍制度改革、"五有并轨"和"三权落实"。其中"五有并轨"是指促进创业就业、增强教育保障、完善住房供应体系、提供医疗卫生保障以及健全养老服务体系。"三权落实"主要是进一步落实进城农民土地承包经营权、宅基地使用权和集体资产收益分配权。城乡统筹水平提升行动主要包括规划引导、中小城市和县城提质扩容、城乡一体化和社会管理创新。产城融合促进行动主要包括产业支撑、功能提升以及生态建设和环境保护等内容。资金保障行动主要从资金保障方面，发挥政策性金融机构作用，探索包括棚户区改造和开发区产城一体化在内的融资新模式。

《安徽国家新型城镇化试点省三年行动计划（2015—2017 年)》提出，要力争经过三年的努力，部分地区和重点领域试点任务取得阶段性成果，形成可复制、可推广的试点经验，全省新型城镇化质量和水平显著提升，有利于新型城镇化发展的制度体系初步建立。

（二）编制出台《安徽省新型城镇化发展规划（2016—2025 年)》

2017 年 7 月《安徽省新型城镇化发展规划（2016—2025 年)》

出台。规划未来全省将实施全面开放的城市落户政策。到 2020 年，合肥将率先成为市区常住人口超过 500 万的特大城市。

根据规划，未来安徽省城镇化水平和质量将稳步提升。到 2020 年，全省常住人口城镇化率达到 56%，户籍人口城镇化率达到 35%。到 2025 年，常住人口城镇化率达到 62%，户籍人口城镇化率达到 45%，户籍人口城镇化率与常住人口城镇化率差距逐步缩小。

安徽省未来将扎实推进农业转移人口市民化，推进符合条件农业转移人口落户城镇，实施全面开放的城市落户政策。未来将合理放宽合肥城区落户条件，全面放开其他城镇落户限制。未来"办户口"也将更便利。安徽省将最大限度精简城镇户口登记和迁移手续，缩短办理时限，方便户口迁移。还将全面实行设区市范围内本地居民户口通迁制度。以城中村、城郊、开发区、大型工矿企业等区域为重点，推动有条件的地区农业人口成建制转为城镇户口。

（三）安徽省新型城镇化推进成效

自 2014 年年底被列为国家新型城镇化试点省以来，安徽省坚持以人的城镇化为核心，以加快提高户籍人口城镇化率为主要目标，进一步增强农业转移人口进城落户意愿和能力，进一步提升城镇综合吸引力和承载力，进一步完善新型城镇化保障机制，新型城镇化试点工作取得积极成效。2017 年，全省常住人口城镇化率、户籍人口城镇化率分别由 2014 年的 49.2%、22.7% 提升到 53.5%、31%。

户籍制度改革深入推进。切实降低农业转移人口落户城镇门槛，2014—2017 年，全省共有 413.6 万农业转移人口落户城镇。积极开展省内户口一站式无证迁移工作，截至 2017 年年底，已办理省内户籍无证迁移 27979 人。积极健全居住证制度，使流动人口在劳动就业、子女教育、证照办理、社会保障等多领域享受市民化待遇。截至 2017 年年底，全省登记流动人口 504.68 万人，制发居住证 162 万张。

农业转移人口"五有并轨"工作取得重要突破。切实解决就业难题，组织实施以农业转移人口为重点的就业技能提升计划，加大农业转移人口职业技能培训力度，就业技能培训已经实行目录式管理。切实解决住房难题，明确将在城镇有稳定就业且符合条件的农业转移人口纳入住房保障范围，截至 2017 年年底，全省有 35.36 万套公租房配租给农民工等住房困难人员，占已配租总量的 47.15%。切实解决子女上学难题，制定以居住证为主要依据的农业转移人口随迁子女入学政策，切实保障农民工子女和城镇学生"一样就读、一样入学、一样免费"，统一城乡义务教育经费保障机制，实现了"两免一补"和生均公用经费基准定额资金随学生学籍流动可携带，截至目前，全省农民工随迁子女接受义务教育人数已达 26.1 万人。切实解决养老难题，在全省范围建立制度名称、政策标准、经办服务、信息系统"四统一"的城乡居民养老保险制度。切实解决看病难题，积极推进跨省异地就医直接结算工作，2017 年，全省新农合共有 5.56 万人次实现跨省异地即时结报，总医药费用 8.88 亿元、补偿金额 3.87 亿元，实际补偿比例达 43.6%。

新型城镇化融资渠道逐步拓宽。设立省对下农业转移人口市民化财政转移支付。根据农业转移人口实际进城落户以及各地提供基本公共服务情况，并适当考虑农业转移人口流动、城市规模等因素进行测算分配。2017 年省财政下达农业转移人口市民化奖励资金

10.49 亿元。将市县为持有居住证人口提供基本公共服务等增支情况纳入分配新增政府债券额度时的测算因素。支持各地拓宽城镇建设融资渠道。积极筹措低成本棚户区改造及产城一体化资金，争取政策性银行和开发性银行对城镇化建设的资金支持。2017 年国家开发银行安徽省分行和中国农业发展银行安徽省分行分别向全省城镇化领域发放贷款 478 亿元、351 亿元。创新市场化融资模式，建立全省 PPP 项目储备库，截至 2017 年年底，安徽省共有 965 个项目纳入国家发展和改革委传统基础设施领域 PPP 储备库，总投资 10942 亿元。

农村土地制度改革稳步推进。农村土地承包经营权确权登记颁证工作提前一年完成，稳步推进宅基地制度改革和农村土地承包经营权、农房抵押贷款试点工作。金寨县探索宅基地复垦腾退的建设用地指标在省域范围内有偿调剂使用，已成功交易四个批次、10857 亩建设用地指标。积极开展农村集体土地确权和登记发证工作，全省农村集体土地所有权、集体建设用地使用权、农村宅基地使用权的确权登记发证率均在 90% 以上。认真开展"资源变资产、资金变股金、农民变股东"改革试点工作，2017 年安徽省开展农村集体资产股份合作制改革的 824 个村，截至目前，已有 632 个村初步完成改革任务，共量化集体资产 43.31 亿元。

城镇规划建设水平进一步提升。深化国家和省"多规合一"试点工作，《寿县总体规划》经住房和城乡建设部同意，铜陵、合肥、安庆等试点市均已完成"多规合一"规划成果编制。确定 28 个城市设计（双修）试点市（县）示范项目，对合肥市中德智慧产业园核心区城市设计等项目给予资金支持。全力推进城市综合管廊建设，截至 2017 年年底，已开工建设 225 公里。合肥市入围全国地

芜湖"智慧城市"开启美好新生活

下综合管廊试点城市。池州市被列为全国海绵城市试点。开展雨污分流管网新建和改造，截至 2017 年年底，全省共有 137 座生活污水处理厂投入运行。大力推进棚户区改造和城中村改造，截至 2017 年年底，全省共计新开工棚户区改造 33.91 万套，基本建成各类保障性安居工程 32.43 万套。加快产城融合发展，合肥、滁州获批国家级产城融合示范区。推进国家智慧城市试点建设，探索创建了亳州智慧政务、芜湖智慧社区、合肥数字城管等典型应用项目。推进绿色城市建设，抓好 115 个绿色建筑示范项目建设，推进合肥市滨湖新区、池州市天堂湖新区等 2 个国家级和 15 个省级示范城区绿色生态城区建设，截至 2017 年年底，城镇绿色建筑占新建建筑比例为 31.6%。推进人文城市建设，全面推进历史文化街区划定、历史建筑确定工作。坚持把特色小镇作为新型城镇化的有效载体，出台《关于加快推进特色小镇建设的意见》，评审出第一批 25 个省级特色小镇，并拿出 5 亿元财政资金用于扶持特色小镇建设。

第六章
十年磨一剑：
安徽树起创新大旗

一、科教城晋升创新城

1978 年 3 月全国科学大会召开后，安徽同全国各地一样，迎来了科技发展的春天，省会合肥的科技发展尤为引人注目。在 1982 年和 1999 年国务院两次批准的《合肥城市总体规划》中，都明确把合肥定为"全国重要的科研教育基地"。2004 年 11 月，合肥又成为我国首个国家科技创新型试点市。

（一）合肥成为全国著名的科教基地

1978 年 11 月，中国科学院合肥分院在合肥的董铺岛上成立。当时，中共中央、国务院批示中国科学院合肥分院，"建一个以基础科学和新兴技术科学为主的综合性科研教育基地"。是时，一批批大学生、研究人员、工程技术人员从全国四面八方奔赴中国科学院合肥分院，为建设一个新兴的科研基地而共同努力。中国科学院合肥分院是中国科学院除北京、上海以外的又一个基地，尤其是超导托卡马克装置的建设和顺利运行，为在合肥建立科教城奠定了基础。20世纪80年代初，电子工业部第十六研究所、第三十八研究所、第四十三研究所相继迁建合肥，合肥的科学研究与技术力量得到很大的提高和增强，科技能力在全国名列前茅。1982年6月，国务院在合肥市城市总体规划的批复中明确指出，"合肥是全国重要的科研教育基地"，也是全国四大科教基地之一（其余三个为北京、成都、西安）。1984年，合肥国家同步辐射实验室动工兴建，为合肥科教基地建设又添上浓墨重彩的一笔。

为了把科技优势和经济建设结合起来，合肥市政府专门制定了12条措施，对从事科技开发的单位实行有偿合同制，促进科研单位、大专院校和企业实行多层次、多形式、多渠道的科技协作，并成立了科技经济协作办公室，专门为科技与经济联姻牵线搭桥。至1987年，全市紧密型半紧密型的科研生产联合体有36个。技术市场的开放，加速了科技成果商品化的步伐，与此同时，涌现了一大批科技咨询服务机构。随着技术市场的日趋活跃，民办科研异军突起，成为合肥科技事业发展的一支生力军。到1990年，合肥市已拥有各级各类科研院所数百个，其中中央及部属12个，省属80个，市属23个，民办科研机构二百多个；涌现出一大批厂办科研所和专业技术学会、协会、研究会。从事自然科学的人员有八万六千余人，其中具有中级以上职称的四万余人。37所高等院校（其中普通高校10所，成人高校25所，军事院校2所）的科技活动在合肥地区科技发展中占有相当重要的位置，高校雄厚的科技实力形成了合肥突出的科技优势。

1988年，邓小平提出"科学技术是第一生产力"的重要观点。同年，合肥市开始组织实施以促进高新技术成果商品化、产业化、国际化为宗旨的"火炬计划"，拉开了合肥高新技术产业发展的帷幕。1989 年，合肥市委、市政府提出了"教育为本，科技立市"的基本方针，首次把"科教兴市"作为全市发展的基本战略。高新技术产业和民营科技企业的迅速发展，成为 20 世纪 90 年代合肥科技进步的鲜明标志。1998 年，合肥市把发展高新技术产业、加快高新技术产业化和传统产业高新技术化作为科技工作重中之重，明确提出了"三线一点一突出"的发展思路，即重点抓好电子信息、生物技术与新医药、光机电一体化三条产业线，加快合肥高新技术开发区建设这一亮点，突出发展民营科技企业。随后，合肥市高新技术产业发展形成"一带三线，两区六园"新格局。"一带"是指从合肥经济开发区、学府区、高新技术开发区到科学岛这一高新技术产业带；"三线"即机电一体化、电子信息产业和生物技术与新医药产业；"两区"是指合肥高新技术开发区和合肥经济技术开发区建设；"六园"是指已经形成的合肥软件产业园、留学人员创业园、民营科技园、大学产业园、生物医药园、农业科技示范园。由于加快了高新技术、先进适用技术改造传统产业的步伐，合肥市企业技术装备达到 20 世纪 90 年代先进水平的占 10%，达到 20 世纪 80 年代后期水平的占 20%。在合肥全市三百多种工业产品中，有六类、三十多种产品达到国内先进水平；有三类、十种达到国际先进水平。其中合肥市生产的冰箱、洗衣机、叉车、液压挖掘机等产品，在国内外占有较大份额，形成 30 个超亿元的重点产品，42 个省级名牌。到 1999 年，合肥全市拥有高新技术企业 220 家，实施"火炬计划"98 项，全市高新技术实现年产值 147.7 亿元，占全省高新技术产业的 44%，涌现出美菱、荣事达、合力、江淮、国风、三联、安科、丰乐种业等一批知名的高新技术企业。

通过落实各种政策和措施，合肥的科教优势不断转化为产业优势和经济优势。世界上第一台 VCD、第一台仿生搓洗式全自动洗衣机、中国第一台微型电子计算机、第一台国产窗式空调、第一辆国产微型车、第一台"激光大气污染监测雷达"、第一台变容式冰箱等，都诞生于合肥市。诸多新产品的不断出现，说明合肥具备较强的科技研究与制造能力。因此，合肥市先后被国家批准为"全国科技进步先进市""全国科技兴贸重点城市"。1999 年，国务院在批复合肥市城市总体规划中，再次把合肥定位为"全国重要的科研教育基地"。

（二）合肥荣升为国家科技创新型试点市

为了更好地发挥合肥科教优势，2003 年年初，安徽省和合肥市向国家提出建设合肥科学城的战略构想。2004 年 7 月，根据国家有关部委的意见，国家科技部和安徽省政府签署了《省部会商制度议定书》，在"合肥科学城"的基础上，明确将合肥市作为国家科技创新型试点市，重点支持合肥市进行科技体制综合改革，共同搭建科技资源共享平台，建立国家科技创新型示范基地。2004 年 11 月 12 日，国家科技部致函安徽省人民政府，同意安徽省人民政府提出的《合肥国家科技创新型试点市实施方案》，这标志着合肥国家级科技创新型试点市的建设工作全面启动，合肥成为中国第一个国家级科技创新型试点城市。

合肥国家科技创新型试点市的总体空间布局，由创新核心区、创新发展区和创新辐射区组成。其中，创新核心区包括中国科学院合肥物质科学研究院、中国科学技术大学、中国人民解放军电子工程学院、中国电子科技集团公司第三十八研究所、合肥高新技术产业开发区等区域，是基础科学、产业技术研发中心和科技人才培养集聚中心。创新发展区包括中国科学院合肥物质科学研究院、合肥高新技术产业开发区、黄山路高校密集区、合肥经济技术开发区，是合肥国家科技创新型试点市教育、孵化和产业扩展区。创新辐射区扩散辐射至整个合肥及合肥经济圈、全省，乃至中部地区。

合肥国家科技创新型试点市建设的重点任务，是组织实施包括建设四大公共平台，壮大、培育、提升三大产业，完善四个体系，建立四个机制的"4344工程"。建设四大公共平台是指建设战略高技术与知识创新、高新技术成果转化、人才培养和集聚、科技中介服务等四大公共平台。发展三大产业主要是加快发展壮大高新技术产业，重点发展电子信息产业、生物医药产业、光机电一体化产业和新材料产业；加快培育新兴科技产业，重点发展激光产业、军转民产业和城市公共安全产业；加快运用高新技术改造提升传统产业，围绕"861行动计划"，以大企业、大项目建设为核心，针对汽车及工程机械、家用电器、化工及新型建材等支柱产业发展中的重大关键共性技术难题，加强产学研协作，组织跨学科联合攻关，提升产品竞争力，提高骨干企业的自动化、智能化、数字化和网络化水平。完善四个体系，即完善特色鲜明的科学研究体系，以企业为核心、产学研有机结合的技术创新体系，多元化的科技服务体系和科技政策体系。建立四个机制是建立以人为本的人才激励机制、寓军于民的联动机制、科技资源共建共享机制和多主体、多层次的新型投融资机制。

2005年，合肥市印发了《合肥国家科技创新型试点市工作方案》，作为建设合肥国家科技创新型试点市的指导性文件。2006年7月，省委、省政府发布《关于推进合肥国家科技创新型试点市工作的若干意见》，对将合肥建成国家科技创新型试点城市给予政策支持。省有关部门和合肥市认真组织遴选重点启动项目六十余项，总投资一百四十多亿元，其中首批开工的项目共 7 项，计划投资 14.1 亿元，包括中国科学院合肥物质科学研究院建设的安徽循环经济技术工程院、中国军事医学科学院建设的生物医药产业化基地、安贝尔集团建设的安徽省大型软件工程研究中心、合肥市万厦房地产开发有限公司建设的新材料专业孵化器、合肥高新技术创业服务中心建设的高创科技孵化基地、合肥高新股份有限公司建设的合肥高新磁性材料工程研究中心、省科技研究院与合肥国家大学科技园联合共建的研究开发与科技成果转化基地等。

合肥对国家科技创新型试点市建设极为重视，采取一系列措施，全面推进试点市建设。

一是创新工作机制。不断完善创新工作机制，成立了试点市工作领导小组及办公室，积极争取国家有关部委在合肥召开部际协调小组会议。制定实施试点市工作方案，相关责任和任务分解至市直 25 个部门和单位，形成上下协同、联动推进的创新工作格局。积极构建自主创新政策支撑体系，先后制定出台一系列文件，连续推出一批突破性的鼓励新型工业化发展和自主创新的政策措施。至 2009 年，合肥市已形成自主创新，工业、农业、现代服务业完整的政策体系。不断加大政府投入，科技三项经费从 2004 年的 2139 万元增加到 2008 年的 4000 万元。

二是创新企业培育机制。2006 年 6 月，合肥在全国率先组织实施《科技创新型企业培育计划》，制定了《合肥市科技创新型企业行业评价指标体系》，到 2009 年有 200 家企业被纳入培育计划，试点企业 76 家，有 60 家企业通过验收。江淮汽车、合力叉车、科大讯飞等进入国家"创新型试点企业"行列。加强分类指导，围绕初创、成长、成熟型企业，实施科技型初创小企业快速成长工程、瞪羚企业行动计划、重大科技产业化项目、产学研战略联盟。培育与引进并举，大力引进国内外知名高科技企业，京东方、微软公司等一批企业先后在合肥设立公司或研发中心。加快高新技术产业集群发展，初步形成了"龙头企业—产业链—产业群"相互衔接的特色产业集群，汽车、家电、工程机械等产业集群初具规模，新材料、微电子及软件、公共安全、新能源与高效节能等产业快速成长。努力培育五大新兴产业集群，即微电子产业集群、新材料产业集群、新能源产业集群、软件产业集群、食品安全监测装备产业集群。形成一批"国字号"产业基地，合肥成为"中国家用电器制造基地""中部地区加工贸易梯度转移承接地""国家级汽车及零部件出口基地城市""中国服务外包基地城市""国家动漫产业基地""节能与新能源汽车示范推广试点城市"。

三是创新成果转化机制。搭建立足合肥、服务全省、对接长三角的国内一流，具有合肥特色的科技创新服务平台——合肥科技创新公共服务中心，该中心共有科技成果转化、知识产权保护与交易、科学仪器设备共享、科技文献信息、科技创新合作、专业技术、投融资等七大服务平台。一批高水平孵化器迅速成长，经济技术开发区和肥东、包河、蜀山等各县区都在工业园区建立了创业服务中心。民营科技创业中心在肥西桃花工业园区开展创业服务，迈出国家级创业中心"连锁运作"第一步。

四是创新产学研合作机制。围绕汽车、装备制造、新材料、电子信息及软件等产业，确定在安徽江淮汽车股份有限公司、安徽合力股份有限公司等14家企业开展产学研联盟建设，初步确立汽车自动化装备、锻压装备等10个产学研联盟。启动"院企互动工程"，积极推动科研院所与企业对接，初步形成产学研互动对接的机制，创造了具有合肥特色的新型产学研结合模式，即以合肥工大高科信息科技股份有限公司等为代表的合作（委托）开发模式，以江淮自动化装备有限公司为代表的企业和高校院所共建实体模式，以中国电子科技集团公司第三十八研究所、合肥通用机械研究院等为代表的应用性科研院所转企模式等。从 2001 年起，合肥每年举办一次"中国合肥高新技术项目与资本对接会"。每年的"对接会"都吸引着数百上千家参会企业、机构和成千上万个项目，还有逐年增多的投资商。自 2008 年起，"对接会"名称改为"中国（合肥）自主创新要素对接会"，更加突出科技成果转化这个主题，参会人员更多的是科技人员和企业家、投资商。"中国（合肥）自主创新要素对接会"已成为继深圳高交会、北京科博会之后，中国又一个高水平的科技类展会，成为观察、了解国内外最新科技成果的前沿窗口，是科技成果转化为产品的渠道，是自主创新要素对接的平台，也是合肥乃至安徽走向全国、走向世界的重要舞台。

五是创新人才培育机制。加强政策激励引导，制定一些政策文件，初步建立起以创新能力和工作业绩为主的人才评价标准。组织实施"3820"产业英才建设工程。从 2005 年起，在 20 家企业设立首批 20 个产业英才岗位，聘请了 20 位产业英才，集聚了 161 名优秀创新人才。与著名高校共建人才培育基地，与清华大学、合肥工业大学等共建研究生实习基地。建成 22 家企业高技能人才培训基地，启动"蓝领人才引进与开发计划"，每年培养各类技能人才约15 万人。

通过实施上述政策措施，合肥创新型试点市建设成效斐然。到2008 年，合肥市省级以上工程技术研究中心达到 30 个，较 2004

年增加 15 个；科技企业孵化器有 12 个，其中国家级 5 个；各类专利授权量达到 1176 件，比 2004 年多 534 件，被国家知识产权局授牌为全国专利技术展示交易中心之一。2004—2008 年，全市共获得国家科学技术奖 20 项。合肥连续多次被评为"全国科技进步先进市"和"全国科技进步示范市"。

二、合芜蚌自主创新综合试验区破茧而出

2008 年年初，时任国家主席胡锦涛视察安徽时强调指出："安徽教育资源比较丰富，科技实力比较强，应该在自主创新方面有更大作为。"为贯彻落实胡锦涛同志的重要指示精神，安徽省委、省政府审时度势，在抓好合肥国家科技创新型试点市建设的基础上，整合芜湖、蚌埠等地优势创新资源，做出建设合（肥）芜（湖）蚌（埠）自主创新综合配套改革试验区的重大战略决策。

2008 年 7 月，安徽省委常委会研究决定，成立合芜蚌自主创新综合配套改革试验区工作推进领导小组，由省委、省政府主要领导担任组长。10 月，安徽省委、省政府出台了《关于合芜蚌自主创新综合配套改革试验区的实施意见（试行）》，提出了试验区建设的总体思路、主要目标、主要任务以及政策保障措施，决定从 2008 年起，每年拿出 5 亿元专项资金和 1 亿元创业（风险）投资引导基金，支持实验区建设。10 月 17 日，安徽省委、省政府召开全省推进自主创新暨建设合芜蚌自主创新综合配套改革试验区动员大会，全面启动试验区建设。

（一）合芜蚌试验区建设的总体要求和主要任务

《关于合芜蚌自主创新综合配套改革试验区的实施意见（试行)》对合芜蚌自主创新综合配套改革试验区建设的总体要求和主要任务等作了全面的阐述，为推进试验区建设提供了基本依据。

《关于合芜蚌自主创新综合配套改革试验区的实施意见（试行)》指出，要把自主创新作为经济社会发展的主战略，以体制机制创新为动力，以集聚创新人才为重点，以提高创新能力为核心，以培育创新型产业为目标，充分发挥合肥、芜湖、蚌埠的优势，整合周边创新资源，逐步建成创新体系健全、创新要素集聚、创新效率高、经济社会效益好、辐射带动能力强的创新型区域，走出一条具有安徽特色的自主创新、加速崛起之路。

合芜蚌自主创新综合配套改革试验区最根本的任务在于先行先试、率先突破、积累经验，为解决面上的共性问题提供借鉴，为提升自主创新能力探索新路，带动全省自主创新能力提升和经济社会发展。具体任务是实施六大创新工程，推进六项改革。一是创新型产业升级工程。重点是培育新兴产业群，加速提升支柱产业创新水平，着力完善创新产业体系。二是创新型企业培育工程。重点是促进科技型中小企业大量涌现，提升大中型企业创新能力，加强自主品牌建设。三是创新人才集聚工程。重点是集聚创新型人才，培育创新企业家队伍。四是创新载体建设工程。重点是提升高新区产业和服务水平，打造多种类型的创新载体。五是创新平台建设工程。重点是完善公共创新平台，加强成果转化平台建设，打造科技中介服务群体。六是创新环境优化工程。重点是培育创新文化和法治环境，创造宜居宜业环境，加强知识产权的运用、保护和管理。同时，在投融资体制、科技教育体制、人事分配制度、土地管理制度、国有企业、行政管理体制六个方面推进改革，完善自主创新体制机制，优化自主创新发展环境。

（二）合芜蚌试验区建设的主要做法

在推进合芜蚌自主创新综合配套改革试验区建设中，安徽省委、省政府坚持实施创新驱动发展和体制机制改革"双轮驱动"，坚持立足产业层面建"三体"（企业主体、创新载体和产学研一体），促整合、立举措，把"先行先试、勇于突破"作为第一原则，着力破解制约科技创新的突出问题，激发全社会创新创业活力，探索具有安徽特色的区域创新发展道路。

1. 在探索科技统筹协调联动体制机制上先行先试

针对长期以来科技工作上重下轻和科技部门单兵作战等问题，在工作推进上，建立"省抓推动、市县为主、部门服务"的责任体系，成立由党政一把手任双组长的推进领导小组和省直 11 个部门参与的创新办，强化市县推进主体和部门协调服务职能，逐级明确任务和责任，形成上下联动的合力。2009 年 12 月，国务院批复同意安徽省在继续推进合肥科技创新试点工作的基础上，推进建设合芜蚌自主创新综合试验区，并将合肥国家科技创新型试点市部际协调小组拓展为合芜蚌自主创新综合试验工作部际协调小组，由此合芜蚌自主创新综合配套改革试验区更名为合芜蚌自主创新综合试验区，正式进入国家层面推进。在投入保障上，建立"企业愿意干、政府再支持，市县愿意干、省里再支持"的机制，省财政设立总额 10 亿元的自主创新专项资金，坚持省投入不超过市县和企业。在考核激励上，探索建立创新成果、人才、企业、园区、专利系统激励机制，制定市县创新能力评价办法，开展分类评价考核，定期发布评价报告，结果纳入政府目标管理考核。

2. 在探索科技支撑产业融合发展体制机制上先行先试

一是规划引导。先后制定了主导产业、战略性新兴产业、高新技术产业发展规划和十个高成长性产业发展意见，明确发展目标、重点和路径，探索建立一个产业、一个规划、一套政策、一批项目、一个园区（基地）、一批核心技术产品的"六个一"推进机制，加快新兴产业规模化、传统产业新兴化。二是项目支撑。围绕产业链部署创新链，2011—2013年累计实施自主创新重大项目118个，累计开发新产品、新装置、新工艺805项，获知识产权等1448项。三是载体聚集。建设国家级高新区3家、省级高新区2家，培育国家和省级创新型园区7个，建设省级以上高新技术产业基地14家.两个产业获批国家区域战略性新兴产业集聚发展试点，3个产业获批国家创新型产业集群培育试点。试验区一批新兴产业迅速壮大，一批传统产业迅速提升。如以科大讯飞为龙头的智能语音产业已占据全球中文语音技术主流市场份额的80%以上；以京东方为龙头的新型显示产业基地已聚集了京东方六代线等28家企业；以奇瑞、江淮、安凯为龙头的新能源汽车产业形成了整车和关键零部件完善的研发与制造体系，推广应用数占全国20%以上；以格力、美的、合肥三洋等为龙头的家电产业加速高端化、智能化，实现了从"制造基地"向"创造基地"的转型。

3. 在探索企业主导产业技术创新体制机制上先行先试

坚持把"城市追求有自主知识产权的企业，企业追求有自主知识产权的产品"作为重要导向，着力推动企业成为技术创新的主体，加快培育高新技术和创新型企业。一是推动企业成为技术创新的主体。支持企业根据市场需求自主确定研发方向，牵头实施应用开发类科研项目，对企业承担实施的国家级科技项目按一定比例给予后补助，对企业开发的国家重点新产品按市场销售额给予后补助。二是推动企业成为科研组织的主体。支持骨干企业建设研发机构，对企业购置关键研发仪器设备、建设国家级研发机构和新型创新实体等给予补助和奖励。三是推动企业成为成果转化的主体。鼓励科技人员通过创办企业或兼职创业等形式实施科技成果转化，采取参股支持等方式每年面向全球公开招引十个左右高层次人才团队来皖创新创业。建成运行试验区科技创新公共服务中心，搭建科技成果展示、交易、转化、服务大平台。

4. 在探索开放联合协同创新体制机制上先行先试

坚持以我为主，整合资源，阶梯登高、借船出海。一是创新产学研用合作模式。鼓励企业、高校、科研院所探索建立"联合开发、优势互补、利益共享、风险共担"的新型产学研用实体二十多家，产业技术创新战略试点联盟79家。按照"政府支持、企业参与、市场运作"的新体制和"省院合作、市校共建"的模式，投资30亿元建设中国科学技术大学先进技术研究院，着力打造具有国际影响力的高层次人才聚集中心、高科技产业孵化中心和先进技术成果的研发基地、转化基地。二是创新对外开放合作模式。支持企业"引进来，走出去"，对试验区企业在境外或境外企业来试验区建立研发机构给予后补助。推动试验区与中关村示范区、长三角等地区建立创新战略合作关系，实施试验区与中关村示范区合作项目72个。三是创新科技资源共享共用模式。采取后补助方式，支持高校、科研院所、大企业科学仪器向全社会开放。

5. 在探索科技金融结合体制机制上先行先试

积极推进试验区国家科技和金融结合试点。一是加快发展创业风险投资。设立总额 8 亿元的省创业风险投资引导基金，引导设立创业投资基金 18 支，基金总规模 57.3 亿元，累计投资企业创新项目 135 个，投资额 47 亿元。谋划设立省高新产业投资基金，通过整合部分财政性资金和国有资产，筹备组建总规模 60 亿元的高科技风险投资母基金，再通过吸引相关市出资和募集社会资本发起设立若干支子基金，打造基金集群，发挥组合优势，形成面向全省、覆盖企业全生命周期的创新创业支撑体系。二是支持科技型企业上市融资。建成运行省股权托管交易中心，172 家科技型企业进入中心开展托管、挂牌交易。24 家企业进入全国中小企业股份转让系统。支持奇瑞汽车公司探索发行全国汽车行业首家私募债券。三是鼓励金融机构创新科技金融产品和服务。先后与省开发银行、工商银行、进出口银行等建立科技金融合作机制。支持在试验区设立小额贷款公司 174 家，开展专利质押贷款融资试点工作，累计为 135 家企业办理专利质押贷款 15 亿元。2008 年以来，试验区科技型企业获各项贷款额年均增长 20% 以上。

6. 在探索自主创新政策激励体制机制上先行先试

突出与国家创新政策对接，先后制定出台关于试验区建设的实施意见和若干政策措施、关于合芜蚌人才特区建设意见等一系列政策文件，合、芜、蚌三市和省相关部门制定了相应的配套政策和支持措施。积极争取国家政策支持，大力推进企业股权和分红激励等重大政策试点。建立科技、财政、税务等部门会审机制，加强政策辅导、强化服务意识，推动高新技术企业所得税优惠、企业研发费加计扣除等普惠政策落实。

7. 在探索科技计划经费管理体制机制上先行先试

围绕发挥财政资金杠杆作用和集聚效应，加快推进科技计划经费管理"四个转变"，引导带动企业、社会增加科技投入，形成多元化、多渠道、多层次科技投入体系。一是在支持机制上，变事前立项为事后补助。由过去的科技部门先立项、拨款，企业再做项目、搞研发，向企业先投入、市场再评价、市县先补助、省里后补助转变，只认条件和绩效，部分支持机制引入第三方操作。二是在导向机制上，变水平导向为贡献导向。由过去的自由申报、专家评审、注重项目自身的科技含量和水平，向合同管理、绩效评价、注重项目对经济社会发展的贡献转变，把投入产生的产业、科技、人才、改革等成果作为项目跟踪问效的"四个观察点"。三是在评价机制上，变专家评审为第三方评价。无论是科技项目、人才团队、创新机构，由过去的企业申报、相关部门盖章、科技部门再予认定，向依据市场认同、贡献度和第三方数据评价绩效，根据绩效评价结果给予支持转变，全面取消行政自由裁量权。四是在分配机制上，变切块支持为竞争择优支持。由过去的专项资金切块分配到市，向现在的不分地域、大小、身份，一律按市场机制竞争择优支持转变。

（三）合芜蚌自主创新综合试验区建设的主要成效

合芜蚌自主创新综合试验区建设，始终定位在依靠科技进步与创新促进传统和新兴产业融合发展、优化升级，构建特色区域创新体系上，努力打造全省创新发展的重要战略平台，取得了与日俱增的科技、产业、人才和改革成果，在全省创新发展中发挥了"当龙头、扛大头、走前头"的重要先导作用，为中西部地区发挥后发优势，实现从要素驱动向创新驱动发展转型探索新路，在国家创新体系建设分类示范试验中发挥了不可替代的作用。

在探索区域创新上实现了跨越。合芜蚌自主创新综合试验区自建设以来，立足打造全国有影响力的创新高地，围绕发展抓创新，着眼机制抓创新，立足开放抓创新，针对安徽实际和创新规律，总结形成了"突出三体建设（企业主体、创新载体和产学研一体），围绕三个核心（核心企业、核心项目、核心园区），强化三个联动（科技创新、产业创新、体制创新协调联动），追求四大成果（产业、科技、改革、人才）"的发展思路，实现了从培育创新企业到发展创新产业，从建设创新型城市到推进区域创新，从部门单兵推进到综合协同创新的"三大转变"，为全省乃至中西部地区实现创新驱动发展积累了经验。

在建设重大战略平台上实现了突破。截至 2013 年，试验区万人发明专利拥有量达到 5.57 件，较 2010 年年均提高 1.6 件；高新技术产业增加值占生产总值比重达到 22.9%，较 2007 年年均提高 1.4 个百分点。主要创新指标占全省的比重均达到 60% 以上。新增芜湖、蚌埠两家国家级高新区，合肥高新区获批创建国家科技创新型园区。建成运行合肥示范核心区"一中心、三基地"（科技创新公共服务中心，科研集群、孵化、产业基地）。在试验区建设的支撑引领下，安徽省成为全国首批三个技术创新工程试点省之一，试验区在提升全省自主创新能力、促进经济社会转型发展方面，发挥了重要的示范和带动作用，被国家列入"3+1"示范试验区和实施中部崛起战略的重点创新区域，成功探索出一条区域性重大战略平台建设的新路。

在攻占科研前沿领域上实现了突破。取得了量子通信、高性能计算机、"魂芯一号"芯片、大气光学等一批国际领先的重大前沿创新成果，建成运行世界首个全通型城域量子通信网络。开发了语音合成软件、新能源汽车、数控液压机床、低温余热发电设备、工业机器人等一批引领产业变革的重大技术和产品。累计获国家科技奖56项，占全省的80%，中国科学技术大学铁基高温超导体研究填补了近五年国家自然科学一等奖空白。

在强化企业创新主体地位上实现了突破。大力实施"百企示范、千企培育"行动，在项目、经费、政策、平台等方面全方位向企业倾斜，培育了一大批富有创新活力、具有较强竞争力的创新型企业。截至2012年，试验区国家创新型（试点）企业达20家，高新技术企业总数达981家，其中上市企业30家，百亿元企业7家。奇瑞汽车、江淮汽车、海螺集团、科大讯飞、丰原集团、凯盛玻璃等一批行业龙头企业加速成长，成为全国有影响的自主创新典型企业，在研发转化技术核心产品、加快产业行业技术进步和创新发展方面，发挥了重要的骨干带动作用。企业主导产业技术研发的体制机制逐步形成，80%以上的科技机构、科技活动人员、研发经费、专利申请数和省级科技成果来自企业或由企业承担。

在培育战略性新兴产业上实现了突破。试验区围绕科技成果研发、转化和产业化，加大项目和工程推进力度，自主研发出代表国际科技和产业发展方向的量子通信、语音技术、纯电动汽车、高性能机器人等重大创新成果，引进建设了京东方六代线等一大批重大新兴产业化项目，推动了新型平板显示、语音技术及应用、新能源汽车及蓄能技术、智能制造、量子通信、新材料等一批战略性新兴产业发展。2013年，试验区战略性新兴产业产值较2010年增长1.3倍，占全省的54.7%。

5F 创业园 2.0

　　在重大政策试点上实现了突破。国家先后赋予试验区企业股权和分红激励等五项重大政策试点，科技教育、投融资体制等六项改革系统推进，形成了比较完善的创新政策体系。一是落实股权分红与激励试点政策。截至 2013 年年底，试验区申请列入股权分红与激励政策试点的企业达 229 家，其中合肥市 127 家，芜湖市 40 家，蚌埠市 62 家；完成试点的企业 69 家，激励科研及管理人员 882 人，激励股权 5619 万股，激励金额 16342 万元。二是落实研发费用加计扣除试点政策。2013 年，试验区共有 543 家企业落实该项政策，占全省 54.6%，落实企业数较 2008 年增长 1.5 倍；研发费用投入额为 67.9 亿元，加计扣除额为 33.9 亿元，占全省 63.5%，加计扣除额较 2008 年增长 4.7 倍。三是落实高新技术企业税收政策。2013 年，试验区共有 1222 家高新技术企业减免税收 22.63 亿元，免税额占全省 65.8%，较 2008 年减免税收额增长 2.9 倍。

在体制机制和创新人才上实现了突破。在资源整合上，采取合同管理、绩效挂钩、滚动支持方式，支持建设了合肥十大新兴产业研究院、合工大智能制造研究院等一批新型创新实体，探索建立产学研结合、开放联合、科技资源整合的机制，成为协同创新的一大

蚌埠凯盛玻璃

亮点；启动建设合芜蚌人才特区，探索建立创新创业人才培养、引进和激励机制；探索建立科技与金融紧密结合机制，设立创业风险投资引导基金，开展知识产权质押贷款等试点。在推进机制上，在全国率先探索建立了党政一把手负责的组织领导机制，部门联动六项改革综合推进机制，省市联手实施重大创新项目牵动引导机制，培育典型创新主体示范带动机制，创新人才、创新型企业、创新型园区系统激励机制，四大成果和工作目标统计评价机制，有效保障

了创新驱动的顺利实施。试验区累计培养引进高端人才三万多名。新增两院院士8人，总数达到28人；新建院士工作站31家，"柔性"引进院士41人，分别占全省的50%和52%。入选国家"千人计划"128人、"万人计划"20人，创新人才推进计划15项，分别占全省的99%、91%和68.2%。

在示范带动作用上实现了突破。2013年，试验区财政科技投入占财政总支出的比例达3.74%，全社会研发投入占生产总值的比重达2.81%，分别较2008年提高1.05和1个百分点，高出全省1.22和0.96个百分点。在试验区的示范带动下，全省自主创新呈现竞相发展、各具特色的生动局面，以合芜蚌自主创新综合试验区为主抓手、以皖江城市带承接产业转移示范区为支撑辐射带动全省，以骨干企业为重点、园区为节点的安徽特色创新网络加速构建完成，全省主要创新指标位居全国前列、中部领先。2013年，全省研发投入增长3.8倍，高新技术产业增加值较2007年增长3.4倍，专利申请、授权量分别居全国第7位、第8位，高新技术企业总数居全国第7位，获国家中小企业技术创新基金支持额居全国第6位，入选国家首批"万人计划"人才数居全国第6位，地方财政科技投入占财政支出比重居全国第7位。安徽省区域创新能力在全国的位次大幅前移，由2008年全国第15位跃居2013年全国第9位、中部第1位。

三、合力创建创新型省份

在合芜蚌自主创新综合试验区建设基础上，经积极争取，2013

年11月科技部批复同意《安徽省创新型省份建设方案》。这标志着安徽省继江苏之后，成为全国第二个开展国家创新型省份建设试点工作的省份。自此，安徽省委、省政府把创新驱动发展作为核心战略摆到前所未有的重要位置，科学谋划、强力推进，全省上下、社会各界协同支持、合力推进，全省高校院所、企业等创新主体和广大科技人员奋力拼搏、勇攀高峰，形成全省"一盘棋"，下好创新"先手棋"，走出了一条富有安徽特色的创新发展之路。

（一）六大抓手推进创新型省份建设

1.抓顶层设计

为实现创新驱动发展和科技改革攻坚"双轮驱动"，2014年安徽省委、省政府先后出台《关于实施创新驱动发展战略进一步加快创新型省份建设的意见》及六个配套政策，为创新型省份建设绘出宏伟蓝图。省政府围绕支持创新型省份建设，出台加快建设创新发展四个支撑体系的实施意见，全面部署展开技术和产业、平台和企业、资本和金融、制度和政策创新支撑体系建设；先后出台"1+6""1+6+2"、科技创新十条（《支持科技创新若干政策》）等政策，引导企业在加大研发投入、开展重大关键技术攻关、引进高层次人才团队等方面持续支持科技创新。2017年，全省兑现支持科技创新政策奖补项目两千一百多项，省和市县给予奖补资金近30亿元，拉动企业、高校院所科技成果研发转化投入八十多亿元。2017年6月，省委、省政府出台《安徽省贯彻落实国家创新驱动发展战略纲要实施方案》，提出安徽省未来30年建设创新型省份"三步走"战略；出台实施"五大发展行动计划"，把创新发展作为五大发展行动计划之首。

2. 抓改革

遵循科技创新的规律，全面深化科技体制机制改革。突出厘清政府和市场关系，在全国率先建立"企业愿意干、政府再支持，市县愿意干、省里再支持"的推进机制，"省抓推动、市县为主、部门服务"的责任机制，依据市场和创新绩效评价进行后补助的激励机制，统一指南、发布、受理、论证、公布、平台的"六统一"管理机制，有效激发了各类主体创新创业的活力。深化科技计划管理改革，优化整合六大类省级科技计划，完善科技管理信息系统，出台改革完善省级财政科研项目资金管理等政策，让科技人员在科技立项申报、科技经费管理、科技成果转化等方面有更大自主权。深化科技人员流动改革，鼓励科技人员在岗创业、兼职创业、离岗创业，率先在全国建立"动态调整、周转使用、人编捆绑、人走编收"的编制周转池制度，核增周转编制 4697 个，为高校院所引进高层次人才提供制度保障。深化科技分配制度改革，出台实行以增加知识价值为导向分配政策的实施意见，建立起以贡献为导向的科技人员财富分配制度，科技成果转化收益的 70% 以上奖励给科技人员，让科技人员名利双收。

3. 抓转化

在全国率先探索"人才 + 成果 + 金融 + 基地"的模式，实施高层次科技人才团队创新创业扶持计划，省市联动面向全球招引人才团队落户安徽省转化高端成果、创办领办企业。围绕新型显示、智能语音、机器人、高性能专用集成电路、生物育种、高端医疗器械等领域，布局实施 19 个省科技重大专项，累计实施重大专项项目 650 项，支持经费 9 亿元，积极争取国家重大科技项目经费支持八十多亿元。突出政策激励抓转化，深入实施科技成果"三权"管理改革试点，对企业和高校、科研院所在皖转化成果给予10%补助，对企业转化成果获认定的国家重点新产品、新药和动植物新品种给予奖励。制定出台促进科技成果转移转化实施方案、促进科技成果转化实施细则，建立健全科技成果捕捉发现机制，建成运行安徽省科技成果在线登记系统，推动各类科技成果在皖转移转化。大力发展研发设计、技术转移、创新创业等科技服务业，累计建设省级以上科技企业孵化器136家、技术转移服务机构48家、众创空间218家，集聚三万多名创客入驻创新创业。

4. 抓产业

遵循科技培育的规律，坚持围绕产业建设创新平台。聚焦全省优势产业、企业和学科，择优支持培育高水平实验室，全省已建设国家级创新平台161家。突出研发、培育、集聚、转化，探索建设中国科学技术大学先进技术研究院等新型研发机构48家。围绕产业突破关键技术，部署实施15个科技重大专项，省市联动分别给予不超过项目总投入20%的资金补助，3年一个实施周期，滚动支持、动态调整。围绕产业提升创新能力。对企业购置研发仪器设备、到境外设立研发机构、建设国家级研发机构等给予补助奖励。围绕产业培育高新企业，按照初创期、成长期、成熟期，分层次实施1000家高新技术企业培育计划。加强产业集聚发展载体建设，全省已建国家级高新区5个、省级15个，国家农业科技园区16个。

5. 抓布局

遵循科技聚集的规律，统筹配置创新资源，加快构建以合芜蚌为龙头，创新型城市为载体，皖江、皖北、皖南、大别山区等区域协调发展的新格局。深入推进合芜蚌国家自主创新综合实验区建设，2017年合肥、芜湖、蚌埠高新区综合排名分别居全国第6位、第 46 位和第 48 位，较 2012 年分别前进 6 位、17 位和 25 位。扎实开展创新型城市创建工作，合肥市通过国家创新型城市试点建设评估验收，芜湖、蚌埠、马鞍山、滁州、铜陵、淮南等六市积极申报国家创新型试点城市。加大皖北和贫困地区科技创新补短板力度，建立厅市工作会商制度，在科技项目经费、创新平台载体、科技政策兑现等方面向皖北和贫困地区倾斜，省政府出台的系列"十条政策"对皖北和省级以上贫困县奖补经费上浮 20%，省科技转移支付经费重点支持皖北和省级以上贫困县科技创新发展，积极引导创新资源向皖北集聚。

6. 抓金融

遵循科技结合的规律，加强科技金融融合发展。抓产业投资基金。省组建注册资本 50 亿元高新技术产业投资公司，招标参股发起设立总规模 81.5 亿元的 3 支子基金，已累计投资项目 35 个，投资总额 15.5 亿元，其中省内项目 11.7 亿元；招标组建总规模 600 亿元的产业发展基金，总投资规模 228 亿元。抓科技型企业上市融资。在沪深交易所上市公司 88 家、新三板挂牌企业 164 家，69 家企业实现股权融资 20.6 亿元，每个企业平均融资 3000 万元。抓天使投资发展。推动省投资集团、信用担保集团与各市合作设立天使投资基金 13 支，资金总规模 20 亿元，重点投向成长性好的科技型小微企业和创业期企业。抓金融支持创新。在全国率先建立"4321"新型政银担合作机制，构建覆盖省、市、县三级的政策性担保体系。开展科技保险试点，省、市分别按企业缴纳保费的 20% 给予补贴。实施专利权质押贷款，全省质押融资额达六亿多元。

（二）创新型省份建设取得较好成效

2016 年 4 月，习近平总书记在安徽考察时指出：安徽作为科技大省，这些年抓科技创新动作快、力度大、成效明显，值得肯定。安徽人民牢记习近平总书记的嘱托，始终把创新摆在突出位置，变中求新、新中求进、进中求突破，聚全省之力推进创新型省份建设，取得了较好成效。

一是创新能力位居全国前列。安徽区域创新能力连续 5 年居全国第一方阵、中部地区前列。2017 年，全省申请发明专利 93527 件，较 2012 年增长 3.82 倍，居全国第 5 位、中部地区第 1 位；获授权发明专利 12440 件，较 2012 年增长 3.06 倍，居全国第 7 位、中部地区第 1 位；每万人口发明专利拥有量达到 7.7 件，较 2012 年增长 4.97 倍，居全国第 9 位；技术合同成交额 245 亿元，较 2012 年增长 1.9 倍。2016 年，全省全社会研发经费支出达 475.1 亿元，较 2012 年增长 68.6%，居全国第 11 位；全社会研发经费支出占地区生产总值的比重达 1.97%，较 2012 年提高 0.33 个百分点，居全国第 9 位。

二是重大科技成果出现井喷。五年来，安徽省在热核聚变、量子通信、铁基超导等前沿领域取得了一批国际一流、国内领先的重大科技成果，进入跟跑到并跑领跑的历史性阶段。全省共有 62 项科技成果获得国家科技奖，其中一等奖 3 项；有 65 项发明专利获国家专利奖，其中金奖 3 项。安徽省主持或参与完成的"墨子""悟空"和"天宫"作为重大科技成果写入党的十九大报告。世界首台光量子计算机诞生、量子通信京沪干线全面开通、全超导托卡马克装置世界首次实现百秒量级稳态高约束模运行 3 项成果入选 2017 年国内十大科技进展新闻，"墨子号"实现星地量子通信入选 2017 年国际十大科技新闻，合肥稳态强磁场装置实现 40 万高斯稳态强磁场。

三是创新人才引进成效显著。全省科技活动人员数量由 2012 年的 10.3 万人增长至 37.4 万人。截至 2017 年，全省在皖"两院"院士 32 人，建成院士工作站 209 家，"柔性"引进院士 234 人次，引进国家"千人计划"人才 250 人，"万人计划"人才 61 人。特别是自 2014 年以来，全面实施高层次科技人才团队在皖创新创业扶持计划，在全国率先探索"人才 + 成果 + 金融 + 基地"的人才引进模式。省累计扶持 115 个海内外高层次科技人才团队，各市共吸引三百多个高层次科技人才团队落户安徽创新创业，引进各类高端人才三千多人。

四是科技支撑产业升级加速。在科技创新支撑引领下，安徽省产业核心竞争力加速提升，经济发展新动能加速孕育。智能语音、新能源汽车、新型显示、工业机器人、高端装备等产业创新居全国乃至世界前列。科大讯飞研制出世界首款多语种实时翻译机，中国电子科技集团公司第三十八研究所研发出我国首台太赫兹人体安检仪，江淮汽车继特斯拉之后攻克新能源汽车电池热管理系统——液冷技术，蚌埠玻璃院世界最薄浮法电子玻璃基板、京东方世界首条液晶显示 10.5 代线实现量产。全省高新技术产业增加值年均增长 14.5%，实现增加值占规模以上工业的比重达 40.2%，较 2012 年提高 5.4 个百分点；全省高新技术企业数达 4310 家，较 2012 年增长 124.5%，居全国第 8 位，成为全省产业创新主力军。

第一个全国科技创新型试点市，第一个自主创新综合试验区，第一批技术创新工程试点省……从试点市到试验区，再到创新型省份，安徽创新由点到线、由线及面，不断深入推进。改革开放四十年来，安徽从人民印象中的农业大省、资源大省，嬗变为经济大省、工业大省和自主创新大省。自主创新的星星之火，已经在江淮大地呈现燎原之势！

第七章
区域协调发展：融入长三角与支持皖北发展

一、从东向发展战略提出到长三角一体化

2005年，安徽省委、省政府提出"实施东向发展战略，加快融入长三角"。东向发展既有明确的目标，又是切合实际的举措，目的就是要以融入长三角的经济圈获得发展，举措就是向东部地区学习，求得合作，引进资本、技术等稀缺资源。东向发展、加速融入长三角，指明了安徽奋力崛起的主线，是推进安徽崛起的重要战略。

（一）东向发展战略

所谓东向发展战略，是指充分利用安徽毗邻东部的区位优势，积极向东发展，主动承接上海、江苏、浙江乃至山东、福建等沿海发达地区对安徽的经济辐射，充分发挥安徽作为长三角纵深腹地的优势，加速融入长江三角洲经济圈，以此带动安徽崛起。东向发展战略是安徽人民根据经济发展的多年实践经验总结出来的，符合安徽实际、引导安徽快速崛起的最高战略，具有十分丰富的内涵。

东向战略是 2005 年由安徽省委、省政府正式提出的，在此之前，虽然没有明确东向发展战略，但安徽省与东部地区一直保持着密切的联系。根据东向发展战略的形成与发展过程，我们把东向发展战略分为以下几个阶段：

第一，准备阶段。改革开放以后至 2003 年之前，这一段时间是东向战略形成的准备阶段，也是东向战略的启蒙时期，其中包含曲折和艰辛，也包括失败和教训。

1988 年，是改革开放 10 周年，中国 GDP 达到 14928.3 亿元，比 1978 年多出约 11000 亿元；安徽的国内生产总值为 546.94 亿元，是 1978 年的 5 倍，占全国的 3.66%，比北京多了一百多亿元，是天津的两倍还多。但农业人口众多的安徽，人均国内生产总值仅为 1026 元，是北京的 1/4。经济发展低于全国平均水平，与周边的江苏、浙江的差距进一步扩大。在这一年，国家计委办公厅发文撤销"国务院上海经济区规划办公室"。就在上海经济区撤销的当年，安徽提出"远学闽粤、近学江浙"，以图延续与长三角的互动。这是改革开放后，安徽提出的最著名的口号之一，也是安徽东向发展、融入长三角最早的实践源头。之后省直机关各部门和全省地、市、县主要负责领导，分批外出考察。有关部门参照长江三角洲的政策，陆续制定并实施了一些改革措施。

继 1988 年安徽提出"远学粤闽、近学江浙"后，1990 年 7 月，也就是中央决定开发开放浦东两个多月后，安徽果断作出"抓住机遇、开发皖江，强化自身、呼应浦东，迎接辐射、带动全省"的战略决策，成为第一个响应浦东开发的省份。1991 年 6 月 24 日，安徽省在沪投资的第一栋建筑——裕安大厦奠基开工。1991 年前后，安徽先后出台《长江经济带开发开放规划纲要》《关于进一步推进皖江开发开放若干问题的意见》，并建立了皖江地区市长专员联席会议制度，以切实推动皖江与浦东的呼应。同时，在能源、原材料和农副产品提供、劳动力和人才输入等方面，安徽积极与上海及整个长三角合作。

然而，由于种种原因，安徽省"开发皖江、呼应浦东"战略提出后没有达到预期的效果。到 1999 年，江苏实现国内生产总值 7697.82 亿元，浙江也达到 5364.89 亿元，从 1978 年的全国第 12 位上升到第 4 位，而安徽仅为 2908 亿元，差距越来越大。安徽丧失了十多年的发展机会。第一个呼应浦东开发者逐渐成为失落者。巨大的差距使安徽人从梦中惊醒，对以前的战略开始了反思。

2001 年春，安徽宣城市委、市政府通过决定，率先提出经济要"全面融入苏浙沪经济圈"，宁国市提出"融入苏浙沪、重返百强县"，与此同时，长三角快速的城市化与工业化，经济快速增长，对安徽的辐射带动效果开始显现。之后不久，南京都市圈已经将安徽滁州、马鞍山、芜湖划归旗下。几个方面的原因，促成了安徽东向发展的决心。2003 年 4 月，在安徽省委七届四次会议上，"融入长三角"终于正式上升为安徽全省性的发展战略。

第二，探索阶段。2003 年至 2007 年为东向战略探索阶段，这一阶段主要是探索怎样向东发展问题，包括东向战略内涵、东向战略定位、东向战略内容，安徽是融入长三角，还是参与泛长三角的分工合作等。

2005 年 9 月，在不到一周的时间内，安徽两次组团东行走访沪苏。其中合肥、淮北、马鞍山等 9 市与江苏南京、徐州等 6 市达成行动要领，进一步打破行政区划限制，支持和鼓励城市经济圈形成。同时，马鞍山、滁州等城市开始申请加入长三角城市经济协调会，其他城市也相继产生这种冲动。最典型的事例是，南京都市圈划定的范围并不包括铜陵，然而铜陵还是主动参加了当年召开的南京都市圈核心城市市长峰会。"泛长三角"图景开始出现，继呼应浦东之后，安徽的"东进运动"迎来了第二次高潮。

此后不久，融入长三角更被提升为对整个安徽发展方向的定位——东向战略，并引领安徽走进长三角的第三次高潮。2005年6月1日，在与浙江接壤的宁国，安徽召开了一次特别的会议——"加快毗邻苏浙地区发展座谈会"，面对与会的安徽23个"沿边"县市领导，时任安徽省委书记郭金龙直言："东向发展，加速融入长三角是安徽奋力崛起的必然选择。"随后，安徽省发展改革委下发《关于支持毗邻苏浙地区加快发展的意见》，推进沿边地区与苏浙沪的交通、产业和资本对接，促进沿边地区在区域分工中找准位置，服务长三角，主动当配角。

此外，面对长三角对能源的迫切需求，安徽更是主动配合，以丰富的两淮煤矿资源，打造"皖电东送"支援长三角。2003年夏，根据事先签署的协议，安徽在自己拉闸限电的同时，仍如约向长三角地区供电。

第三，突破阶段。2008年至2010年，这一阶段是东向战略的突破阶段。这一阶段与上一阶段不同，上一阶段主要是探索安徽东向战略发展的路径，这一阶段安徽东向战略的实施取得阶段性突破。安徽全面对接长三角，参与泛长三角的分工合作，最大限度地承接长三角地区产业转移，东向战略进入全面推进阶段。

2007年下半年以来，世界经济发生巨大变化，以美国次贷引发的金融危机席卷全球，世界经济出现了衰退的迹象。面对世界金融危机，与国际经济联系紧密的长三角地区遇到了前所未有的压力。另外长三角地区经过二十多年的发展，向外围拓展空间，支撑其持续发展，势在必行。促进长三角地区的制造业向中部地区加速转移有两方面原因：一是安徽省毗邻长三角，全面接轨长三角，理所当然地要承接长三角产业转移，参与泛长三角的分工与协作，并且扮演重要的角色；二是安徽与长三角的经济合作已是你中有我、我中有你。目前，安徽 55% 的省外资金来自长三角，60% 的劳务输出集中在长三角，70% 以上的省际物流和通讯面向长三角，每年向长三角输出电力 100 亿千瓦时以上。

2008 年 1 月，胡锦涛在安徽视察工作时指出："安徽要充分发挥区位优势、自然资源优势、劳动力资源优势，积极参与泛长三角区域发展分工，主动承接沿海地区产业转移，不断加强同兄弟省份的横向经济联合和协作。"

这不仅是对安徽多年东向发展、融入长三角战略的肯定，更预示着泛长三角区域全面合作发展的前景将呼之欲出。在泛长三角的框架下，安徽将从融入走向参与，成为泛长三角分工合作不可缺少的一员。

因此，2008 年年后，特别是胡锦涛在安徽讲话后，安徽东向战略进入一个新的阶段，安徽将充分发挥独具的地理区位、自然资源、劳动力和产业等优势，全面参与长三角的分工合作，构建区域大交通体系，大规模地承接东部沿海地区的产业转移。未来安徽拟打造泛长三角优质农产品、泛长三角能源原材料、泛长三角现代加工制造业、泛长三角交通物流、泛长三角旅游休闲五大基地。

第四，见效阶段。2010 年以后是东向战略的见效阶段。安徽通过全面参与泛长三角的分工协作，大规模地承接东部沿海地区产业转移。产业高度聚集，人才大量向安徽集中，各类企业数量大幅度增加，全省经济获得高速发展，与东部地区的经济差距逐渐缩小，城乡得到统筹发展，城市与农村的差距进一步缩小，城市化程度大幅度提高，安徽与长三角地区逐步进入区域一体化阶段。

自实施东向发展战略以来，安徽经济社会发生了巨大的变化。在"十二五"期间，地区生产总值年均增长 10.8%，高于全国 3 个百分点；经济总量由 2010 年的 1.2 万亿元增长到 2015 年的 2.2 万亿元，增长近一倍；财政收入由 2010 年的 2064 亿元增加到 2015 年的 4012 亿元，接近翻一番；固定资产投资由 2010 年的 1.18 万亿元增加到 2015 年的 2.4 万亿元，增长一倍多。安徽省产业结构持续优化，三次产业结构由 2010 年的 14 ：52.1 ：33.9 调整为 2015 年的 11.2 ：51.5 ：37.3。同时，安徽农业现代化步伐持续加快，适度规模经营蓬勃发展，粮食生产实现"十二连丰"。此外，安徽省战略性新兴产业由小到大，产值由 2010 年的 2504 亿元增

汽车焊接机器人

长到 2015 年的 8921.5 亿元，年均增长约 29%。特别是新型显示、新能源汽车、集成电路、智能语音、智能家电、机器人等 14 个战略性新兴产业集聚发展基地呈现快速发展势头，新兴工业大省地位基本确立。

东向发展战略提出后，安徽的地缘优势也得到了充分的体现。2014 年 9 月，国务院关于依托黄金水道推动长江经济带发展的指导意见出台，安徽整省"入长"，省会合肥与杭州、南京"比肩"，成为长三角城市群副中心之一。从地理的无缝对接，到发展的无缝对接，安徽多年梦圆，在资源开发、产业发展、市场开拓等方面，走进了更加广阔的空间。2015 年 12 月 3 日，长江三角洲地区三省一市主要领导座谈会在合肥举行。会议就深度融入国家战略、推动经济转型升级、深化重点专题合作、完善合作发展机制等事项进行了深入讨论。2016 年 5 月 11 日，国务院常务会议通过《长江三角洲城市群发展规划》，提出培育更高水平的经济增长极，到 2030 年，全面建成具有全球影响力的世界级城市群。安徽被纳入长三角城市群，扩大了城市规模，形成了一个更大区域的分工合作的发达经济区，同时安徽将承担长三角城市群对周边、中部城市的带动作用，成为长江经济带重要战略支点。

（二）安徽参与长三角一体化发展

2016 年 6 月，经国务院同意，国家发展改革委、住房和城乡建设部印发《长江三角洲城市群发展规划》，将安徽省合肥、芜湖、马鞍山、铜陵、安庆、滁州、池州、宣城等 8 市纳入规划范围，提出将长三角城市群建设成具有全球影响力的世界级城市群，着力打造改革新高地、争当开放新尖兵、带头发展新经济、构筑生态环境新支撑、创造联动发展新模式。8 市所在的皖江城市带作为安徽省经济最为发达、产业基础最为雄厚、创新能力最强、商业氛围最浓、开放程度最高、基础设施条件最好的区域，被纳入长三角城市群，是一次重大历史机遇。

1. 安徽加入长三角经历了艰难曲折的过程

长三角一直以来是我国经济最活跃、市场最发达的地区之一，对我国经济发展有不可替代的作用。然而近年来，长三角地区交通拥堵、环境污染、住房紧张等城市病日益凸显，反观皖江地区，发展空间广阔，资源要素优越，却一直未能充分分享到上海及南长三角的经济外溢效益。此外，由于所处地理位置，安徽的经济发展常面临"尴尬"局面：东部沿海开放时，安徽被当成了"西部"；实施西部大开发时，安徽又成了"东部"。加上整体经济实力方面存在的落差，一直存在"苏浙沪不带安徽玩"的情况。但向东发展、积极融入长三角一直是安徽在区域战略上的主打方向，即使在整个 2013 年打造"中四角"（以湖南、江西、湖北、安徽四省为主打造的长江中游城市群）概念时，承接来自苏、浙、沪的产业转移仍然是安徽发展经济的自然选择。

早在 1990 年 7 月，也就是中央决定开发开放浦东两个多月后，安徽省委、省政府作出"抓住机遇、开发皖江，强化自身、呼应浦东，迎接辐射、带动全省"的战略决策。2000 年开始，安徽又提出了融入长三角经济区的发展策略，但长期以来，长三角从来都没有将安徽纳入其发展规划。2004 年，国家发展改革委开始编制长三角区域规划。此后，安徽一直向国家有关部门申请加入长三角合作区域。2006 年，国家促进中部地区崛起战略将皖江城市带纳入国家级发展的重点区域，皖江城市带成为安徽省唯一进入国家战略层面的区域。2010 年，皖江城市带承接产业转移示范区上升为国家战略，安徽为承接东部特别是长三角的产业转移，制定了专门的规划。此后，安徽省发展改革委曾发文，明确提出皖江城市带承接产业转移示范区将以"飞地经济"为桥梁，探索长三角的区域协作与利益共享机制。所谓"飞地经济"，是指以工业园区为载体，由经济相对发达地区整批输出项目，欠发达地区则提供土地，双方合作开发，共享园区的税收、GDP 等。这意味着，安徽将"净地"交给苏、浙政府或企业建设，双方按比例共享利益。此后，苏、浙、沪诸多投资项目在皖江城市带、合肥都市圈等地积极布局，在承接长三角产业转移的过程中，对提升安徽经济的推动作用明显。尽管如此，安徽仍然没能正式跻身长三角的"大家庭"，无论是 2008 年国务院印发的《关于进一步推进长三角地区改革开放和经济社会发展的指导意见》，还是 2010 年国务院批准的《长三角地区区域规划》，一直将长三角的范围明确为苏浙沪，安徽均不在其列。直到 2016 年国务院印发《长江三角洲城市群发展规划》，正式将安徽省合肥、芜湖、马鞍山、铜陵、安庆、滁州、池州、宣城等 8 市纳入规划范围，安徽东向发展的梦总算是圆了。此后，安徽省在 2016 年的政府工作报告中提出，要推动合肥都市圈的一体化发展，创建国家级合肥滨湖新区，加快建设合肥长三角世界级城市群副中心，形成全国有重要影响力的区域增长极。

2. 安徽全面参与长三角分工

在长三角城市群发展分工中，安徽充分发挥自身优势，在多方面发挥重要作用，明确定位，扮演了重要角色。

一是建设了面向长三角的优质农产品基地。近年来，安徽充分发挥农业资源比较优势，按照优质化、安全化、多样化的要求，大力发展现代高效农业，对优势产品进行深度开发，提升特色农产品精深加工档次，不断提高安徽农产品的诚信度、知名度和美誉度，建设了优质农产品基地。

二是建设了面向长三角的能源、原材料基地。安徽历来是华东地区的能源供应基地，同时又是国家级材料工业基地。在参与长三角城市群发展中，安徽着眼巩固提升能源、原材料产业竞争力，大力推进行业技术改造和战略性重组，着力延伸产业链条，提高产业集中度，建设了面向长三角的能源、原材料供应和加工基地。

三是建设了面向长三角的产业集聚基地。随着长三角发展进入新的阶段，越来越多的产业开始加速梯度转移，安徽省紧邻长三角，综合商务成本较低。安徽着眼长三角的产业现状和调整趋势，大力改善承接条件，优化投资环境，选择性、跨越式地承接长三角产业转移，提升优势产业的集聚能力，建设先进制造业和高新技术产业集聚基地。

四是建设了面向长三角的劳务输出基地。安徽外出务工人员较多，其中大部分流入了长三角地区。安徽着眼长三角对人力资源的需求，加大对劳动力的培训力度，及时提供劳务信息服务，增强外出务工人员的职业技能和适应能力，提高劳务输出组织化程度，实现劳动力向长三角地区的有序流动，建设了面向长三角的劳务输出基地。

五是建设了面向长三角的旅游休闲基地。目前，长三角已经成为安徽省旅游最大的外来客源地，随着交通条件的进一步改善，来皖旅游人数还会不断增加。安徽完善了旅游区域规划和建设，提高宣传营销水平，打响世界遗产牌，做好徽文化文章，培育生态休闲、红色旅游产品，把安徽打造成华东首选、国内一流、国际著名

宁安高铁驶过铜陵市境

的旅游目的地。

六是建设了面向长三角的交通走廊。近年来，安徽加大了交通基础设施建设力度，依托长江水道，建成了"内外畅通、布局合理、衔接高效、绿色环保"的现代综合立体交通走廊。此外，安徽加大了物流基础设施建设力度，构建了多层次、多功能、运作快捷的综合物流体系，以物流一体化助推长三角一体化。

七是建设了与长三角的科技互动机制。安徽的高等院校、科研院所基础研究能力较强，国家大科学工程、重要创新载体每年都产生大量的研究成果。近年来，安徽省积极参加长三角区域科技发展战略研究、科技资源共享和科技联合攻关，主动融入长三角步伐逐步加快，科技发展互动不断增强。

3. 安徽参与长三角一体化发展后取得的成效

党的十八大以来，安徽省紧紧围绕年度长三角地区主要领导座谈会纪要和安徽省与苏浙沪签订的一系列合作协议，明确合作方向和任务，推动参与长三角合作逐步深入，取得了丰硕的成果，带动了安徽的发展。

第一，基础设施建设进程加快。安徽围绕基础设施互联互通，协调推进合作项目建设。宁安城际、宿淮铁路、溧马高速、徐州至明光高速、泗洪至许昌高速安徽段、扬绩高速宁国至绩溪段、宁千高速及合肥新桥国际机场等重大项目相继建成运营。沪苏浙皖实现了高速公路 ETC 互联互通。芜湖港与上港集团携手打造安徽至上海洋山港的重要喂给港。"皖电东送"稳步推进，淮南—南京—上海和淮南—浙北—上海两条特高压交流示范工程正式投运，形成贯穿沪苏浙皖的长三角特高压交流环网。

第二，产业分工合作持续深化。一是加强合作载体建设。多层次的跨省（市）共建产业园区获得长足发展，苏滁现代产业园已具规模，示范经验在省内开始复制；上海张江高科技园区以 PPP 模式和萧县合作开发张江萧县高科技园区；郎溪、广德与江苏溧阳合作共建苏皖合作示范区。二是产业合作质提量增。在沪苏浙的大力支持和各方的共同努力下，长三角区域内产业合作稳步推进，截至 2017 年，沪苏浙在安徽省投资亿元以上项目到位资金 1.98 万亿元，占到位资金总数的 50 .1%，是安徽省利用省外资金最主要的来源地。

第三，环境保护合作不断加强。一是大气污染防治形成合力。积极参与长三角区域大气污染防治协作机制，实施大气污染防治行动计划。工业废气、城市扬尘、燃煤小锅炉、秸秆焚烧、机动车尾气等得到有效治理，与上海电气集团合作，探索秸秆发电、还田、饲料化等多种形式利用。二是水环境治理进一步加强。认真落实长江流域水污染防治规划，加强重点流域、重污染河流综合整治，推行河长制，淮河、巢湖水质稳定向好；首轮新安江生态补偿机制试点圆满结束，2016年签署第二轮新安江生态补偿合作协议，进一步巩固合作成果，新安江已成为全国水质最好的河流之一，带动千岛湖水质实现与上游来水同步改善。

第四，城市合作进一步扩大。合肥、芜湖、马鞍山、铜陵、安庆、滁州、池州、宣城等8市列入长三角城市群，并明确提出促进合肥都市圈与南京、杭州、苏州、无锡、常州和宁波都市圈同城化发展。合肥、芜湖、马鞍山、滁州、淮南加入长三角城市经济协调会，芜湖、马鞍山、滁州、宣城加入了南京都市圈城市发展联盟，共同编制了《南京都市圈规划》。

第五，区域一体化进程加快。通过积极参与长江经济带区域通关一体化改革，合肥海关与上海、南京、杭州、宁波实现"五关如一关"。通过积极开展长三角大型科学仪器、科技文献等五个科技资源共享平台建设，以"信用长三角"建设合作为基础，沪苏浙皖共同建设首个国家社会信用体系建设区域合作示范区。近年来，安徽推动区域金融机构延伸服务网络，沪苏浙金融机构在皖分支机构不断增加。推动数字证书在电子政务和电子商务领域应用，合肥成为全国首批移动电子商务创新试点市。此外，各地合力构建食品安全重大活动保障协作机制、应急协作机制、违法犯罪行为联打联防机制等五项工作机制；成立了长三角农产品质量安全防控联盟，提升质量安全管理水平。

二、成立皖江城市带承接产业转移示范区

2010 年 1 月 12 日，国务院正式批复《皖江城市带承接产业转移示范区规划》，安徽皖江城市带承接产业转移示范区建设被纳入国家发展战略。皖江是指长江流经安徽的区段，该区域是国家实施促进中部地区崛起战略的重点发展区域，在全国区域发展格局中具有重要地位。初步规划的皖江城市带承接产业转移示范区包括合肥、芜湖、马鞍山、铜陵、安庆、池州、巢湖、滁州、宣城等 9 市全境和六安市的舒城县、金安区，共 59 个县（市、区）。

（一）成立皖江城市带承接产业转移示范区的背景

20 世纪 90 年代初，为呼应浦东开发，安徽省委、省政府作出抓紧机遇、开发皖江的重大决策。2008 年 1 月，胡锦涛总书记在安徽考察期间指出，安徽要积极参与泛长三角区域发展分工，主动承接沿海发达地区产业转移，不断加强同兄弟省份的横向经济联合和协作。这是"泛长三角"概念首次被提出。2008 年 7 月，由国家发展改革委地区经济司领导带队的"安徽区域发展战略调研组"一行，在合肥、芜湖、蚌埠和宣城等 4 市进行了为期一周的考察调研，并提出把安徽打造成为承接长三角产业转移的试验区和示范区，即"承接产业转移示范区"。2008 年 9 月，胡锦涛第二次来安徽视察，对安徽的做法给予了充分肯定。两个月后，在经历多次修改之后，酝酿已久的安徽省政府《关于设立皖江城市带承接产业转移示范区 积极推进泛长三角区域合作的请示》上报国务院待批。国务院很快予以批复，并要求国家发展改革委会同国家有关部委和

安徽省，编制示范区规划。随即，安徽省第一个"国字号"规划全面启动。2009 年 7 月中旬，由国家发展改革委等 22 个部委和沪苏浙两省一市发展改革委组成联合调查组，在安徽省定期开展为期一周的深入调研与评估，提出了规划进一步修改完善的意见。年底，最终送审稿上报国务院。2010 年 1 月，国务院正式批复《皖江城市带承接产业转移示范区规划》，安徽沿江城市带承接产业转移示范区建设被纳入国家发展战略。

（二）皖江城市带承接产业转移示范区的相关政策措施

为促进示范区在经济发展新常态下实现科学发展和转型升级，更好地为中西部地区承接产业转移发挥辐射和示范作用，推动形成东中西协调互动、共同发展新格局。2010 年国务院出台了《皖江城市带承接产业转移示范区规划》，其中明确了三个方面内容：一是加大政策支持，从投资、财税、金融、土地、对外开放五个方面明确了一些必要的支持承接产业转移示范区建设的政策措施；二是对国务院有关部门、长三角苏浙沪两省一市和安徽省提出了明确要求；三是强化监督检查，确保规划目标和任务顺利实现。随后，安徽省推出了相关扶持政策，其中包括承接平台建设、产业创新、用地供给、税收价格、财政金融、环境保护、人才智力、内外贸易、社会事业、政务环境等十个方面 40 条内容。省委、省政府在《关于皖江城市带承接产业转移示范区规划的实施方案》中明确规定：鼓励示范区大胆探索，先行先试，深化改革，完善政府服务，建立高效运作的行政和社会管理体制机制，加快构建规范透明的法治环境，为科学承接产业转移提供良好的制度保障。

在土地政策方面，根据示范区建设情况，适当增加用地指标，允许城乡建设用地增减挂钩指标在示范区内调剂使用。同时，安徽省加强了建设用地计划指标统筹，全省年度新增建设用地计划指标预留 15%，专项用于示范区重大项目建设。安徽省对投资额 1 亿美元或 5 亿元以上的鼓励类产业转移重大项目用地计划指标单列。

在财政政策方面，从 2010 年起连续 6 年，安徽省财政每年安排不少于 10 亿元的专项资金用于集中区建设，区内新建企业年新增所得税省级分成部分全额奖励市县。开发园区、企业和战略投资者在示范区内整体开发的园区，2010 年起连续 6 年，合作园区增值税、所得税市、县留成部分全额补贴给合作园区。鼓励发展"飞地经济"，积极探索多元化的管理模式和利益分享机制。

在优化政务环境方面，对于整体搬迁的企业在沿海评定的管理类别，来示范区后予以办理相应的工商、海关、外汇管理类别。允许转移到示范区内的企业将原进口设备转到符合国家鼓励政策的新企业继续使用，监管期限可以连续计算。对已在外省区市认定的高新技术企业和综合利用资源企业，在有效期内的不再重新认定，继续享受企业所得税的优惠政策。

（三）皖江城市带承接产业转移示范区的成效

皖江城市带承接产业转移示范区成立之后，示范区经济实力大幅提升，有力促进了安徽省经济社会发展，在探索产业承接新途径、优化产业分工格局、促进中部地区崛起、推动区域协调发展等方面发挥了重要作用。皖江城市带承接产业转移示范区已实现了规划预期的阶段性目标，很好地发挥了示范效应，主要体现在以下六个方面：

一是要素集聚效应显现。"十二五"期间，示范区累计引进亿

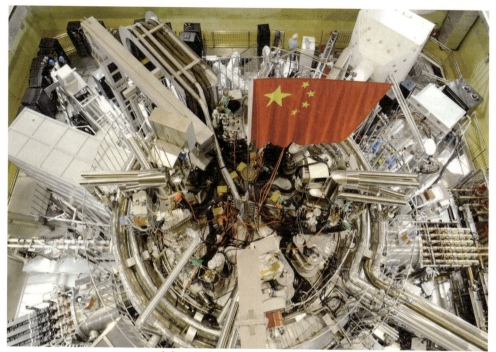

全超导托卡马克核聚变实验装置

元以上项目到位省外资金 1.8 万亿元，引进外商直接投资 306 亿美元，分别年均增长 28.4% 和 23.3%。

二是产业结构优化升级。智能装备、新能源汽车等新兴产业快速成长，新型显示、机器人成为国家战略性新兴产业区域集聚发展试点，全超导托卡马克核聚变实验装置、量子通信等高端科技成果居世界领先水平。

三是"一轴双核两翼"空间结构基本形成。"双核"的高新技术产业和现代服务业优势进一步凸显，"两翼"以装备制造和轻纺为主导的产业承接呈现爆发式增长，"一轴"初步形成现代化大工业和物流业的重要集聚区域。

四是经济实力显著增强。2015 年示范区生产总值达到 14639.3
亿元，增长 9.6%，对全省经济增长的贡献率达 70%，拉动全省经
济年均增长近 10 个百分点，使安徽增速跃居中部地区第一位。

五是人居环境保持良好。资源利用效率持续提高，生态环境保
持良好，"宜居、宜业、宜游"的生态示范效应更加彰显。

六是民生福祉得到提升。皖江示范区就业岗位逐年增加，社会
保障体系更加健全，基本公共服务均等化水平不断提高，城乡居民
在产业承接中得到了实惠。

三、支持皖北地区的发展

皖北地区的快速发展，直接影响到安徽能否在中部地区率先
崛起，关系到全省实现全面小康社会的进程。2008 年安徽省委、
省政府出台了《关于加快皖北和沿淮部分市县的若干政策意见》，
2014 年安徽省委、省政府又出台了《关于促进皖北地区又快又好
发展的若干意见》，推动了全省区域协调发展。

（一）皖北地区与全省的差距

以 2007 年年末的数据统计，皖北地区总面积 41870.08 平方公
里，占全省的 30%，总人口为 2117.6 万人，占全省的 42%；但地
区生产总值仅占全省的 22.3%，地方财政收入仅占全省的 9.13%，
人均地区生产总值只有全省平均数的 57%，城镇居民家庭人均可
支配收入为全省平均数的 90% 左右，农村居民家庭人均纯收入相
当于全省平均水平的 75% 左右。除了个别指标外，大多数指标与

全省平均水平有很大的差距。

（二）制约皖北发展的因素

一是以传统农业为主，"三农"问题突出。皖北地区是我国的粮食生产基地，拥有 211.36 万公顷的耕地，主要种植水稻、小麦、棉花、油料等，农业比较效益较低。另外，皖北地区人口较多，农业人口占 87.7%，农业人口人均耕地仅为 1.28 亩。农业无法规模经营，大量农业劳动力剩余，"三农"问题在皖北地区非常突出。

二是经济水平低，二、三产业落后。2007 年皖北地区人均 GDP 为 6879 元，是全省平均水平的 57%；三次产业结构比为 32.76 : 31.84 : 35.40，一产比重高于全省平均水平 16.46 个百分点，是全省平均水平的两倍，二、三产业十分落后，尤其是工业发展滞后，制约着皖北地区的发展。

三是城市化进程缓慢，缺乏大城市的带动。按照人口城市化公式测算，皖北地区城市化率仅 20% 左右，城市化严重滞后。区域中心城市发展缓慢且不平衡，城市对区域经济的带动能力不强。"两淮一蚌"，其自身的发展就比较缓慢，集聚度很弱，竞争力也不强，虽然比亳州、阜阳和宿州的带动力稍强，但与整个皖北地区发展的需要相比仍显得相当单薄。由于规模偏小，其辐射能力更是不强，尚难以带动整个皖北地区的经济发展，在资本集聚、人口集聚、规模效应、辐射带动效应等方面都无法发挥较强的带动作用。皖北城市群内部中心城市与周边的地市以及县城经济联系不够密切，分工互补关系尚没有建立起来，横向联系薄弱，经济效率较低。

四是水资源不足和生态环境恶化，制约着经济发展步伐。皖北地区水资源问题非常严峻。首先，在水资源人均拥有量上就已经接近严重缺水地区的标准；其次，水体受到严重污染，更加重了水资源短缺和生态危机；再次，区域内水资源调蓄能力差，降水时空变化大，难以做到以丰补歉，现有外调水工程供水能力和范围偏小，也不能满足皖北地区的需要。虽然皖北地区煤炭资源丰富，但是矿产资源的开发利用方式比较粗放，利用率较低，对资源的破坏和浪费比较严重；而且由于忽视矿山生态环境和地质地貌自然景观的保护，矿山生态环境的破坏和污染加剧；采矿造成的土地、植被破坏和水土污染、地面沉陷等问题；还有局部地段或地区因地下水开采不合理，引发了地下水超采漏斗、地面沉降等环境问题；等等。这些问题制约了经济发展的步伐。

五是人才缺乏，发展后劲不足。由于经济落后，皖北籍大学生很少有回到家乡发展，大都流向经济较好地区；不仅如此，就是本地培养的人才，外流现象也非常突出。就连政府部门也缺乏人才，公务员队伍老化，结构不合理。20 世纪 90 年代，由于种种原因，政府部门超编人员较多。近些年，省里对编制严格管理后，很多单位十多年未招收公务员，形成了严重不合理的人才结构。这种情况严重制约着皖北地区的发展。

（三）支持皖北地区发展的政策措施

亳州、宿州、阜阳三市（包括所辖 17 个县、市、区）以及沿淮的五河、固镇、怀远、凤阳、寿县、霍邱六县（以下简称三市六县），人口多、基础弱，实现全面建成小康社会任务最艰巨。为深入贯彻落实科学发展观，促进区域协调发展，加速安徽崛起进程，2008 年中共安徽省委、安徽省人民政府出台《关于加快皖北和沿淮部分市县发展的若干政策意见》。

1. 加大财政支持力度。从 2008 年起连续 5 年，省财政对皖北三市及以上 23 个县（市、区）每年各补助 1000 万元，主要用于工业园区基础设施建设或重大项目贷款贴息。

2. 加强产业项目扶持。在输电通道、水资源等外部条件具备的前提下，省内电源点项目主要在皖北布局，优先向三市倾斜。从 2009 年起到 2012 年，省农业综合开发资金 30% 以上用于三市六县，重点支持中低产田改造和优势农产品基地建设。

3. 不断改进国土资源管理。2009 年完成三市六县土地利用总体规划修编工作。支持规划用地严重不足的开发区适当扩区建设或调整规划。对三市六县重大产业项目符合单独选址条件的，从省单独选址计划中优先给予安排。建设用地置换周转计划向三市六县适当倾斜，一年内完成项目复垦任务并通过验收的，奖励 50% 的置换周转指标。

4. 着力改善金融服务。将三市六县农村信用社营业税减免政策延长到 2012 年。通过引入社会资本等途径，加快农村信用社改制为农村银行的步伐。支持三市六县开展村镇银行试点，加快设立小额贷款公司，支持发展农村资金互助组织。开展农村房屋权属登记发证和抵押贷款试点工作。省信用担保集团要支持三市六县担保机构建设，到 2010 年末对三市六县再担保规模在现有基础上扩大一倍。每培育一个企业上市，省财政给予当地政府 100 万元奖励。进一步扩大农业政策性保险覆盖面。

5. 加强基础设施建设。支持三市修编完善城乡规划，提高规划水平。2009—2012 年，省重点小城镇建设扶持资金用于三市六县的比例不少于 40%。帮助争取国债资金，支持三市六县污水处理厂建设，加大对三市六县污水处理厂配套管网资金补助。加大对三市六县国省道路网改造的省级投入。将三市六县中小流域综合治理列入省治理计划。加快境内河道治理和航道建设。适当提高对三市六县重点防洪除涝工程的补助标准。

6. 促进教育加快发展。加快三市六县中小学标准化建设。支持筹建阜阳大学。帮助亳州高等专科学校改造升格。支持组建阜阳技师学院和宿州技师学院。积极筹建亳州药业职业技术学院。省就业专项资金中用于实训补助的部分,支持三市六县的比例不低于40%,重点扶持县级技能实训基地建设。

7. 完善计生奖励政策。在三市六县先行开展长效节育措施奖励制度试点,对农村双女户在规定时间内自觉落实绝育措施的,一次性发放不少于3000元的节育奖励金。加大国债项目支持力度,2010年完成县乡计划生育技术服务体系建设任务。

8. 加强干部队伍建设。2000—2012年,每年从三市市直主要部门负责人和23个县(市、区)党政正职中选派30名,到省外经济发达地区锻炼学习。每两年从省直综合部门后备干部和省内经济发达县(市、区)党政负责同志中,选派20名左右到三市六县挂职。每年举办两次加快皖北地区发展县处级干部专题培训班。利用3年时间,对三市六县35岁以下不具备国民教育大专学历的乡镇、街道公务员实行轮训。凡从省内异地交流到三市六县工作的副县级以上干部,工资关系可以不转,任职时间相对较长的可有计划安排向外地交流,年龄超过58周岁的可安排回原市或原单位工作。

9. 强化人才智力支持。省人才开发资金向三市六县适当倾斜。2009—2012年,以按需选派、对口支援的方式,每年从省级选派200名中级以上职称的专业技术人员,到三市六县进行为期1年的支农、支教、支医服务;每年从三市六县企事业单位主要负责人中选派 150 名到省内高校、培训机构和国（境）外研修、培训。加大对三市六县引进国（境）外智力支持。对在三市六县乡镇工作满 3 年的专业技术人员，在同等条件下优先评定专业技术职称。

10. 营造良好发展氛围。省加快皖北及沿淮地区经济发展协调小组将支持三市六县发展作为工作重点，加强指导协调，帮助解决发展过程中存在的突出困难和问题。

2014 年安徽省委、省政府出台的《关于促进皖北地区又快又好发展的若干意见》提出了加快皖北地区振兴的路径。

第一，加大改革创新支持力度。凡是中央允许和鼓励探索的改革，积极支持皖北具备条件的地区先行先试，大胆探索。重点要在行政审批制度、投融资体制、土地管理制度、社会事业发展机制、干部和人才管理体制、城乡一体化发展、农村产权制度、农村综合改革等方面加快突破。

第二，加大主导产业发展支持力度。优先支持有利于发挥资源优势和具有高成长性的产业项目在皖北地区布局。对皖北地区符合条件的重点产业项目，优先纳入省"861"行动计划组织实施。省属国有企业新上工业项目同等条件下优先选择在皖北地区落地。省高新技术产业基金和各类产业项目资金、企业创新能力建设资金、中小企业专项资金等，同等条件下对皖北地区倾斜支持。

第三，加大新型城镇化支持力度。从 2015 年起，省保障性住房、棚户区改造、城镇污水污泥处理及生活垃圾无害化处理设施建设等专项资金进一步向皖北地区倾斜。优先支持皖北地区申报国家城镇基础设施项目专项资金补助和皖北地区重点镇发展。省对皖北地区美好乡村建设、园林城市创建、采煤塌陷区综合治理等项目予以重点支持。

第四，加大农业和扶贫攻坚支持力度。大力发展农业政策性保险，适当降低三市九县（指亳州、宿州、阜阳三市以及濉溪县、怀远县、五河县、固镇县、明光市、凤阳县、定远县、寿县、霍邱县）农业政策性保险市县配套比例。省级涉农财政资金和财政扶贫资金要进一步提高投入皖北三市九县比重。深入推进宿州市和龙亢农场全国农村改革试验区建设。

第五，加大基本公共服务支持力度。增加对皖北地区财政转移支付，尽快缩小教育、医疗等资源与全省平均水平的差距。

第六，加大重点基础设施建设支持力度。对皖北三市九县，凡需要市县配套资金的交通、水利、生态环保等基础设施项目，进一步降低市县配套比例。由省以补助或奖励方式建设的项目，对皖北三市九县补助或奖励标准在原基础上提高15%。

第七，加大要素保障支持力度。全省城乡建设用地增减挂钩指标主要用于皖北地区发展；优先支持皖北地区争取开展城镇建设用地增加规模与吸纳农村人口进入城市定居规模挂钩试点；争取将皖北各省辖市纳入国家第二批工矿废弃地复垦利用试点范围；争取皖北地区省辖市在本行政区域内实现城乡建设用地增减挂钩指标流动。充分发挥政府性资金杠杆作用，广泛撬动更多市场资金和社会力量支持皖北地区发展。

第八，加大开放合作支持力度。坚持引资、引智、引技相结合，进一步强化招商引资对皖北地区发展的重要作用。支持具备条件的皖北地区申请设立海关特殊监管区。加强与上海自由贸易区对接，加快推进与长江经济带的大通关建设。深化南北结对合作，支持具备条件的市、县(市、区)开展多种形式的合作。

第九，进一步加大干部人才支持力度。省统筹选配皖北地区市、县（市、区）党政主要领导干部，加大南北地区和上下级机关干部的交流力度。完善并落实对长期在皖北地区任职干部的有关待遇规定。积极运用人力资本作价入股、个人所得税优惠、市场化人才评价、企业股权和分红激励等政策，吸引高层次人才到皖北地区创新创业。省引进省外高层次人才"百人计划"等重点人才工程继续向皖北地区倾斜。

第十，加大对皖北地区发展的指导力度。健全支持皖北地区发展的组织领导机制，省每年召开一次促进皖北地区又好又快发展推进会议，明确年度工作目标、主要任务和推进措施；省委常委会每年召开一次专题会议，听取加快皖北地区又好又快发展工作汇报，研究皖北振兴战略实施中的重大问题。

（四）支持皖北地区快速发展的成效

支持皖北地区发展的政策意见提出之后，在"十二五"期间皖北地区经济社会总体实力壮大、结构优化、质量提升，带来的是人民生活水平的稳步提高。

一是综合实力显著增强。"十二五"期间，皖北地区生产总值年均增长10.2%，经济总量由3971.2亿元增加到6881.8亿元。财政实力明显增强，其中亳州、宿州、阜阳、蚌埠财政收入均突破百亿元。

二是经济结构持续优化，新兴产业异军突起。三次产业结构比由2010年的21.2∶46.7∶32.1调整为2015年的18∶46.1∶35.9。农业基础地位进一步夯实，粮食生产实现"十二连丰"，新型农业经营主体不断壮大，创立国家现代农业示范区4个，省级现代农业示范区34个。工业主导地位日益突出，规模以上工业增加值年均增长 12.7%，2015 年达 2839 亿元，电子信息、现代中药、云计算等新兴产业快速发展，金融、物流等现代服务业发展迅速，经济结构持续优化。

三是基础设施明显改善，社会事业稳步发展。京沪、合蚌等高速铁路投入运行，商合杭高速铁路全面开工建设，皖北地区陆续迈向高铁时代。合淮阜、淮蚌、徐明高速陆续建成，基本形成"四纵四横"高速公路网骨架。治淮工程扎实推进，淮水北调工程实现通水，引江济淮工程前期工作进展顺利。城乡社会事业稳步发展，常住人口城镇化率由 2010 年的 37.6% 提高到 2015 年的 44.7%，年均上升 1.4 个百分点。城镇常住居民人均可支配收入从 2010 年的 14874 元提高到 2015 年的 24774 元，年均增长 10.7%。农村常住居民人均可支配收入从 2010 年的 4697 元提高到 2015 年的 9645 元，年均增长 14.4%。城乡居民养老保险实现制度全覆盖，养老服务全面发展，最低生活保障水平明显提高，人民群众的安全感和幸福感不断提升。

四是发展后劲不断增强，积极深化开放合作。南北区域合作不断深化，为皖北地区发展提供了重要平台。皖北与合肥等 6 市共同投资建设阜阳合肥现代产业园区、亳州芜湖现代产业园区、宿州马鞍山现代产业园区 3 个现代产业园区，支持 8 个市县区合作共建蚌埠（固镇）铜陵现代产业园区、寿县蜀山现代产业园区、濉溪芜湖现代产业园区、凤阳宁国现代产业园区 4 个县域现代产业园区。此后又启动了临泉庐阳、泗县当涂现代产业园区建设，简称南北合作"3+6"现代产业园区，该园区累计完成投资 488.3 亿元、财政收入 26.2 亿元。经过多年的积累，皖北地区发展后劲不断增强。固定资产投资、进出口总额、实际利用外商直接投资等经济指标增幅均高

国家园林城市宿州

于全省水平。各类市场主体快速成长，2015 年规模以上工业企业数达到 6090 户。

五是人民生活水平稳步提高。2010—2014 年，皖北地区城镇居民人均可支配收入、农民人均纯收入分别由 14847、4697 元增加到 22914、8827 元，分别年均增长 12%、17%。城乡居民养老保险实现制度全覆盖，2015 年每千名老年人拥有养老床位达到 34.5 张。义务教育标准化覆盖率达到全省平均水平，中等职业学校在校学生达 37 万人。社会大局和谐稳定，群众的安全感和幸福感不断提升。

第八章
从补充到重要组成部分：
非公有制经济不断壮大

一、非公有制经济的艰难兴起

非公有制经济是相对于公有制经济的一个名词，主要包括个体经济、私营经济、外资经济等，这里仅探讨个体、私营等民营经济。改革开放初期，人们对非公有制经济的存在、发展及其地位、作用的认识，经历了一个曲折变化和不断深化的发展过程，安徽非公有制经济在坎坷与跌宕中前行。

（一）非公有制经济的恢复与发展

由于新中国成立后，国家实行计划经济，公有制是唯一的所有制形式，对个体私营经济采取改造、赎买、合作乃至兼并等政策，改革开放前安徽个体工商业濒临绝迹。

1978 年 12 月中共十一届三中全会以后，我国实行改革开放政策，发展社会主义商品经济，个体工商业的发展重新受到重视和鼓励。1979 年 3 月，全国工商局长会议通过《关于个体工商户进行登记管理若干问题的意见》，全面恢复对个体工商业的登记管理。

有证个体工商户，直接向当地工商行政管理机关换发新证，原证遗失的，声明作废，补发新证。在城镇开始有限度地批准非农业的无业人员，从事法律许可范围内不剥削他人的个体经营。申请登记的个体工商业户，由户口所在地城镇街道、农村人民公社申请，有关业务主管部门审查，向当地县、市工商行政管理机关办理开业登记。是年，安徽省经登记开业的个体工商业 20974 户，从业人员 21544 人，长期以来群众"做衣难、修理难、买东西难"的状况初步改善。

1980 年 8 月，安徽省政府颁布《安徽省个体经济工商税试行办法》。办法明确了个体工商户的税收问题，缩小了征税面，减轻了税负，使个体经济的税收负担趋向合理。同年 9 月，安徽省工商局、商业厅、供销社联合发出《关于活跃经济生活，恢复和发展个体工商业的通知》。11 月，安徽省工商局发出通知，修理、工艺、手工业、饮食业、商业、运输业、建筑业均列入个体工商业登记范围。全省个体工商户快速增加，到年底，全省经登记的个体工商业已发展到 49907 户。

1982 年 3 月，安徽省工商局发出《关于发展城镇个体经济意见通知》，要求各地、市工商局对个体工商户的经营范围、经营方式逐步放宽限制。允许有经营能力的城镇居民、乡村村民，以及国家允许的其他人员（如停薪留职人员）从事工业、手工业、建筑业、交通运输业、商业、饮食业、服务业、修理业以及其他行业。允许一业为主兼营其他。在经营方式方面允许个体工商户开展代购、代销、联购分销、批零兼营业务。允许个体工商户扩大经营规模，准请 2 个以内帮手和 5 个以内学徒。在中共中央、国务院调整农副产品购销政策后，允许农民个人或合伙长途贩运。简化申请登记手续，缩短发照时间，从申请开业登记到核准发照，除特殊情况外，一般不得超过一个月，为安徽个体工商业的发展创造一个宽松的外部环境。1981 年至 1983 年，安徽个体工商业稳步发展。1983 年，全省经登记的个体工商户由 1981 年的 90032 户增加到 272100户，从业人数由 1981 年的 103359 人增加到 319789 人。

1984 年安徽个体工商业发展比较缓慢，这引起中共安徽省委和省人民政府的重视。1985 年 7 月安徽省工商局召开全省各地市工商局长会议，提出加快个体工商业发展的具体措施：明确发展个体工商业的重点放在以劳务为主，适宜分散经营的个体运输业、贩运业、饮食业、服务业、修理业等第三产业，同时结合验照工作，把实际存在的大量无证商贩，引导登记，持照经营；放宽个体经营对象、经营范围、经营方式的限制，在一定范围内合理减免收费，简化个体工商业登记、审批、发照手续，把审批、发照权下放到工商所，要求从个体劳动者提出开业申请到审批、核准、发照不得超过 15 天期限。到年底，全省个体工商户 51.8 万户，从业人数 82.5万人；自有资金 65747 万元，营业额 393767 万元，比上年增长 1倍以上；向国家缴纳税款 14055 万元，认购国库券 432 万元，为社会各种福利事业捐赠 56.5 万元。

随着经济体制改革不断深入，多种经济成分、多种经营方式、多条流通渠道在市场中竞争加剧。在保护国营经济主渠道思想指导下，不同程度地存在侵犯个体工商户权益情况，歧视、排斥、刁难个体工商户的案件时有发生。某些地方在清理整顿市场、交通秩序工作中，不适当地取消了个体户的经营场所；有的拦路设卡，强行廉价收购个体贩运户的商品；非工商部门越权扣压、收缴个体户营业执照，没收经营工具；在税收大检查工作中，向个体户追补过头税费等。为保护个体户合法权益，1986年2月省政府发出《关于保护城乡个体工商业者合法权益》的布告。布告规定：城乡个体工商业者的合法财产和收入，受国家法律保护，任何单位和个人不得侵占；城乡个体劳动者申请经营个体工商业，工商行政管理部门以及有关部门要简化审批手续，缩短审批时间，不得借故拖延；凡经批准设立并划定的个体工商户的经营场所，任何单位和个人不得挤占、拆毁；个体工商户生产经营所需要的货源和原辅材料，有关部门应按国家规定积极安排；个体工商户必须及时办理税收登记；个体工商户除按国家和省政府的规定缴纳费用外，任何部门和单位不得擅立收费项目和提高收费标准，不得强行入股或非法提成。这是保护安徽个体经济合法权益的第一个地方性法令。各级工商行政管理机关据此对向个体工商户乱收费、乱摊派、乱罚款的现象进行干预，帮助个体工商户解决生产经营中发生的侵权问题。1986年安徽省工商局个体经济处接待个体工商户来访两百多人次，来信八十多件。这有力地促进了安徽个体经济发展。到1988年年底，全省经登记的个体工商户发展到68.62万户，从业人员114万人。其中，农村个体工商户47.53万户，占全省个体工商户的69%，比1983年增加30.92万户，从业人员增加59.2万人；纯商业37.4万户，占全省个体工商户的54.5%，比1983年下降16%；工业建筑安装、运输等业13万户，占全省个体工商业户的19%。自有资金达10.74亿元，当年产值和营业额70.21亿元，共向国家缴纳税金2.6亿元。全省个体商业、饮食业、服务网点有50.77万户，占社会同行业网点的80%左右，弥补了全民、集体同行业网点的不足。个体经济在市场竞争中，经营规模逐渐扩大，出现了一批雇工的私营企业。1988年，全省经工商部门核发营业执照的雇工8人以上的私营企业有 915 户，雇工人数 1.28 万人，注册资金 1.04 亿元。

因为特殊的历史原因，1989 年我国民营经济普遍进入了寒冬，安徽省个体私营经济的发展也出现了自其恢复以来第一个大回落。1989 年，安徽省个体工商户为 47.29 万户，比上年减少 21.34 万户；私营企业 834 户，比上年减少 81 户。1990 年，全省个体工商户略有回升，为 50.46 万户；1991 年上升为 53.08 万户，但仍低于 1988 年的 68.62 万户。1990 年至 1991 年，安徽省私营企业的户数则在 1000 户左右徘徊不前。

20 世纪 90 年代的合肥女人街

（二）年广久与"傻子瓜子"

随着个体经济营业规模的不断扩大，一些雇工的私营企业应运而生。但国家相关政策并不公开承认私营企业的存在，大多数私营企业只能挂靠在地方政府或一些国有单位名下，俗称戴"红帽子"。社会上对私营企业从业人员仍然存在歧视和偏见。因而私营企业的产生和发展，较之个体经济要艰难得多，争论也多。从关于雇工的争论，到姓公姓私的争论，再到民营企业家原罪的争论，一刻都没有停息过。其中最著名的莫过于年广久和他的"傻子瓜子"了。"傻子瓜子"开创了从个体户到民营企业，从突破计划经济的禁锢到开启市场经济产、供、销一体化的先河。可以说，"傻子瓜子"的成长是改革开放前期安徽民营经济艰难兴起的生动写照。

年广久，安徽怀远人，自幼家境贫寒，他虽目不识丁，却很有生意头脑。从小就靠做小生意维持生计，卖过水果，贩过板栗。20世纪60年代，政治运动接二连三，每次他都未能幸免，曾两度入狱。1963年，年广久因卖水果，被扣上"投机倒把""挖社会主义墙脚"等罪名，锒铛入狱。1966年，因贩卖板栗，被戴上"牛鬼蛇神"的帽子，被关押了二十多天。从监狱出来以后，他还是卖水果、卖炒货，也常常被抓。因为是"惯犯"了，每次都是抓了放，放了抓。1972年，他学会了炒瓜子的手艺，又悄悄地上街卖起瓜子来。他的瓜子味道好，价格低，有时给顾客称过瓜子后，再送点瓜子或添加些。是时，正是"文化大革命"时期，人们的生活物资严重匮乏，几乎所有消费品都要凭票供应，年广久却"送瓜子"给顾客，与社会流行的风气截然相反，被人认为是"傻子"行为。背后都称其卖的瓜子为"傻子瓜子"。"傻子瓜子"由此得名，"傻子"也就成了年广久的绰号。

中共十一届三中全会后，在以公有制为主体的前提下发展多种经济成分和在共同富裕的目标下提倡一部分人先富起来的方针、政策的鼓励下，年广久开始逐步扩大经营规模，并悉心改进炒作技艺，瓜子生意越做越大。1980 年 12 月，他注册了"傻子瓜子"商标。由于他卖的瓜子个大饱满，味道独特，因而顾客盈门，络绎不绝，在芜湖城几乎是家喻户晓。为鼓励个体经济发展，芜湖市委、市政府很重视，市政府领导前来参观傻子瓜子公司并访谈"傻子"年广久，给予鼓励。1981 年 9 月 12 日的《芜湖日报》在显著位置报道了《货真价实的"傻子瓜子"》。之后，1982 年 12 月，《光明日报》刊登了两条消息。一条消息的标题是《个体经营的"傻子瓜子"价廉物美信誉高，国营企业的"迎春瓜子"面临挑战赶上去》，另一条消息是《"傻子"年广久向阜阳灾区捐款五千元》。1983 年 1 月 4 日，又刊登了《"傻子"和他的瓜子》，"傻子瓜子"由此传遍全国。

政策的放开、领导的重视，加之媒体的报道宣传，使"傻子"及其"傻子瓜子"一时间名扬全国，生意也越做越大。生意好了，年广久一个人忙不过来，就雇了几个帮手。1981 年 9 月，他雇用的帮手有 4 个。到 1983 年，他雇用的帮手增加到 103 人，年加工、销售瓜子由几万斤猛增到几百万斤，成为当时中国雇工人数最多的个体经营户之一。年广久还依靠灵活的经营手段，将产品打入北京、上海、南京等大城市。很快，年广久成为中国最早的百万富翁之一，媒体上称他为"中国第一商贩"。

雇工在那个年代是极为敏感的事情，按照马克思在《资本论》中的论断："雇工到了 8 个就不是普通的个体经济，而是资本主义经济，是剥削。"当时，国家政策规定，"个体户"雇工只能在 8 人以内，而年广久的雇工人数大大超过了当时国家有关部门关于雇工人数的规定。"傻子瓜子"的雇工问题引起社会各界人士议论纷纷。一时间，"年广久是剥削分子""年广久是资本家"的言论甚嚣尘上，

"雇工超过 8 个究竟是不是资本主义？""傻子瓜子"雇工事件给全国政治理论界出了一道天大的难题，成为一场全国范围内带有浓厚意识形态特征的大辩论的导火索。

"傻子瓜子"给社会上正在为"雇工人数"问题争吵不休的人们，提供了鲜活的案例。是时，关于个体私营经济雇工人数的争论文章不断见诸报刊。国家有关学术理论研究机构、中国社会科学院也相继组织调查组，对各地雇工现象展开调研。各高等院校、各省社科院及理论界、思想界也先后召开各种形式的研讨会、座谈会等，讨论的焦点主要集中在雇工人数的限额、雇工经营有无剥削，以及社会主义公有制占主体背景下个体私营企业雇工经营与资本主义雇工经营有什么区别等问题上。而在这些文章、争论、调研、讨论中，有许多都拿年广久的雇工经营做例子或当话题。对"傻子瓜子"雇工性质的判断，不只是年广久个人的事情，而是关乎当时全国十几万工商户未来的命运。因此时的年广久太过出名，成了全国个体私营经济的标志性人物。

针对"傻子瓜子"雇工问题，当时的省农经委主任派专人到芜湖调查，并写了一个报告，对年广久的雇工、生产经营等问题，基本上持肯定态度，并认为应该从政策上完善，以便适应迅速发展的个体经济。之后，省农经委主任把这份调查报告带到中央农村工作会议上，交给中央农村改革研究室主任杜润生。杜润生认为这个调查报告很好，有典型意义，特地把调查报告又送给邓小平批阅。邓小平看了杜润生送来的有关"傻子瓜子"及个体私营经济的调查报告后，对个体私营经济的发展给予肯定，并对一些人对姓"社"姓"资"的争论，表示要"放一放"和"看一看"。

但当时民营经济尚属禁区，"傻子瓜子"的雇工事件仍受到质疑。有人认为政策太宽，不能让私人雇工发财；有人主张严加管理，限制其发展，但不能因噎废食；有人对年广久进行辱骂，说他是"资产阶级暴发户"，更有人主张"枪打出头鸟"，狠狠地整他一下。社会上的种种议论，让年广久深感不安，彷徨不安之际，他于1984年3月27日给省委书记黄璜写信。他在信中说："我傻子年广久是个微不足道的个体户，虽几经挫折，但我认为党是伟大的，党的政策是正确的。我是吃安徽粮、喝安徽水长大的，应该为建设安徽贡献微薄之力。……希望省市领导给予理解和支持。"3月31日，省委书记黄璜复信年广久，支持个体户的合法经营。黄璜在复信中指出："你是安徽有影响的个体劳动者之一，各方面都很关心你。……你经办的企业，对搞活经济，繁荣市场，方便群众，安置就业，都起了一定积极作用，国家应该保护你在政策规定范围内的正当权益。"

年广久还积极寻找"保护伞"。他主动提出与国有企业联营，为自己戴上一顶"红帽子"。1984年7月1日，"芜湖市傻子瓜子公司"正式挂牌，公司由新芜区劳动服务公司和芜湖县清水镇工业公司出资30万元，年广久以商标权和技术入股，并担任总经理，向这两家公司交纳18万元的利润之后，其余部分为年广久所有。

1984年10月22日，邓小平在中央顾问委员会第三次全体会议上说："前些时候那个雇工问题，相当震动呀，大家担心得不得了。我的意见是放两年再看。那个能影响到我们的大局吗？如果你一动，群众就说政策变了，人心就不安了。你解决了一个'傻子瓜子'，会牵动人心不安，没有益处。让'傻子瓜子'经营一段，怕什么？伤害了社会主义吗？"

不久，年广久就从芜湖市委发给他的内参上看到了邓小平的上述讲话。芜湖市的领导也到他家传达邓小平的讲话，并对他说："傻子你不得了了，看来以后没人敢动你了！"精明的年广久明白，这次是邓小平帮他跨过了这道坎！渡过了这个磨难。他更清楚，是邓小平从改革开放的战略高度，支持和鼓励像他这样的个体私营经济继续大胆地谋发展。

领导的直接点名，能量是巨大的，傻子再次渡过难关，中国的个体经济的发展也没有因为"傻子瓜子"雇工事件中断，"傻子瓜子"雇工问题的争论得到暂时平息。1984 年，以"傻子瓜子"为龙头的芜湖瓜子在全国市场占有率达到 66%，芜湖也因此获得"瓜子城"的美誉。同年 9 月，"傻子瓜子"荣获全国优秀产品金奖，先后打入 25 个省市区，年广久成了全国的新闻人物，更多的个体户、私营企业主们还把他视为个体私营经济的标本人物，"傻子瓜子"生意也更加兴旺了。

为了寻求经济上的帮助与政治上的保护，年广久成立了"芜湖市傻子瓜子公司"，开始时得到各方的支持，刚投产 5 个月销售额就达到六百多万元。后来因各种原因，公司出现亏损，双方矛盾不断。1985 年年初，中国市场兴起一股有奖销售热，年广久亦在全国搞了个大型的有奖销售活动，在活动开展过程中，突遇国家下令停止此类活动而功亏一篑。从 1985 年 3 月起，由于银行拒绝继续贷款，"傻子瓜子"开始失去了较大规模的生产和经营能力。从此，年广久的联营公司跌入谷底，一蹶不振，自己也身陷多起经济纠纷案件中。1989 年，年广久又因"贪污罪"身陷囹圄。直到 1992 年，邓小平的南方谈话才让他重新获得自由。

在民营经济最初发展的时期，重要的不是民营经济发展了多少、发展到什么水平，而是通过不同形式的实践、试点、试验，使得党和政府乃至整个社会对民营经济的认识取得了具有划时代意义的突破，确立了发展民营经济的指导思想，并从意识形态和法律的高度明确其合法地位。从这点来看，年广久和"傻子瓜子"功不可没。

二、民营经济的发展与全民创业

1992年邓小平南方谈话后，市场经济的大潮开始在中国涌起，民营企业发展的大好机遇又一次来临，安徽民营经济由此步入快速发展期。

（一）民营经济迎来发展的春天

1992年初，邓小平发表南方谈话，提出了社会主义本质论和"三个有利于"标准，强调计划和市场不是社会主义与资本主义的本质区别，为非公有制经济发展奠定了思想理论基础。同年召开的中共十四大确立了社会主义市场经济的改革目标，提出了以公有制为主体、个体私营经济等为补充的所有制结构，强调各种经济成分长期共同发展，可以联合经营，使民

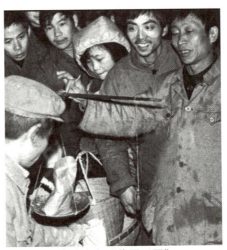

年广久与"傻子瓜子"

营经济在徘徊中步入新的发展轨道。

为调动人们发展第三产业的积极性，安徽省从四个方面放宽对个体私营经济的限制：放宽经营对象，放宽经营范围和经营方式，放宽注册资金限制，放宽登记审批程序。1994 年 8 月，安徽省个体私营经济发展领导小组成立，领导小组由工商、税务、公安、银行、劳动、物价、城建、交通、卫生、土地、技术监督和工商联等部门负责人组成，省政府分管领导任组长，办公室设在省工商联。该领导小组的主要职责是：宣传、贯彻党和国家有关个体私营经济的方针政策和法律法规以及省委、省政府有关文件规定；协调各有关部门研究制定全省个体私营经济发展的规划、计划、产业政策和行业布局，研究确定个体私营经济发展目标和工作措施，并提出有关政策建议；调查研究全省个体私营经济发展的情况及问题，为有关部门决策提供依据；组织、协调并监督检查有关部门贯彻执行个体私营经济政策、措施的情况，协调解决遇到的困难和问题；配合有关部门做好个体工商户、私营企业来信来访工作，依法保护其合法权益。这一时期，安徽个体私营经济跳跃式发展。到 1996 年，安徽个体工商户发展到 109.46 万户，比 1991 年增加 56.38 万户，注册资金 58.46 亿元，从业人员 235.37 万人；私营企业发展到 16374 户，比 1991 年增加 15141 户，注册资金 50.25 亿元，雇工人数 17.84 万人。

非公有制经济快速发展，在国民经济中的比重不断提升，又引发了一场关于姓"公"姓"私"激烈争论。有些人宣称，非公有制经济的发展导致公有制主体地位丧失，意味着向资本主义"和平演变"。为消除争论，1997 年 9 月中共十五大提出："公有制为主体、多种所有制经济共同发展，是我国社会主义初级阶段的一项基本经济制度"，"非公有制经济是我国社会主义市场经济的重要组成部分"。非公有制经济从社会主义经济的"补充"上升为"重要组成部分"，从"体制外"进入"体制内"。为深入贯彻和落实党的十五大精神，同年 12 月 21 日，安徽省委、省政府召开发展个体私营经济大会，认真总结和交流改革开放以来安徽省个体私营经济发展的经验，进一步明确全省个体私营经济发展的方针、目标和任务，研究制定相关政策，营造公平发展环境，推动全省个体私营经济快速健康发展。会议表彰了 100 个先进个体工商户、100 个先进私营企业。这是改革开放以来安徽省首次召开的高规格、大规模的全省性个体私营经济会议。

1998 年 3 月 13 日，安徽省委、省政府作出《关于进一步加快发展个体私营经济的决定》，要求各级党委和政府要解放思想，转变观念，充分认识加快发展个体私营经济的重要意义，理直气壮地大力支持，放手发展，积极探索，重点培育一批在全省乃至全国有影响力的大型企业或企业集团，带动个体私营经济总体"三上一创"，即发展上规模、增长上质量、管理上水平，创造更好的经济效益和社会效益。

2000 年 7 月 29 日，安徽省人大常委会通过《安徽省个体工商户和私营企业权益保护条例》。这是安徽省首次以立法的形式对个体私营经济颁布的省级法规条例，条例除表现支持和保护个体工商户和私营企业依法从事生产经营活动的内容外，着重突出了个体工商户和私营企业在经济活动中与国企同等待遇和对"三乱"依法说"不"。同年 10 月 6 日，安徽省委、省政府出台《关于进一步加快发展个体私营经济的若干意见》，主要内容是：进一步放宽个体私营经济投资经营领域和登记注册条件；鼓励更多的人员从事个体私营经济；拓宽个体私营经济融资渠道；支持个体私营经济参与国有、集体企业改革；促进个体私营经济扩大规模，提升档次；进一步为个体私营经济提供优质服务；依法保护个体工商户、私营企业的合法权益；加强和改进对个体私营经济的监督管理；加强领导，明确责任，抓好落实。

2003 年 8 月 6 日，省委、省政府作出《关于加快民营经济发展的决定》，提出发展民营经济的总体要求是：把发展民营经济作为富民强省的关键来抓，在放手发展中实现提高，在促进提高中加快发展。以鼓励创业为突破口，放宽创业领域，完善创业机制，营造民间创业与外来投资、国有集体企业改革相互交融、相互促进的发展新格局；以促进提高为着力点，推动民营企业产业结构合理化、组织制度现代化、生产布局集群化，增强民营企业竞争力；以优化环境为保障，推进政府管理创新、政策创新和制度创新，使民营企业权益保护状况、生产要素供给条件、公共服务质量有显著的改善。经过 5 年左右的努力，在全省形成一批大型民营企业（集团）和一批对民间资本具有较强吸引力的重点工业园区，使民营经济在全省支柱产业、高新技术产业和现代服务业中的比重显著上升，在县区经济中占主体地位，成为加快发展、富民强省和全面建设小康社会的重要力量。各地党委、政府结合本地实际制定了实施意见，省直有关部门也出台了相应的政策措施，积极鼓励民营经济加快发展。一是放宽准入门槛，拓宽经营领域，为民营经济发展提供新的舞台。宣城市规定凡是国家法律、法规和政策没有明令禁止的行业和领域，民营企业都可平等进入。阜阳市提出放宽市场准入领域、放宽身份限制、放宽前置审批限制、放宽注册资本限制和认缴期限、放宽直冠省级行政区划企业名称登记条件。滁州市已出现一批投资能源、水利、交通、信息网络、旧城改造等基础设施建设项目，参与城市公用事业、外资公司改制和旅游资源开发经营的民营企业。二是放宽审批条件，简化审批手续，建立快速通道。三是鼓励下岗和各类人员创业。采取降低门槛、减免税费、创业培训等措施，鼓励他们自主创业。四是积极拓宽融资渠道。针对民营企业存在融资难的问题，各市成立了市中小企业信用担保中心。省财政厅设立了中小企业专项发展资金，省财政又拨款 2000 万元，由省工商联牵头组建安徽商联担保投资股份有限公司，扶持民营企业发展。

在多重政策利好的影响下，非公有制经济成为安徽经济发展的新亮点。截至 2004 年年底，全省个体工商户达 106.34 万户，从业人员 256.2 万人，注册资金 135.5 亿元。私营企业达 8.9 万户，比上年年底增长 18.6%；从业人员 141.2 万人，比上年年底增长 19.5%；注册资本达 872.5 亿元，比上年年底增长 31.7%。民营企业的规模和实力也明显增强，私营企业的注册资本净增 210.2 亿元，户均注册资金达到了 98.03 万元，比上年增长 11.2%。在部分地区，民营经济已逐渐从分散经营走向相对集中经营，连片开发，集群化发展。天长市已逐步形成了天长—秦栏沿线的电子元件，天长—冶山沿线的工艺玩具，天长—铜城沿线的医疗器械、仪表线缆等产业群体及产业带。秦栏镇拥有成规模的电子元件企业 110 家，资产在 500 万元以上的有 35 家，1000 万元以上的有 15 家，其主导产品 FBT 占世界维修市场的 80%，成为安徽民营经济第一镇。

（二）全面开展全民创业行动

尽管安徽民营经济发展较快，但与江苏、浙江等省份相比，安徽民营经济总量和企业个体规模不大。2005 年，安徽省私营企业数量为 10.6 万户，不到浙江省（35.9 万户）的 1/3，仅为江苏省（50.73 万户）的 1/5，同发达地区的差距十分明显；平均注册资本 108.18 万元，仅达到全国平均注册资本的 2/3。企业规模也不够大，2005 年全国民营企业 500 强排序，安徽省只有 8 家企业进入，而浙江绍兴一个县就有 20 家。为推动非公经济发展，2005 年安徽历史性地将民营经济纳入安徽省"十一五"重点发展规划，制定了《安徽省"十一五"个体私营等非公有制经济发展规划纲要》，并全面开展全民创业行动，全省兴起新一轮创业高潮。

2007 年 2 月 5 日，安徽省政府颁布《关于进一步加快个体私营等非公有制经济发展推进全民创业的意见》，明确个体私营等非公有制经济发展的目标是：坚定不移地鼓励、支持和引导个体私营等非公有制经济发展，进一步完善政策，加强服务，改进监管，大力推进全民创业，不断提升全省非公有制经济发展水平，力争到 2010 年，全省非公有制经济增加值占全省生产总值的比重达到 60% 以上，全省个体工商户达到 150 万户，非公有制企业户数达到 26 万户，其中主营业务收入 1 亿元以上的 1000 户、10 亿元以上的 100 户、50 亿元以上的 10 户。发展重点是：鼓励和引导非公有制中小企业进入以大企业为核心的分工协作网络和向"专、精、特、新"方向发展；鼓励和引导一批非公有制企业，通过自身发展和资本运作做强做大；鼓励和引导产业集群发展，培育一批在国内外市场具有核心竞争优势的产业集群；鼓励和引导现代制造型、科

中国创新创业大赛安徽赛区总决赛

技创新型、农产品加工型、劳动密集型等非公有制企业的发展。

　　安徽全民创业行动取得了令人瞩目的成就：自主创业意识深入民心，创业者队伍日益壮大；一批事关全民创业的重要法律法规和政策规章相继出台，创业政策环境日臻完善；以政府为主导的全民创业服务体系初步形成，创业基地（园区）广泛建立；民营经济得到快速发展，对国民经济贡献越来越大。到2011年，全省已建成各类创业基地215个，入驻企业一万余个，建设中小企业服务中心、创业辅导中心等各类服务机构一千八百多个。全省非公有制经济增加值8600亿元，占全省GDP的57%，对经济增长的贡献率达60%；非公有制企业上缴税收1397亿元，占全省税收比重的65.2%。在全省高新技术企业中，非公有制企业占85%以上。一批科技企业快速成长，研发创新能力明显提升，科大讯飞、工大高科、美亚光电、阳光电源等企业在国内外都有较高知名度。非公有制经济提供城镇 75% 以上的就业岗位，全省有七十多万农民工回乡创业，吸纳两百多万农村富余劳动力就业。

三、加快非公有制经济发展的制度创新

党的十八大以来，安徽针对民营经济发展中存在的突出问题，相继推出一大批扩大民营企业市场准入、促进平等发展的改革举措，继续出台一大批相关政策措施，全省民营经济发展进入新的历史阶段。

（一）深入调查发现问题

党的十八大以后，中国经济发展进入新常态，民营经济也面临前所未有的新环境。国际上，世界经济仍将长期处于结构调整期，贸易保护主义有所强化，金融市场动荡不稳，全球贸易持续低迷等不确定不稳定因素增多。在国内，我国经济发展进入以速度变化、结构优化、动力转换为主要特征的新常态，资源环境约束日益趋紧，消费向个性化、多样化、多层次的方向转变，人口老龄化加快，"互联网 +X" 业态不断丰富，经济运行中结构性矛盾凸显，供求关系新的动态均衡正在形成。

为了准确了解复杂多变的宏观经济环境下安徽民营经济发展情况，2012 年 10 月下旬至 11 月上旬，安徽省工商联联合有关单位对全省 16 个市、105 个县区民营企业开展了问卷调查。调查结果显示，企业总体情况属于正常区间，没有出现大幅度停产倒闭现象。但与 2011 年同期相比，形势不容乐观，主要表现为：一是营

利指标较大幅度下降。有 23.8% 的企业营业收入出现下降，下降比例在 20%—30% 之间；有 41.6% 的企业利润出现下降，下降比例在 20%—30% 之间。二是少数企业出现停产半停产。企业生产状况处于正常生产的占 90.6%，处于超负荷生产的仅占 2%，但仍有 88 家企业出现停产半停产，占抽样企业的 7.4%。三是市场需求景气度不够。企业认为市场行情一般的占 53.4%，认为市场疲软和市场萎缩的占 16.7%，仅有 29.9% 企业认为市场行情很好。在外需不振、内需不足、部分行业产能过剩的背景下，市场拓展面临前所未有的压力。四是发展信心有待进一步提升。对企业明年生产经营前景的判断，认为很好的仅占 9.4%，认为较好的为 34.7%，认为一般的占 46.8%。

调查发现，影响安徽民营企业发展有内外两方面因素，外部因素中排在前五位的是劳动力成本上升、能源原材料价格上涨、市场需求不足、税费负担过重、市场秩序混乱；内部因素中排在前五位的是市场竞争压力加大、融资难融资贵、招工难留人难、订单不足、企业间支付拖欠。总体来说，融资难、招工难、能源原材料价格上涨、市场需求不足、土地紧张以及税费重依然是影响企业发展的主要因素。出现上述问题的主要原因有：一是政策落实不够。据问卷调查，民营企业对国家和安徽民营经济发展政策的知晓率仅为 44.3%，一半的企业对扶持民营经济发展政策落实情况的总体评价是一般或较差。而政策过于笼统，缺乏可操作性；政策宣传不到位；扶持政策审查门槛高、审批环节多成为政策不能有效落实的主要原因。二是民间投资领域开放不够。尽管阻碍民间投资的"水泥墙"已经推倒，但影响投资的"玻璃门""弹簧门"仍然存在。三是公平待遇保障不够。民营经济享受的金融信贷等各种生产要素支持力度与所吸纳的就业、创造的税收相比还不完全相对应，产业链和基础配套不够和政务服务环境优化不够。

（二）加快民营经济制度创新

针对上述现状，2013 年 2 月安徽省委、省政府召开了高规格的全省发展民营经济电视电话会议，并下发了《关于大力发展民营经济的意见》。《关于大力发展民营经济的意见》包括激发主体活力、拓展发展空间、加大财税支持力度等 8 个方面，共 20 项具体措施，针对性、操作性强。首先，进一步破除影响民营经济发展的障碍。比如《关于大力发展民营经济的意见》强调，按照"非禁即准"原则，全面放开投资领域，切实做到平等准入、放手发展，使民间资本真正享受平等待遇。支持民营资本参与农村合作金融机构改制、农村商业银行增资扩股、发起或参与设立村镇银行等，支持民间资本兴办非义务教育、医院和社会中介机构等。建立健全民营资本参与重大项目投资招标长效机制，促进安徽民营资本投入重大项目建设。比如在企业工商注册时，除一人有限责任公司外，允许注册资本货币"零首付"，可在法定期限内缴足注册资本。在设立扶持专项资金、所得税增量奖补、贷款贴息、人才津贴等方面都有相当的突破。其次，在改善民营经济发展环境和追究党委政府及相关部门不作为等督查问责方面有明显突破。《关于大力发展民营经济的意见》提出，优化民营经济发展环境，推动徽商"凤还巢"。对总部或研发中心迁至安徽的民营企业，按一事一议原则给予优惠政策；对徽商回皖投资，实行招商引资同等待遇；个体工商户转为小型微型企业，以及创办小型微型企业，可由当地政府给予一定比例的补贴。做优做强民营企业，对新进入全国民营企业 500 强企业，获得中国驰名商标和主导制定国际标准、国家标准、行业标准企业，省政府予以通报表彰，并给予一次性奖励。《关于大力发展民营经济的意见》提出，要确保民营企业知晓各项政策，确保各项优惠政策及时落实到位，并将其纳入对地方政府和省有关部门考核内容。针对金融机构随意抬高融资成本、不规范经营等问题，一旦发现这种现象，在年度考核时对该金融机构实行"一票否决"，并依据有关规定予以经济处罚。省委、省政府每年将对国家和省里出台的各项政策措施落实情况进行督查，对政策不落实的部门和市、县将进行问责。

围绕省委、省政府《关于大力发展民营经济的意见》，23个省直部门出台了配套政策，16个市出台了贯彻意见，加上贯彻国家政策制定的金融支持实体经济转型升级、扶持小微企业发展、完善担保体系、培育"专精特新"、促进就业创业、促进信息消费和两化融合等一系列政策，初步实现了企业发展各个阶段所需政策的套餐化。政策宣传全方位，组织开展政策暨融资知识全省巡讲、市长访谈、致民营企业家一封信，全面宣传"民营经济20条""省30条""国务院金10条"等一系列政策措施。通过高频率、广覆盖的宣传，提高了企业对政策的知晓率，使企业从跑项目、要资金转向跑政策、要兑现，反过来又进一步促进政策的跟进落实。加强融资性担保体系建设，发挥省民营经济专项资金11亿元的杠杆作用，撬动38.38亿元财政资金作为国有资本金注入107家担保机构，加上财政追拨的作为省担保集团参股市县担保机构的20亿元、国家补助1.06亿元，当年全省落实财政性担保资金近60亿元。到2013年年底，378家融资性担保机构在保户数四万多户，在保余额1390亿元，平均放大2.53倍，高于全国平均水平。设立小微企业专营机构、特色支行 397 家。全年小微企业贷款余额较年初增加 1120 亿元，增长 22.6%，高于全省贷款平均增速 5.3 个百分点。举办全省中小企业金秋银企对接会，签约对接资金 57.3 亿元。创新产业集群担保资金 8000 万元使用方式，为 118 户企业发放 3.07 亿元担保贷款。老招新用解决"市场难"问题，先后组织装备制造、高效电机对接会，海峡两岸电子信息博览会，工业机器人、家电领域智能语音技术应用推广会，第三届安徽省传统工艺美术产品展等活动，实现"互采互用、互为市场、抱团发展"。在省外举办安徽名优产品青海行等活动，推动安徽省汽车、家电、纺织、建材、农产品进入西部地区。在这些政策的作用下，2013 年安徽民营经济克服宏观经济下行压力加大、环境偏紧、制约因素增多等不利条件的影响，逆势上行，民营经济增加值为 10843 亿元，同比增长 10.7%。全省地方税收的 78.9% 来自民营企业，固定资产投资的 66.5% 来自民间投资。民营工业对全部工业增长的贡献率为 63.3%，拉动全省工业增加值增幅 8.4 个百分点。

2014 年，安徽省在民营经济领域的改革进一步深入，重点废除各种不合理规定，消除各种隐形壁垒，制定民营企业进入特许经营领域的具体办法。同时，大力支持民营企业以独资、合作、联营、参股、特许经营等方式，参与经营性基础设施和公益事业项目建设；鼓励有条件的民营企业建立现代企业制度，支持它们上市融资等。

2015 年，安徽又将民营经济提升工程列为《加快调结构转方式促升级行动计划》的十大重点工程之一，提出按照"非禁即准"的原则，全面放开投资领域，鼓励推动民营资本投资金融、教育、医疗、文化、保障性住房建设和铁路、电力等领域，切实做到平等准入、放手发展。鼓励民营资本通过出资入股、收购股权、认购可转债、股权置换等多种方式，参与国有企业改制重组或国有控股上市公司增资扩股以及企业经营管理。实行同股同权，切实维护各类股东合法权益。搭建信息平台、做好示范推进，扎实有序开展政府和社会资本合作（PPP）。

2016年和2017年，安徽先后出台"降成本20条""降成本新10条"，着力降低用电、用气等垄断性行业价格和收费。深化商事制度改革，在实行"三证合一、一照一码"的基础上，再整合社会保险登记证和统计登记证，实施"五证合一、一照一码"登记制度改革，按照"标准统一规范、信息共享互认、流程简化优化、服务便捷高效"的原则，实现"一次申请、一窗受理、一站办结"，百姓和企业办事更加便利。

（三）民营经济发展进入新的历史阶段

随着制度创新的深入推进，民营经济发展环境不断趋好，民营企业发展面临的"玻璃门""弹簧门"不断被打破，安徽省民营经济发展进入新的历史阶段，呈现出市场主体快速成长壮大、总量迅速扩张、转型升级加速的良好态势。

1.民营经济总量不断攀升

2017年，安徽私营企业数量由2012年的30.39万户增加到91.6万户，其中注册资金亿元以上的私营企业达3686户；民营经济增加值由2012年的9618亿元增加到1.59万亿元，年均增长10.6%，占全省生产总值比重由2012年的56%提高至57.8%。民营企业缴纳税收2672.2亿元，占全省税收的68%；民营企业提供城镇就业岗位的80%以上，民营经济已成为安徽省经济增长的重要引擎和扩大就业的重要渠道。

2. 民营企业涉足领域不断拓展

安徽民营企业逐步参与竞争和经营一些过去难以涉足的国有垄断行业，开始进入医疗、教育、文化、体育、能源和市政公用事业、基础设施等领域，邮电、航空运输以及一些公共服务业（如城市公交）等行业也有民营资本的介入。民营企业积极参与安徽农村商业银行、村镇银行、小额贷款公司增资扩股，截至2017年7月，民营资本占农村商业银行股本总额比例为86%，民营资本占村镇银行股本总额比例为78%，民营资本成立的小额贷款公司数占全省的95%以上。

3. 转型升级步伐加快

2017年，安徽省民营工业企业研发支出227.9亿元，增长20.7%；设立院士工作站的民营企业增加至137家，占全省的比重为66%；民营高新技术企业数达4072家，较2016年增加480家，

安徽省民营企业百强发布会现场

占全省高新技术企业的 94.5%。全省民营企业拥有省级以上商标
3199 个，占全省 90.9%，其中驰名商标 214 个，占全省 78.7%；拥
有省级以上名牌产品 1361 个，占全省 86.2%。企业经营方式逐渐
由粗放式向集约式转变，由家族式企业组织向现代企业制度转型，
企业的活力和竞争力不断增强，在竞争中发展壮大。2017 年新增
境内上市民营企业 7 家，全省民营上市公司达 55 家，占全省上市
公司（102 家）的 54%。入围 2017 中国民营企业 500 强企业增加
到 5 家，2017 年安徽省民营企业营收百强共实现净利润 333.3 亿元，
营收净利率达 6.4%，比上年提高 0.6 个百分点。涌现出了一批具
有核心竞争力的全国"单打冠军""行业配套专家"和"科技小巨
人企业"。到 2017 年年底，全省"专、精、特、新"中小企业达
到 1700 户。

第九章
传统社会的嬗变：转型时期的社会治理创新

一、社会治理创新的时代背景

改革开放以来，安徽区域社会同全国一样，以前所未有的速度从传统社会向现代社会迈进，社会形态在政治、经济、文化等领域的各个层面发生了极为深刻的变化，进入了全面而深刻的社会转型期。传统社会的嬗变，一方面深刻地动摇了传统社会管理模式的基本支柱，另一方面又为新时代社会治理创新提供了良好的机遇。

（一）社会结构发生深刻变化

社会结构是指一个国家或地区占有一定资源、机会的社会成员的组成方式及其关系格局，主要由人口结构、家庭结构、社会组织结构、城乡结构、社会阶层结构等若干重要子结构构成，其中社会阶层结构居于核心地位。随着改革开放的日益深入，安徽社会结构发生了深刻变化。

1.人口结构

改革开放以来，安徽的人口规模不断扩大，人口结构持续调整。一是出生人口性别比例持续失衡。国际上通常认为出生性别比的正常值域为 103 ~ 107。根据国家统计局和安徽省统计局发布的数据，从 1990 年到 2010 年的 20 年间，安徽的出生人口性别比持续攀升且高于全国的平均水平，2015 年出生人口性别比下降为 117.4，但仍远超出国际正常水平。

1990 年、2000 年、2010 年、2015 年全国（平均）
与安徽省出生性别比

	1990 年	2000 年	2010 年	2015 年
全国（平均）	111.27	119.92	121.21	113.51
安徽省	110.87	130.76	131.07	117.4

长期高于正常范围的出生人口性别比，导致先天性的、原发性的性别失衡，对人口婚配、就业等造成影响，也将给社会稳定带来不小压力。

二是老龄化程度不断加深。国际上通常认为，一个国家 65 岁及以上人口比重超过 7%，就进入了老龄社会。安徽省 1998 年 65 岁及以上人口比重就达到 7.02%，比全国早两年迈入老龄社会。之后，人口老龄化进程不断加快，程度不断加深，65 岁及以上人口所占比重持续超全国平均水平。截至 2015 年年末，全省 65 岁及以上人口 720.6 万人，占常住人口比重 11.7%，比 2010 年提高 1.5 个百分点。"十三五"时期，60 岁及以上老年人口继续保持平稳增长，2021 年以后增长速度将明显加快，预计到 2030 年比重将超过 25%，其中 80 岁及以上高龄老年人口占老年人口比重将超过 20%。失能老年人口、空巢老年人口、失独老年人口和高龄老年人口持续增多，社会抚养负担日益加重。

全国与安徽省 65 岁及以上人口所占比重（%）

	1990 年	2000 年	2010 年	2015 年
全国	5.57	6.96	8.87	10.5
安徽省	5.41	7.45	10.18	11.7

人口老龄化明显加快增加了社会保障和公共服务压力，社会和家庭将面临的养老压力日益加大。居家养老支持、长期护理保障制度、社会养老服务设施等亟待完善。

2. 家庭结构

改革开放以来，伴随婚恋价值观、生育观的多元化和迁徙流动人口的增加，安徽省家庭结构在诸多方面都经历着深刻的变化，突出表现为家庭规模小型化、家庭类型多元化。全省平均每个家庭户人口由 2000 年的 3.51 人降到 2016 年的 2.98 人。"二人世界"和"三口之家"占 50% 以上，五人及以上家庭不足两成，而且每户平均规模总体上低于全国水平。家庭类型变化主要表现为单人家庭、单亲家庭、丁克家庭、空巢家庭、隔代家庭、漂泊家庭等比例有所上升。

家庭结构的深刻变化，使很多过去可以由家庭和代际帮助解决的问题，如养老扶幼、单亲抚养、病残照护、精神慰藉等逐渐成为社会问题，而多元化家庭发展的社会支持体系尚未建立，政府、社区、个人共同支撑家庭发展的局面还没有形成，这就给社会稳定带来一定隐患，给社会管理带来新的挑战。

3. 社会阶层结构

改革开放以来，伴随计划经济体制向社会主义市场经济体制的转轨，安徽的社会阶层结构发生了广泛而深刻的变化。以职业为基础的新的社会阶层划分机制逐渐取代了以政治身份、户口身份和行政身份为依据的划分机制。传统的"两个阶级一个阶层"（工人阶级、农民阶级和知识分子阶层）的阶层结构发生了巨大转变，一些新的社会阶层逐渐形成，各阶层之间的社会、经济、生活方式的差异及利益分化和冲突日益明晰化。

在传统的治理格局下，人被分割在不同单位（城镇）与集体（农村）之中，社会结构几乎处在长期固化状态，单位（或集体）治理就是社会治理的同义语。伴随社会结构的分化和重组，民众的利益诉求逐渐多元化，如何协调好社会各阶层之间的利益关系，构建一个人人享有改革"获得感"的社会，就成为社会管理面临的新的重要任务。

（二）社会建设面临复杂问题

党的十一届三中全会以来，随着中国改革开放的不断深入、工业化进程的不断加快以及市场经济体制的不断完善，安徽城镇化进程如影随形、不断加快，全省常住人口城镇化率由 1990 年的 17.9% 上升至 2017 年的 53.5%，初步进入城市型社会。城镇化在促进经济发展、统筹城乡发展、助推产业结构升级等方面具有重大意义，但也由此给社会建设带来一些复杂问题。

1. 收入差距不断扩大并引发种种社会矛盾

改革开放以来，安徽居民收入差距不断扩大，甚至出现了两极分化的现象，由此而引发的种种利益矛盾，是社会建设所面临的一个突出问题。居民收入差距不断扩大的一个重要方面，就是城乡居民间收入差距的不断扩大。根据国家统计局安徽调查总队的数据，改革开放初期的 1978 年，安徽城乡居民收入比为 1.86∶1，到 1990 年城乡居民收入比为 2.51∶1，再到 2010 年城乡居民收入比扩大

扶贫培训班

为 2.99∶1。若加上城镇居民单享的住房公积金、社保等多种福利及补贴，城乡居民收入比则在 3∶1 之上。近年来，随着国家扶贫力度不断加大，惠民扶贫政策越来越多，经济发展质量不断提高，居民收入差距不断扩大的趋势得以扭转，但没有得到根本性的改善。2017 年安徽城镇居民人均可支配收入 31640 元，同比名义增长 8.5%，农村居民人均可支配收入 12758 元，同比名义增长 8.9%，城乡居民收入比为 2.48∶1。

收入差距的扩大将激化农民与市民之间、低收入群体和中高收入群体之间、雇工与雇主之间、党群之间、干群之间的矛盾，由此将带来很多社会问题甚至引起社会动荡。

由此可见，收入差距问题如果得不到解决，将会动摇或严重削弱执政党执政的阶级基础和社会基础。如何避免居民收入差距的持续扩大，使经济发展成果真正由全体公民共享，是目前创新社会治理必须考虑的问题。

2. 流动人口大量出现及带来的种种社会问题

随着工业化、城镇化进程的日益加快和市场对劳动力资源的需求不断增加，必然出现大规模的人口流动。根据安徽省统计局、发展改革委等相关部门的统计数据，安徽作为全国农业大省，1997年流动人口总量达383.7万人，占总人口比重为6.32%，2013年流动人口占总人口比重达到24.5%。截至2016年年底，全省登记流动人口470.5万人。2014年至2017年，全省共有413.6万农业转移人口落户城镇。

由于人口流动而引发的各种问题日趋突出。一是一些地方的社会管理手段不能完全适应新形势发展的需要，对流动人口管理工作缺乏科技意识和科学管理手段，容易出现管理盲区。二是随着人员的流动，社会安全、教育、医疗等社会问题会越来越突出。而大量流动的社会群体，对完善就业体制、救助体制、保障体制、教育体制、福利体制等都提出了很高要求。三是大量流动人口进入城市，造成农村呈现"空心化"趋势，居民呈现"386199"特点，由此衍生出诸如留守老人养老、医疗困难，留守儿童情感、教育缺失，村民自治能力弱化等一系列社会问题。四是随着流动人口的迅速增加，流动人口犯罪问题日益突出，已成为危害社会治安稳定的一大隐患。

总之，如此大规模的人口流动不论是对流出地和流入地的社会治理而言，都是前所未有的挑战。

3. 中介组织和社会组织的作用有待提升

改革开放以来，随着单位制解体，大规模社会流动人口的出现，人们开始寻找新的社会组织形式以提供生产、生活和精神的依托和归属地。近年来，安徽中介组织和社会组织发展势头迅猛，且呈现出行业分布广、民间机构多的发展趋势，截至 2015 年年底，安徽全省依法登记的社会组织已达 26190 个。以安庆市为例，截至 2016 年 4 月底，安庆市共有社会组织、民办非企业单位、基金会三大类组织总数 1807 个、组织类型 138 个，会员（理事） 148934 人。调查发现，中介组织与社会组织中的成员表现出极大的参与社会建设、参与民主政治建设、关注社会发展进程的热情。他们在社会治理和公共服务中的确发挥了重要作用。但是，囿于行政色彩浓厚、自主性不高、组成结构不合理、法律法规体系不健全等因素，整体而言，中介组织和社会组织对高度离散化的社会个体的再组织、再动员能力较弱，在社会治理中的作用有待进一步提升。此外，如果不对他们进行有效的规范引导，这些中介组织和社会组织也有可能对社会和谐稳定构成威胁。

二、城市社会治理的探索

改革开放以来，尤其是党的十八大以来，安徽在城市社会治理的探索实践中，不断改革创新，与时俱进，以适应传统社会嬗变过程中不断出现的新的社会需求、新的社会事务、新的社会心态、新的社会问题对社会治理提出的新要求、新挑战。

（一）1978—1992 年：初步探索阶段

中华人民共和国成立以后，安徽和全国一样，在城市基层社会逐步建立了以"单位制"为主、以基层地区管理（"街居制"）为辅的管理体制。这种城市社会管理体制适应了当时计划经济的特点和要求。

1978年12月，党的十一届三中全会胜利召开。全会果断停止使用"以阶级斗争为纲"的口号，把全党工作的重点和全国人民的注意力转移到社会主义现代化建设上来，从此，中国进入了改革开放的新时期。以安徽省凤阳县小岗村率先实行的家庭联产承包责任制为先导，党领导人民开始探索以市场为取向的改革，从"计划经济为主、市场调节为辅"，到有计划的商品经济体制，再到1992年党的十四大正式提出建立社会主义市场经济体制，中国的经济体制改革沿着正确的方向渐入佳境。与经济体制改革相配套，党和国家还进行了初步的政治体制改革。由此，我国社会经济成分、组织形式、就业方式、利益关系和分配方式日趋多样化，传统的单位制逐渐被打破，单位管理模式趋于失效。街居制也由于基层社会的巨大变化而面临很多的现实难题，在管理上陷入困境。因此，安徽沿着党和国家指明的正确方向开始积极探索和推进城市管理体制的改革。

20世纪70年代末，安徽各地城市政府同全国各地一样，陆续恢复了"文革"前的机构设置，并增设经济管理机构。

1980年1月，全国人大常委会重新颁布了《城市居民委员会组织条例》，1982年通过的《中华人民共和国宪法》首次以国家根本大法的形式，明确了居民委员会作为城市群众性自治组织的性质、地位、职责、作用等，以适应改革开放之初的形势发展和历史要求。安徽的街道居委会逐步成为城市基层社会管理体制的重要力量，原来的"单位制为主、街居制为辅"逐步演变为"单位制＋街居制"。

1982 年，中共中央发布了 51 号文件，作出了改革地区体制，实行市管县体制的决定。市管县开始在全国范围内推广。同年 4 月，经国务院批准，安徽撤销滁县，设立滁州市（县级），设立巢湖市（县级）。1983 年 6 月，安徽扩大实行市管县体制，肥东、肥西划归合肥市管理，怀远、固镇、五河划归蚌埠市管理，当涂划归马鞍山市管理，繁昌、南陵、青阳划归芜湖市管理。全省由 5 个省辖市辖 5 个县增至 7 个省辖市辖 14 个县。

1989 年，第七届全国人民代表大会常务委员会第十一次会议通过的《中华人民共和国城市居民委员会组织法》，为城市居民自治提供了法律保障。这对于城市社区自治具有里程碑意义。

安徽城市社会治理创新在这一初步探索阶段，确立了城市居民委员会的自治地位，社会治理主体的一元格局被打破，政府包办一切的状况开始松动，社会活力明显增强。但是，从总体上看，这个阶段政府的社会管理和公共服务职能尚未得到充分有效履行。

（二）1992—2002 年：稳步推进阶段

1992 年 10 月，中国共产党第十四次全国代表大会胜利召开。会议明确我国经济体制改革的目标是建立社会主义市场经济。随着经济体制改革的深入推进，其他领域的改革也相继展开，社会也步入快速转型时期。这一阶段，城市社会治理创新主要体现在如下方面。

1. 明确政府社会管理职能

1998 年 3 月，在第九届全国人民代表大会第一次会议上，国务委员兼国务院秘书长罗干在《关于国务院机构改革方案的说明》中，首次明确提出了"社会管理"的概念。他指出，要把政府职能切实转变到宏观调控、社会管理和公共服务方面来。此后，安徽省委、省政府按照党中央、国务院的部署和要求，把社会管理创新提到重要议事日程，在加强经济建设的同时，开始出台相关社会政策，以促进社会领域各项事业发展。

2. 社区制浮出水面

随着单位制趋向解体，"单位人"开始向"社会人"转变，而街居制又面临职能超载、职权有限和角色尴尬等现实困境，社区制开始浮出水面。

2000 年 11 月，中共中央办公厅、国务院办公厅转发了民政部《关于在全国推进城市社区建设的意见》，标志着我国城市社区制建设正式启动。从此，同全国其他城市一样，安徽城市社区建设轰轰烈烈地开展起来。社区自治和建设的各种模式层出不穷，社区工作受到了全国上下的高度重视，这包括各种试验区的设立、研讨会的召开、规章制度的出台、评比活动的开展等。

2001 年 7 月，民政部在青岛召开全国城市社区建设工作会议。同月，民政部还下发了《全国城市社区建设示范活动指导纲要》，全面推进社区自治与建设。2002 年 9 月，民政部又在四平召开全国城市社区现场会，总结四平的经验，还命名了 175 个全国社区建设示范市区。合肥市西市区被国家民政部先后授予"全国民政工作先进区""全国社区服务示范城区""全国社区建设联系点""全国社区建设实验区"等荣誉称号。

总体上看，这一阶段安徽城市治理体制基本上摆脱了计划经济的影响，社会治理制度不断完善，政府不再是社会事业的包揽者，社会逐渐参与到社会公共事务的管理中来。但是，政府职能转变不能满足社会发展需要，政府在社会管理中仍然处于主导地位，基层自治组织和社会组织仍然处于附属地位。

（三）2002—2012 年：全面加强阶段

2002 年 11 月，中国共产党第十六次全国代表大会胜利召开。党的十六大提出了全面建设小康社会的目标，并进一步明确政府职能定位，即经济调节、市场监管、社会管理和公共服务。2004 年，党的十六届四中全会第一次明确提出"构建社会主义和谐社会"的战略任务，并第一次提出了要建立健全党委领导、政府负责、社会协同、公众参与的社会管理格局。由此，中国特色社会主义事业总体布局由"三位一体"发展为经济建设、政治建设、文化建设、社会建设"四位一体"。2006 年，党的十六届六中全会专门就社会主义和谐社会建设作出了战略部署。2007 年，党的十七大明确提出要加快以改善民生为重点的社会建设，完善社会管理。这一阶段，安徽不断推进城市管理体制改革创新，城市社会治理全面加强。

1. 社会组织管理体制改革

为充分发挥社会组织在城市社会管理中的协同、参与作用，安徽不断探索社会组织管理体制改革。

2009 年，安徽开始在合芜蚌自主创新综合配套改革试验区试点社会组织改革，为社会组织发展"松绑解套"。同年 3 月，省委办公厅、省政府办公厅转发了《关于推进合芜蚌试验区社会组织改革发展的意见》（厅〔2009〕10 号）。该意见从社会组织审批登记、发展环境、发展体系、社会地位、登记管理等五个方面提出 15 项改革创新措施。这为合芜蚌试验区推进以改革行业协会管理体制为重点的社会组织管理创新工作提供了有力的保障。

2010 年 11 月，安徽省民政厅发出《关于印发〈皖江城市带承接产业转移示范区社会组织改革发展意见〉的通知》，把社会组织改革范围拓展到包括合肥、芜湖、马鞍山、铜陵、安庆、池州、巢湖、滁州、宣城、六安市在内的皖江城市带承接产业转移示范区。除了政治法律类、宗教类社会组织和境外非政府组织在皖代表机构等外，其他各类社会组织由各级民政部门直接登记，取消行业主管部门前置审批的门槛。截至 2012 年年底，"两区"已直接登记社会组织 153 个。

2. 社区管理体制改革

为进一步提高城市公共管理和服务水平，安徽不断探索推进城市社区管理体制改革。

2010 年 7 月，铜陵市铜官山区全面启动了以"减少层级、加强基层、提升效能、强化服务、推动自治"为目标的社区管理体制改革，撤街并居，将原来的"区—街道—社区"三级管理结构调整为"区—社区"两级。铜陵市因此成为全国第一个全部撤销"街道"的地级市。铜陵市铜官山的改革是城市基层政府的体制机制创新、社会管理创新的一次成功尝试，为全国提供了第一个在城区范围内统筹街道和社区体制改革的鲜活样板。2011 年 7 月，民政部批复同意铜官山区为全国首个"社区管理和服务创新实验区"，这也是全国唯一一个社区管理和服务创新实验区。

2012 年 3 月，安徽进一步出台了有关增加社区管理体制改革试点的指导意见，号召"从 2012 年起，各市可选择自己辖区内的 1—2 个区进行有关削减社区管理层次，实行区级政府直接管理社区，为其提供公共服务与产品的制度改革"。目前，这一新型治理结构改革已在安徽多个地区相继推行。

3.稳妥推进户籍管理制度

为促进人口合理有序流动，推动城乡社会经济协调发展，安徽在 2011 年就以皖政办〔2011〕65 号印发《关于积极稳妥推进户籍管理制度改革的意见》，稳妥推进户籍管理制度改革。根据该意见精神，安徽坚持"积极稳妥、分类有序引导，统筹兼顾、完善配套政策，坚持自愿、保障农民权益"的原则，分类明确户口迁移政策，切实解决户口管理中的突出问题，并完善相关配套政策措施。

户籍管理制度的改革，放低了户口迁移门槛，使流动人口在劳动就业、医疗卫生、教育等方面享受与市民同等的权利和待遇，体现公民平等权利和城市文明进步。

（四）2012 年至今：走向善治阶段

2012 年 11 月，中国共产党第十八次全国代表大会胜利召开。党的十八大提出，加强社会建设，必须加快推进社会体制改革。要围绕构建中国特色社会主义社会管理体系，加快形成党委领导、政府负责、社会协同、公众参与、法治保障的社会管理体制。党的十八届三中全会明确提出，要通过改进社会治理方式、激发社会组织活力、创新有效预防和化解社会矛盾体制、健全公共安全体系来创新社会治理体制，提高社会治理水平。党的十九大进一步为新时代加强和创新社会治理指明了方向。

党的十八大以来，安徽在全面深化改革中不断加强和创新社会治理，社会治理走向善治，社会安定有序，人民安居乐业。

1.构建立体化信息化社会治安防控体系

完善立体化社会治安防控体系，是维护公共安全的骨干工程，也是建设平安中国的基础工程。党的十八大明确指出，要完善立体化社会治安防控体系。党的十九大进一步强调，要加快社会治安防控体系建设。

安徽在推进社会治安防控体系建设过程中，坚持与时俱进，根据不同阶段的实际情况，确立不同阶段的目标和任务，先后于2004年、2010年、2014年和2015年四次印发关于加强社会治安防控体系建设的指导性意见，精准推进社会治安防控体系建设。全省各地将治安防控体系建设与城乡规划、旧城改造、社区建设、基层综治中心建设等方面工作统筹推进，进一步织紧织细织密"社会面、城乡社区、单位内部和行业场所、公共安全、视频技术、网络社会"等六张防控网。不断加强新形势下群防群治工作，广泛吸纳网格管理员、村（居）民、平安志愿者、出租车司机、环卫工人、快递员等加入群防群治队伍，形成由八十七万余人、三万余支队伍组成的群防群治网络。2016年以来，安徽按照党中央决策部署，通过加快"雪亮工程"建设，进一步推进社会治安防控体系建设，提升社会治安综合治理智能化水平和快速处置能力。

党的十八大以来，安徽社会治安防控体系建设取得了显著成绩，每十万人命案发案数始终保持全国最低水平，八类暴力犯罪案件数量逐年下降，连续13年没有发生特大案事件，为全省经济社会发展创造了良好环境。

2. 创新矛盾纠纷多元化解机制

党的十八大提出，加强和创新社会管理，深化平安建设。党的十八届三中全会要求，提高社会治理水平，全面推进平安中国建设。党的十九大再次强调，建设平安中国，加强和创新社会治理，维护社会和谐稳定，确保国家长治久安、人民安居乐业。

维护社会和谐稳定，重在预防和化解各种社会矛盾。党的十八

乡贤原始
有话好好说
有事依法办

乡贤志愿者在村工作站调解、处理邻里纠纷

大以来，安徽紧紧围绕解决影响社会和谐稳定的源头性、根本性、基础性问题，对矛盾纠纷多元化解机制的创新发展进行了一系列有益的探索。

一是高位谋划，引导多元主体积极参与。2016 年，省委办公厅、省政府办公厅印发了《关于完善矛盾纠纷多元化解机制的实施意见》，对完善矛盾纠纷多元化解机制作出全面部署。省人大将其纳入立法调研，推动工作在法治轨道运行。各级党委、政府把矛盾纠纷多元化解工作作为"一把手"工程进行谋划和部署。各部门、各单位以及社会各界主动作为，积极配合，形成多方参与、各方联动的工作格局。

二是协调联动，实现多元化解方式优势互补。各地充分发挥人民调解的独特优势，及时就地化解邻里关系纠纷、婚姻家庭纠纷等传统类型的矛盾纠纷，成功率达 98% 以上。提高行业性专业性调解的针对性，化解非传统类型矛盾纠纷。探索推出灵活多样的调解方式，如宣城市探索形成"自选式调解"等七大调解法，桐城市将传统文化基因融入矛盾纠纷化解工作，推出"六尺巷"调解法，合肥市率先引入"e 调解"服务平台。

三是畅通渠道，发挥多元化解平台基础性作用。充分发挥基层综治中心第一道防线作用，主动服务基层群众、有效化解基层矛盾、努力维护基层稳定。进一步加强人民调解委员会规范化建设，全省共有人民调解委员会 2.1 万个，形成遍布城乡的人民调解组织网络。充分发挥行业主管部门、人民团体、社会组织优势，建立医疗纠纷、劳动争议、交通事故、物业管理等各类行业性专业性调解组织 1096 个。

实践证明，矛盾纠纷多元化解机制能够从源头上有效防范和化解大量社会矛盾。据统计，近年来全省 96% 以上的矛盾纠纷在基层和一线得到及时有效化解。2016 年 4 月，中央综治办将"矛盾纠纷多元化解工作创新项目"中的"诉调对接平台规范化建设"项目交付给马鞍山市。2017 年 8 月，中央综治办专程赴安庆市了解传统文化现代实践的成功经验，拟向全国推介。

3. 全面推进社区治理体制改革

党的十八大以来，继铜陵市铜官山区"区直管社区"综合体制改革后，安徽以网格化、信息化、扁平化为方向，全面推进社区治理体制改革。全省各地因地制宜，进一步转变城市政府职能，积极探索有效服务社区居民的管理体制，科学调整社区规模，优化管理幅度和管理层级，强化社区功能。芜湖、蚌埠、滁州等地减少行政层级，成立公共服务中心，将直接面向基层、面向群众多级居民办事流程压缩到公共服务中心一个流程，提供"一站式"服务。合肥、马鞍山、宿州等地形成了社区党组织、居委会、社会组织、驻社区单位、居民等共同参与社区治理格局。黄山、蚌埠、芜湖、六安等市在部分城区撤销街道办，整合组建大社区，探索"大社区"管理模式。目前，全省市辖区（含县级市）社区治理体制改革覆盖面达70%，改革模式也是异彩纷呈。

推进城市基层民主，不断扩大城市社区居委会直接选举覆盖面。从2012年起，全省各地级市80%以上的社区居委会逐步实行直选，创新民主管理、民主决策和民主监督的形式，切实保障社区居民享有更多更切实的民主权利。2013年，铜陵市铜官山区18个社区首次通过居民直接投票选举产生新一届社区居委会班子成员，其中天井湖和阳光社区在全省率先实行"海选"试点。芜湖市积极推进基层民主选举新模式，进一步推进观察员制度、定岗选举和"一票制"选举等三项改革，2015年，芜湖市234个参加换届选举的社区居委会全部一次性选举成功。

建立人财物向社区投入的机制。全省各地采取切实有效的措施，整合社区资源，强化社区工作，将社区服务设施、社区信息化建设及正常工作经费和人员报酬等项经费纳入本级政府基本建设投资规划和财政预算，不断完善政府投入和社会投入相结合的基层经费保障机制，社区管理服务能力逐渐增强。目前，基本实现从解决社区有人办事、有钱办事、有地方办事和有章理事的"四有"问题，到设施优等、管理优化、服务优质、环境优美的和谐社区建设"四优"的转变，全省两千七百多个城市社区实现综合服务设施全覆盖。

总之，党的十八大以来，安徽通过全面推进社区管理体制改革，基本形成基层党组织领导、基层政府主导的多方参与、共同治理的城乡社区治理体系，城乡社区治理体制更加完善，治理能力显著提升，公共服务、公共管理、公共安全得到有效保障。为加快建设现代化五大发展美好安徽奠定了坚实基础。

三、农村社会治理的创新

基层群众自治制度作为我国民主政治的四项制度之一，是中国特色社会主义政治发展道路的重要内容，也是农村社会治理的关键所在。基层社会治理是国家治理的重要基础，加快基层社会治理体系和治理能力现代化建设，对于实现全面深化改革的总目标具有重大战略意义。经过三十多年的探索和实践，我省农村基层民主政治建设取得了巨大进步。

如何扩大和发展农村基层民主，使农民在所在村庄真正当家作主，充分行使自己的民主权利，是中国民主政治建设的重大问题。经过多年的探索和实践，中国共产党领导亿万农民找到了一条适合我国国情的推进农村基层民主政治建设的途径，这就是实行村民自治。村民自治是广大农民直接行使民主权利，依法办理自己的事情，实行自我管理、自我教育、自我服务的一项基本制度。它发端于20世纪80年代初期，发展于80年代，普遍推行于90年代，已成为在当今中国农村扩大基层民主和提高农村治理水平的一种有效方式。当凤阳县小岗村18位农民在开创家庭承包责任制之时，他们虽然未能明确地对农村"政社合一"的体制提出任何挑战，但在其获得土地经营权的同时，也使束缚他们二十余年的"政社合一"体制成为无本之木、无源之水。随着农村经济体制改革的不断推进，安徽省农村经济社会发生了深刻变化，村民自治的实践也不断创新发展。广大人民群众踊跃参与村级民主实践活动，活跃了农村基层民主生活，调动了人民群众建设美好乡村的积极性。

（一）民主选举步入正常轨道

民主选举是村民自治的前提和基础。自 1988 年以来，安徽省先后进行了九届村委会换届选举，一届比一届规范，民主选举已步入正常轨道。2014 年 5 月，安徽省第九届村民委员会换届选举工作启动，至 9 月结束。各地由村民直接提名产生村委会成员候选人，经法定选举程序统一完成村委会换届。在这次换届选举中，村民参政意识进一步增强，全省 15444 个参加换届选举的村已有 15189 个成功选举，完成率达到 98.3%。其中蚌埠市、宣城市、黄山市、广德县等地换届选举任务全部完成，阜阳市、滁州市、六安市、芜湖市、铜陵市、宿松县等地完成率已达 99% 以上。村干部素质明显提高，能人"村官"占 1/3。村干部职数进一步精减，比上届减少近 1/3。在本次换届选举中采用"观察员制度"的村共有 6375 个，占 41.3%；采用"一票制"选举的村共有 1252 个，占 8.1%；采用"定岗"选举的村共有 1951 个，占 12.6%。先后进行的九届村委会换届选举实现了三个转变：由户代表或村民代表参加选举转变为村民直接投票选举；由等额选举转变为差额选举；由协商确定候选人转变为无记名投票直接提名产生候选人。参加选举，已成为村民重要的、常态化的政治生活。为了进一步扩大农村基层民主，安徽积极探索村委会选举新模式，2008 年第七届村委会换届选举时，安徽省决定在芜湖市弋江区、繁昌县的 6 个村开展观察员制度、"一票制"选举和定岗选举三项改革试点。观察员制度引入社会资源介入村委会选举，较好地解决了村委会选举监督薄弱的问题，规范了选举行为，保证了选举的公开公平公正，提高了选举的公信力。"一票制"选举适应了当前大量农民外出务工、不愿耗费太多时间投票等情况，降低了选举成本，提高了选举效率。定岗选举有利于优化和改善村委会结构，选出更适合的人才。从试点单位的选举结果来看，群众对选举形式的改革较拥护，参选率较高，投票率都在 90% 以上。

（二）民主管理不断健全深化

民主管理，就是发动和依靠村民，共同管理村内的各项事务。民主管理主要体现在两个方面：一是通过村民会议或者村民代表会议，让村民就村内管理的事项发表意见，直接参与村务管理，大家的事大家决定，大家共同遵守执行。二是制定村规民约或者村民自治章程，村规民约一般是就某个突出问题，如治安、护林、防火等约束大家的行为，村民自治章程的内容一般包括村民组织、经济管理、社会秩序三个方面，村民委员会和村民通常就是按照被称为"小宪法"的自治章程实行自我管理、自我教育和自我服务。农村民主管理制度的建立，改变了过去由少数人说了算的现象，有效地提高了农民的管理水平，使农村管理出现了新的局面。

早在 1995 年 5 月，安徽省委就制定出台了《关于加强全省农村基层党组织建设的意见》，对建立村级民主管理制度提出了明确的要求。五河县头铺镇位于淮河以北，是"全国民主建设的领头羊"。头铺镇自 1996 年 10 月在屈台村率先开展"村务公开、民主管理"试点工作以来，积极推行"四民主三公开"。四民主即民主选举、民主决策、民主管理、民主监督，三公开即村务公开、政务公开和财务公开。这一做法受到了国内外的好评，许多国家外交使节、记者到屈台村观察选举。1998 年 9 月 23 日，江泽民同志到五河县视察农村基层民主政治建设工作时，对头铺镇屈台村的村务公开、民主管理给予肯定，对安徽省农村民主政治发展成就和创新之举给予了高度评价，屈台的做法也向全国农村推广。截至目前，安徽农村普遍制定并不断完善了村民自治章程、村规民约、村民会议和村民代表会议议事规则、财务管理制度等，并且还将村民自治章程和村规民约印制成册发至农户。实行民主化、规范化管理，改变了过去单一的依靠行政命令管理的方式，体现了农村基层组织的"自治"性质。此外，为了便于广大群众知晓每项事务的决策程序，同时也使村干部在研究确定村级事务时有章可循，安徽省推行了村级事务流程化管理，使广大群众知晓每项事务的决策、管理程序，以便跟踪监督，也利于规范村干部行为，增强了村务透明度，规范了权力运行。

（三）民主监督力度持续增强

民主监督是保证村委会正确行使权力必不可少的措施，也是村民自治得以落实的关键。安徽省基层民主监督主要包括以下几种方式：一是民主评议村干部制度。民主评议对象为村"两委"和村集体经济组织的班子成员、村民小组长以及享受由村民或集体承担误工补贴（工资）的其他村务管理人员。推行"年初承诺、年内践诺、年终评诺"等"三诺"工作机制，强化对新任村干部履诺监督考核。民主评议一般每年进行一次，对连续两次被评为不称职的村干部，是村党组织成员的，按党内有关规定处理；是村民委员会班子成员或村集体经济组织班子成员的，应责令其辞职，不辞职的应启动罢免程序；其他村务管理人员，由村委会召开村民会议或村民代表会议作出处理决定。二是完善集体财务审计制度。村干部任期届满或离任时必须进行审计。对侵占集体资产、资源和资金的，要责令如数退赔，并依法处理。三是设立村务公开栏。实行村务公开，就是将农民群众最关心的财务收支、民房建设、土地费收缴、企业承包、集体提留、义务工、救灾款物发放、计划生育政策落实、村内人事安排等情况，每季度首月 15 日在村务公开栏上公布，接受村民经常性的监督，深受村民欢迎。2010 年 4 月，安徽省委办公厅、省政府办公厅印发了《关于推进"阳光村务工程"建设的意见》，开始启动以村务公开民主管理、"三资"清理、村务监督委员会建设、村级事务流程化管理为主要内容的"阳光村务工程"建设，并全面推行村务监督委员会制度。弊生于暗，廉生于明。实

村务公开栏

行民主监督后，村级权力在阳光下运行，村干部的不廉洁行为得到有效遏制，村干部形象明显改观，干群关系显著改善。

安徽省围绕发展农村基层民主、维护农民合法权益，以"四个民主"为内容的村民自治工作成效显著，涌现出一大批先进典型，保证了党和国家强农惠农富农政策在农村的贯彻落实，促进了农村经济社会事业全面进步。合肥市包河区、五河县、芜湖县等9个县（市、区）先后被命名为"全国村务公开民主管理示范单位"，当涂、宁国等14个县（市、区）被民政部命名为全国村民自治模范县。2015年3月，合肥市包河区大圩镇学塘村、淮北市烈山区烈山镇榴园村、亳州市谯城区古井镇减店村、淮南市潘集区泥河镇后湖村、马鞍山市花山区塘西街道团结村、铜陵市郊区大通镇和悦村、池州市贵池区梅村镇霄坑村、休宁县海阳镇盐铺村、广德县新杭镇千口村等22个村被司法部、民政部授予第六批"全国民主法治示范村"称号。这些荣誉称号的获得，是对全省上下一心、合力推进农村基层民主政治建设的最好肯定。

（四）村民自治的创新实践

作为农村基层民主政治建设的创新高地，安徽省曾经创造出引领全国的"小岗经验"。在全面建成小康社会的征程中，江淮儿女继续发扬"敢为人先"的创新精神，在当家作主、发展民主中勇于实践，不断探索，有的属于全国首创，有的彰显安徽特色，进一步丰富和发展了农村基层民主政治建设。

1. 组合竞选制：民主选举的创新试验

《村民委员会组织法（试行）》尽管规定了村委会"由村民直接选举产生"，但怎样"直接选举"，法律规定付之阙如。为填补法律之缺漏，各地在试点中尝试使用了各种各样的选举模式。1989年1月17日，岳西县莲云乡腾云村村委会进行了"组合竞选制"试验。这次选举的特点是打破过去上级提名、村民举手通过的老框框，采取选区推荐、联名推荐和本人自荐的办法，不限额地产生村委会主任候选人并张榜公布，让选民评头论足加以比较，经过各村民小组会议民主投票，最后确定4名正式候选人，竞选村委会主任。在选举大会上，4名候选人分别发表竞选演说，同时把自己提名的村委会组成人选名单公布于众，并接受选民们的质询。为了争取村民的信任，谁也不敢把自己的"亲戚朋友"拉进来，更不会把名望不佳、明显带有某种集团利益和经济利益关系的人，作为自己的竞选伙伴，否则他就会丢失选票。当然，他们也不会把同自己谈不拢的人提名到自己的班子中来。经过两轮无记名投票，一名农民技术员当选为村委会主任。腾云村村民选出来的村委会没有辜负村民的信任，他们上任伊始就建立了一个专门监督村委会的机构——监事会，还聘请本村离退休干部担任顾问，指导村委会工作。当年全村粮食产量比前3年平均产量翻了一番，经济收入是常年收入的2倍。"组合竞选制"在岳西的成功试验引起了其他地方的注目。2005年安徽农村第六次换届选举时，"组合竞选制"的试验范围进一步扩大，岳西、灵璧两县全部实行了这种制度，阜阳市的颍上、阜南、太和和颍泉等县、区也选择很多村进行了试点。2005年1月21日，《人民日报》长篇报道了岳西县农村"组合竞选"村委会的盛况。"组合竞选制"的影响已经超越安徽，走向全国。

2. 民主听证质询制度：民主监督开创新路

如何深化和发展村民自治，以前村务公开的形式和内容都存在一定局限性，往往只是结果的公开，缺少过程的监督。2003年，一种以"当面质询、限时反馈、监督落实"为基本内容的村级民主听证质询制度在五河县应运而生。所谓民主听证质询制度，就是村民就他们关心的热点问题与村干部对话，提出质询，村干部要当场解答，限期落实，按时反馈。听证质询会由村"两委"负责召集和主持，原则上每半年召开一次，不受人数限制，凡本村有选举权的村民都可以参加，程序灵活，内容丰富，凡涉及村民切身利益的事项，均可列为听证质询的内容。听证质询会在一定程度上填补了村民会议和村民代表会议空缺的作用，使村民能在更大范围、更经常地对村干部和村务实施灵活有效的监督。为确保听证质询实效，五河县要求把握"四个环节"：一是确定内容，突出重点。为确保听证质询会不走过场，会议召开前，村"两委"须做好调查研究，突出质询的重点内容，一般每次会议质询的议题以1—2件为宜。二是超前谋划，发出告示。参加听证质询会的人员既可以是普通村民或党员，也可以是村民代表，一般不得少于20人，多的可达50人甚至上百人。听证质询会前3—5天，由村"两委"将会议的时间、地点和内容通过公开栏、广播等形式公之于众。三是加强引导，开好会议。会上，村"两委"负责人首先报告相关工作，然后接受村民评议、质询。对涉及村里的热点难点问题，村"两委"与村民一起协商，提出解决的办法。四是抓好落实，及时反馈。对于听证质询会上村民们提出的意见和建议，村"两委"及时召开会议，逐条研究解决，并在一个月内将解决的措施和办理情况向村民们反馈，真正做到事事有交代，件件有着落。

3. 村民理事会：乡村协商治理的探路之举

村民理事会是新形势下安徽省农村改革发展中涌现出的一项新生事物，为我们提供了一个值得观察的样本。在农村，自然村是利益联结最紧密、利益趋同化较明显的村民集体单元,共同利益表达需要一种适合而有效的组织途径和方式,村民理事会正是实现这些利益需要的结果和较好形式。望江县长岭镇后埠村杨家老屋自然村是最早建立村民理事会的村子之一。当时,政府把水泥路修到村里,群众希望路能修到家门口,便选举理事会管理资金和协调建设。路修好后,理事会这种自治形式受到群众认可,便被保留了下来。渐渐地,南陵、全椒、含山、和县、铜陵、桐城、怀宁、金寨、贵池等县(市、区)在农田水利、道路建设等方面,通过民主方式组建村民理事会,在乡村基础设施建设、村级公益事业等方面发挥了积极作用,村民理事会在全省各地逐步建立。村民理事会的主要做法是突出规划引领、实行项目民选、落实项目民建、鼓励多元投入等,这种做法调动了群众积极性,缩短了建设工期,提高了工程质量,节约了建设资金,实现了有效监督。2012 年,安徽省政府办公厅印发了《关于开展农村公共建设管理体制改革试点有关问题的通知》,要求"凡村集体所有所管、利用集体建设用地、农民使用受益的公共设施建设,实行村民自建"并要求村民民主选举理事会,负责组织项目实施。2013 年《安徽省实施〈中华人民共和国村民委员会组织法〉(修订草案)》,在全国第一次将村民理事会纳入法律范畴,明确提出"村民小组的村民可以自愿成立村民理事会","村民委员会支持、指导村民理事会组织开展精神文明建设、兴办公益事业",促进了村民自治实践的进一步深化,丰富了村民自治的内容和形式。

(五)不断完善的为民服务制度创新

农村改革后,农民社会交往增多,对外联系广泛而复杂,农民迫切需要各种服务。乡村基层政权如何满足群众的基本要求，始终是农村值得关注和解决的一个问题。从另一方面来说，农村税费改革后，乡（镇）村治理体制如何由管理型向服务型转变。安徽在积极探索如何更方便于群众的需求。为民服务全程代理制就是在这种情况下产生的。安徽是全国较早开展为民服务全程代理制的，并吸引了外省来参观学习。

为民服务全程代理制，就是在乡镇和村设立代理室，群众有事先要向代理室申请，由代理员全程代办，并在办结后及时回复申请人。之所以作出这样的制度安排，主要是农业税取消后，乡村干部从过去的催收催种等传统工作中逐步解脱出来，政府职能悄然发生变化。而且乡（镇）村撤并后范围广，农民办事不方便，需要找出一种制度解决这些问题。

为民服务全程代理制主要内容为"六个一"，即"一个场所"，每个村、乡镇都有代理室；"一块牌子"，每个代理室都要挂牌；"一套制度"，把代理的范围、程度等作为制度张贴上墙；"一张联系卡"，把代理服务人员的姓名、联系电话、代理事项等印在联系卡上，让群众能及时找到承办人；"一张宣传单"，广泛宣传，让群众明白为民服务全程代理的全过程；"一个记录簿"，对代理过程中的申办人、申办事项、受理人、承办人、代理情况、回复时间和反映等进行登记。

这种制度最早是 2002 年在安徽城市试点的。现在的代理内容已从证件办理、婚姻登记、户口转移、建房审批等一般性生活事务，向农业生产服务方面的良种求购、信息咨询、农产品销售、农村方针政策、传递致富信息、推广实用技术等方面扩展。据 2005 年的一次统计，全省有超过一半的乡镇和村实现"六个一"乡村代理服务机构，累计为群众办理事项 35 万项，办结率 98%，群众满意率在 95% 以上。基本上做到了农民办小事不出村、大事不出乡。

为民服务全程代理制让各项承办事项在单位内部运转，变群众跑为干部跑，变多次办为一次办，变随意办为规范办，乡村干部相互扯皮、吃拿卡要的现象大为减少。为民服务全程代理制，实施"一站式"受理，全过程服务，简化办事程序，强化了服务职能，增强了透明度，方便了群众，为乡镇管理工作带来了"效能革命"，真正实现了"管理型"向"服务型"政府的转变。近年，为民服务代理制在亳州市得到发扬光大，扎实推进，影响全省。

为民服务全程代理制的制度安排，实现了从群众"得利"改革到群众"便利"的改革，不仅在安徽全面推广，而且也被省外学习。青岛市来皖学习后并在全市推广。2005 年青岛市各级为民代理机构为民服务超 100 万件次，按期办结率在 98%。青岛市和安

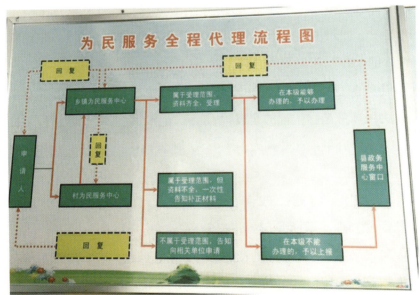

泾县昌桥乡为民服务全程代理流程图

徽同时在当年全国村务公开和民主管理工作领导小组召开的全国性
会议上作了经验介绍。

近年，亳州市运用"互联网＋"的新思维，摸索出一套更方便
群众办事、提供24小时全天候受理、360度全方位服务的"一路通"
办事模式，即将为民服务全程代理制发展为网上办事大厅。彻底解
决了群众办事难的问题，这是一次基层治理现代化模式的创新和实
践。其做法是：以权力清单为依据，最终确立能够通过网上办理予
以实现的行政审批、行政确认、行政备案、行政给付、审核转报共
5类483项政府权力网上办理大厅。群众可以利用电脑或手机在网
上按图索骥，不需跑路，不需找人，在任何有互联网的地方都可以
24小时随时申办。每个行政村都有代办点，不会使用网络的群众
可到代办点随时请求帮助。事情办结，由政府出资通过快递公司及
时送达本人，不收任何费用。目前，"网上办事大厅"模式正逐步
向全省推广。

第十章
着眼民生：全面探索医疗
卫生、教育、扶贫改革

一、安徽医疗卫生改革的总体情况

缺医少药及看病难看病贵一直是人民群众生活中的一大难题，往往一个家庭的正常生活因为一个人生病而被拖垮。生活富裕了，人们对健康长寿的需求更高了。因此，医疗卫生一直是群众生活中的一个大问题。安徽省针对这一难解之题，进行了艰苦的改革探索。安徽医疗卫生改革是沿着三个方面展开的：一是居民的基本医疗制度的逐步完善；二是医疗机构的改革；三是医疗药品购买方式的改革。

（一）医疗卫生改革的相关举措

1. 安徽医疗卫生改革基本情况

2003 年，安徽在 10 个县的农村试点新型合作医疗，首开了对城乡居民医疗卫生体制的深入改革。2007 年，安徽省全面启动城镇居民基本医疗保险制度，对未纳入城镇职工基本医疗保险覆盖范围的非从业城镇居民基本医疗保险进行制度安排。至 2013 年，全省城镇居民基本医疗保险参保人数已达 9747635 人，实现了"全覆盖"的目标。2008—2013 年累计达 24986.2 万人次从中受益，大大减轻了医疗费用。安徽省各县市城镇居民医保的最大支付限额达到了本区域平均可支配收入的 6 倍，总限额为 5 万～21 万元，特殊群体补充标准最高达 30 万元；省内在校大中小学生则达到 20 万元，且大学生医保目录与职工医保相同，其统筹支付比例则根据医院不同级别，分别确定为 80%、75% 和 70%。

2009 年在全国率先启动基层医疗改革，安徽省所有政府举办的乡镇卫生院（社区卫生服务中心）全面开展了管理体制、人事制度、分配制度、药品供应机制、保障制度等综合改革。2010 年安徽省发布了新版《基本医疗保险、工伤保险和生育保险药品目录》，甲、乙类药品品种多达 2400 个，比 2007 年的药品目录增加了三百多种，参保城镇职工与城镇居民均统一使用新版目录。医保基金支付范围也不断扩大，慢性病规定病种、门诊特大病的范围不断增加。2013 年又对药品目录进行少量的修订。

深化药品耗材流通改革，虚高价格继续缩水。开展公立医院机构药品集中招标采购。在 2010 年、2012 年、2014 年开展了三轮药品集中招标，实现了从村卫生室到省级医院 5 级公立医疗机构药品集中采购"全覆盖"。2015 年创新开展医疗机构药品带量采购，药价再降 15% 左右。

从 2012 年 12 月 15 日起，安徽省全面推行县级公立医院改革，全省 74 个县（市）的 148 家县级公立医院全部纳入县级公立医院改革范畴，目前已取得了阶段性成果。主要措施有：一是建立管办分开的县级医院体制。二是县级医院取消了 15% 的药品加成，实施药品零差率销售。人民群众普遍得到实惠，药品费用明显下降。

2013 年全省 148 家县级公立医院改革后的数据显示：次均门急诊药品费、住院药品费、门急诊费、住院费分别下降 7.29%、17.14%、3.46% 和 1.3%，次均 CT、CRI 检查费分别下降 15.6% 和 23.6%；药品销售总收入下降 6.46%，省级财政补助县级公立医院药品零差率销售资金 2.4 亿元，增长 34.89%。三是县级医院服务效率明显提升，148 家县级公立医院 2013 年较前一年同期门急诊人数增长 10.97%，出院人次增长 7.56%，手术人次增长 7.03%。四是县级医院业务总量保持增长，全省 148 家县级医院总收入增长 8.47%，体现医疗技术服务价值的收入增加，如护理费、手术费、床位费收入分别增长 33.30%、17.60% 和 16.81%。五是药品采购机制改革取得重大进展，2013 年前三季度，全省共有 143 家县级公立医院通过网上集中采购药品，采购金额达 29.67 亿元，基本用药目录采购比例均高于 70%，采购的药品以国产中、低价药品为主，配送率达 94.3%。

2013 年 5 月安徽省已经实现了医保关系转移及异地就医结算服务，解决了城乡间流动的农民工医保关系转移接续问题，医保关系可在不同地区与不同制度之间顺畅地转移接续。同时安徽省还积极与"长三角"地区开展医保对接管理协作与经办服务活动，完善了异地就医结算管理办法，使省内参保人员能更好地享受省外医保待遇。2015 年年初，安徽省被国务院医改领导小组列入国家综合医改试点省，全面实施城市公立医院改革，实行"三同步"改革措施，即同步取消药品（耗材）加成、同步调整医疗服务价格、同步开展药品带量采购。同年安徽省还开展了县域医共体建设，加快建立分级诊疗制度，由点到面，现已扩大到 66 个县区，覆盖 90% 以上农业县区。这一改革措施被写入国家"十三五"医改规划。

2. 新型农村合作医疗由试点到普及

2002年10月，国务院发布了《进一步加强农村卫生工作的决定》，提出了要构建与农村经济发展水平、农民承受能力、医疗消费水平相适应的新型农村合作医疗制度，并规定从2003年起各地进行新型农村合作医疗的试点工作。安徽省从2003年开始在肥西、望江、岳西、桐城、宁国、广德、天长、凤阳、铜陵县、歙县等10个县（市）试点，参加新型农村合作医疗人数3548.656万人，村办的卫生室10053个，新型农村合作医疗补偿受益1087.866万人次，新型农村合作医疗参合率达85.8%；2008年更达到100个县（区），覆盖人口达4523.93万，新型农村合作医疗参合率达96%；2012年新型农村合作医疗覆盖人口达5043.8万人，当年筹资1487169.7万元，全省新农合基金总额为1869843.8万元，补偿受益面10070.2万人次，参合率达99.5%，超过全国98.3%的平均水平；2007—2012年全省农民累计补偿受益面达26085.686万人次，新型农村合作医疗发展取得了明显的成效。

3. 安徽医疗卫生改革的重要措施

2009年国家"新医改"启动以来，安徽省在全省范围全面实施了基层医药卫生体制综合改革，本次改革以基本药物集中招标采购为重点，改革试点取得了一系列显著成果：找到了建立国家基本药物制度的新路径，重构基层药品供应保障体系和基层医药卫生体制机制。2010年年底，安徽省新医改试点工作基本完成了国家下达的医疗改革五项重点任务，提前一年建立基本药物制度，初步实现基层卫生医疗机构补偿机制。

以综合改革来推进基层医药卫生体制改革，必然会引起一场涉及运行机制和管理体制的根本性变革。安徽推进基层医药卫生体制在保障制度、基本药物、管理、人事、分配等方面综合改革，建立新的机制和体制，从根本上来解决人民群众看病贵、看病难的问题。

安徽省在核定基层医疗机构任务和收支的基础上，初步制定了绩效考核补助的实施细则。政府财政弥补基层医疗卫生机构经常性支出与经常性收入不足的差额部分，并根据居民健康改善状况、患者满意程度、任务完成情况等综合绩效考核结果进行拨付。安徽省自 2010 年 1 月 1 日起，32 个试点县（市、区）施行基层医疗卫生机构药品零差率销售，通过省药品招标采购中心平台统一采购药品，基层医疗卫生机构收支由县级国库集中收付管理。试点半年时间，32 个试点县（市、区）财政累计拨付补助资金 4.4 亿元，较 2009 年同期增长 167%，净增 2.75 亿元。在中央财政和省专项财政的支持下，改革后试点地区基层医疗卫生机构得到政府补助补偿平均上升 25.7 个百分点，基层医疗卫生机构建设得到加强。2013 年，安徽省政府出台了《进一步完善基层医疗卫生机构和村卫生室运行机制的意见》的 18 条政策措施，细化了补偿政策。政策要求定期对基层医疗卫生机构服务质量数量、公共卫生任务完成情况、患者满意度等进行考核，考核结果与财政专项补助挂钩。对村医提供的基本公共卫生服务，按 40% 的国家基本公共卫生服务经费和行政村常住人口数补助村卫生室。村卫生室实行药品零差率销售，省财政按农业户籍人口每人每年补助 5 元。县级财政负责补助村卫生室公用支出，原则上每个村卫生室每年补助金额不低于 3600 元。

安徽省在全国率先实现县级医院药品全省统一网上集中招标采购。2012 年 12 月 30 日，全省统一招标工作完成，在保证药品质量的前提下，中标的七千多个品规的药品价格，比国家指导价低

36.6%。继基层医改之后，安徽县级公立医院实施综合改革。

2012 年 12 月 15 日，安徽省县级公立医院综合改革再一次在全国率先启动并全面推开，2013 年 1 月 1 日起，集中招标的药品将及时配送至县级医院。148 家县级医院药品全部实行零差率销售，远远走在全国各省市前列。安徽省在县级医院补偿机制方面进行了大胆探索，通过收取诊察费和增加政府财政投入，对县级医院执行"零差率"减少的收入予以补偿，目标是"社会稳定有保证、医保基金可承受、不减少医院收入、能降低群众负担"。

（二）安徽医疗保障改革的成效

2009 年 11 月，安徽省建立体现公益性的基层基本医疗卫生制度，在 4811 个基层医疗卫生机构试点基层医药卫生体制综合改革，重塑基层医药卫生体制机制。主要包括保障制度、管理体制、分配、人事、药品采购配送改革。2010 年 7 月试点任务完成，基本实现了预定目标，基层百姓以及医务人员满意度高达 90% 以上。安徽医疗保障改革取得的工作成效主要体现如下：

1. 全面确立公益性定位，新机制目前顺利转轨运行。改革调整后，地区基层医疗卫生机构的公益性定位更加明确，加强了基本医疗服务和基本公共卫生服务水平，在基层医疗卫生机构实行编制管理，由政府财政保障其运行经费。

2. 优化了医务人员结构，建立起灵活的人事制度。安徽省的医疗机构实行了新的人事管理机制，通过核定编制、确定岗位、合理分流等办法，竞争选拔了基层医疗中心主任、乡村医院院长，并增招了一万多名医学专业毕业生，优化了医务人员结构，具有初级职称的占比达 90.8%，专业技术人员比例上升到 87.2% 以上，提高了 11.1%，其中公共卫生服务人员占 21.2%，分流人员达 2 万人，增强了基层医疗卫生机构的活力。

3．大幅度降低了药品价格，群众满意度显著上升。2009 年实施新医改革试点以来，实行了基层医疗服务的零差率销售制度，基本药物目录涉及的所有药品平均价格大幅度下降。2013 年全年安徽乡镇医疗卫生机构药品中标价格较国家指导价平均下降 52.8%，省内乡村医院呈现"一升四降"的趋势，平均每次住院费、每次住院药品费下降，平均每次门诊药品费、住院人数下降，门诊人次上升。省内 7000 万参保城乡居民得到实实在在的益处。

4．顺利开展分配政策调整，较好地激发了医务人员积极性。通过在全省基层医疗卫生机构中制定并调整绩效工资相关政策，形成以医治效果、患者满意度和服务质量为核心的基层医疗保障绩效考核细则，初步构建按工作业绩取酬、按岗定酬的分级考核体系，建立了较为完善的绩效考核制度。

5．构建了政府财政保障制度，保障基层医疗卫生机构的正常运转。随着收支核定等核心工作的完成，实行收支分渠道操作，统一由省级国库支付中心集中收支，由财政根据核算支付医疗机构运行经费，保证了基层医疗卫生工作的顺利开展，2012 年医改试点所涉及的地区基层医疗卫生机构获政府补助比重平均上升 24.8%。

二、安徽医疗改革试点对全国的推动作用

安徽省全面实施基层医药卫生体制的综合改革与调整，实施了制度创新。安徽医疗改革最突出的亮点是通过发挥新制度优势，让

人民群众真切感受到医疗改革带来的实实在在的好处。安徽省基层医疗改革的总体思路为"一主、三辅、五配套"，"一主"就是综合改革试点实施意见（皖政〔2010〕66号），"三辅"即村卫医务室、社区卫生所、乡村医院等三个改革试点方案，"五配套"即运行补偿试点办法、机构编制标准、基本药物和补充药品使用采购配送试点办法、绩效考核办法、分流人员安置办法。

（一）安徽医疗改革的成功经验

1. 遵循由政府主导的思想，着力"保证基本群体需求"。安徽新医疗改革是一次政府主导、去"市场化"的"公益性"回归。以广大群众利益为导向，一把手挂帅负总责，在组织上保证医疗改革工作的顺利展开。其值得借鉴之处在于：一是坚持医疗服务的公共产品性质。二是坚持政府主导的改革思路。即政府主导有限医疗卫生资源的均衡化配置，不依赖市场作为唯一途径来实现"全民享有基本医疗卫生服务"的目标。三是建立强有力的领导机制。医疗改革工作的推动需要建立一个完善的组织领导机构，同时还要建立高效严密的督查工作制度，两方面协同推进，形成合力，共同推进医疗改革进程，确保医疗改革各项工作落实。

2. 着眼"强化基础"，加大政府财力投入。我国的基本国情在于70%的人口在基层，且绝大部分在农村地区。基层医疗卫生机构是医疗卫生服务的薄弱环节，且基层医疗卫生机构是公共卫生服务和基本医疗的重要载体，加强农村基础医疗卫生等基层基础性工作建设非常重要。对此，安徽提出了实施标准化的基层医疗卫生机构建设，各级政府应在社区、乡镇建立基层医疗机构，同级政府财政承担运行费用。安徽的经验表明，政府要舍得花钱，加强基础建设，加大硬件投入，同时还应在人才培养特别是基层全科医生培养、医技配备等方面加大政府投入，努力提升基层医疗卫生的整体服务水准。

3．着力"建机制"，推进综合改革。安徽医疗改革提供了一种新体制与新机制密切交互的联动运行模式，其核心机制在于既能有效保障医疗事业的公益性，又能激发医务人员的积极性，保证基层医疗卫生事业发展的可持续性。在具体实现形式上，采用政府补偿机制，保证了医疗卫生服务公益性的持续；绩效考核机制，有效地防止了"吃大锅饭"现象；全员竞岗的灵活人事机制，解决了优胜劣汰问题；药品全省统一招标机制，从根本上杜绝"医药同谋"腐败问题的产生。这种相互联系与制约的新体制与新机制，维护了新型公益性体制，为全国医疗保障改革的布局与实施构建了一个科学的制度体系。

4．基本药物政策是医疗改革实施的突破口，合理的分级诊疗制度是医疗改革循序推进的重要保障。医疗改革成功与否的标准在于看病难、看病贵现象有没有改变，医患关系有没有改善，医务人员的积极性有没有提高。基本药物政策能使公众获得基本医疗保障，满足公众用药需求，在整体上控制医药费用，减少药品浪费和不合理用药，是医疗改革实施的突破口。从安徽省的医疗改革实践来看，建立以省为单位采用"双信封制"基本药品招标形式充分考虑到了药品技术、质量因素，成为其他各省基本药品招标的主流模式，可以在保证药品质量的前提下降低药品招标价格。

合理的分级诊疗制度是医疗改革工作实施的必要保障。安徽省卫生、人力资源社会保障、财政等部门负责制定出台基本医疗保障支付制度改革方案，通过完善基本医保支付制度，深化人事制度改革，充分落实用人自主权，对紧缺专业和高层次人才，经批准可简化程序招聘、引进，积极推进县级医院后勤服务社会化，明确县级公立医院、乡村医院定位，在不同等级医疗机构实行医保差别支付政策，通过对不同等级医疗机构实行不同住院起付标准、支付比例等政策，引导参保人员常见疾病在县内就诊，促进分级医疗、双向转诊，到2013年基本实现了"首诊在基层、大病不出县"的目标。

（二）安徽医疗改革的创新

对开启的新一轮医疗改革，在改革内容设计上，安徽以国务院医疗改革实施方案确定的五项重点工作为重点；在指导思想和原则上，强调坚持公共医疗卫生的公益性质，发挥政府主导作用，为破解医疗改革难题探索出一条新路。

新模式的探索。2009年11月安徽省决定先期在全省32个县（市、区）实施基层医疗卫生体制综合改革试点。2010年1月1日，纳入试点的基层医疗卫生机构全面实行基本药物和补充药品零差率销售。2010年8月出台《安徽省基层医疗卫生机构基本药物集中招标采购实施方案（2010年版)》并明确基础药品采购模式，由于该方案制定了许多新规定新做法，被业内称为"安徽经验"。

到2012年年底，安徽省基本药物招标实施范围覆盖了全省所有的政府公办基层医疗卫生机构。全省105个县（市、区）和3个实验区，1263个乡镇卫生院、605个社区卫生服务中心及10750个一体化管理的行政村卫生室全部执行。2012年11月9日国务院医疗改革评估小组对安徽医疗改革做了一个调研，给出了很高的评价并在全国推广"安徽经验"。经过三年多的实践运行，我们发现还存在着一些不合理的地方，与人民群众的医疗需求还存在着一定的差距。

（三）进一步完善安徽医疗改革

改革是不断探索的过程，针对医疗卫生体制改革中出现的问题，安徽采取了一系列进一步完善改革的新措施。

1. 加强对医疗机构市场准入和医院管理的监督

各级政府要从宏观上对各级各类医院经营管理加强指导，严格控制医疗费用总量，优化整合区域内存量医疗资源，减轻百姓看病困难，使人民大众有病均能得到救治，同时也要均衡医疗机构合理收入，促进各级各类医院可持续发展。从医疗卫生领域的最近几年情况来看，政府忽视了依法监管的职能，造成监管缺位，医疗市场出现了混乱的局面。

政府作为社会公共利益的代表，要运用市场机制的办法，调动

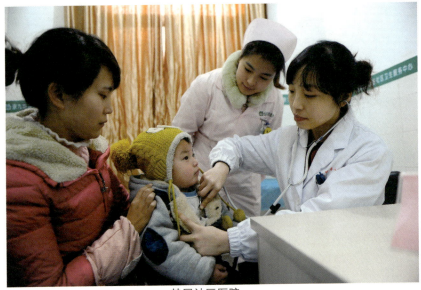

基层社区医院

社会参与医疗卫生事业的积极性，加强医疗服务体制改革方面的顶层设计，因地制宜地解决好医疗体制改革中出现的新情况、新问题。同时政府必须在危及或者可能危及公共利益、公共安全等方面加强监管，强化市场准入审核制度，保证社会公众利益和公共安全。

政府应转变职能，提供"兜底"服务。医疗服务体系所提供的产品和劳务中，相当一部分属于公共服务和公共产品。提供公共服务和公共产品是政府的责任，政府要负责兜底。长期以来，在公共服务和公共产品的提供上，政府没有做到"兜底"。因此，在医疗卫生事业改革中政府责任的强化和明确显得至关重要。

2. 加强医疗卫生机构管理制度创新

公立医院难以兼顾基本医疗保障和基本医疗服务，也就造成了"看病贵、看病难"的问题始终存在。由于市场经济迫使医院追求利益最大化，而人民群众又希望医院能提供更多的公益性服务功能，这就陷入了一对不可调和的矛盾之中。随着对我国医疗卫生体制改革认识的不断加深，各试点探索得出的公立医疗机构财务"收支两条线"管理办法的构想，成为从根本上改变目前医疗市场现状和改善医患关系的不二选择。

"收支两条线"这一预算管理办法看似简单易行，但在具体推行实施中必然会出现许多问题。地域的差异、经济发展的不平衡、制度落实和管理的偏差，都会导致阻力的产生。根据安徽省各级医院试点实践的经验，提出以下问题及对策。

地方财政支撑能力和政府财政风险问题。实行"收支两条线"，医院的收入可能会大幅下降，而支出变化不大，这个缺口就需要地方财政加以补贴保障。部分医院由于盲目投资扩大规模而负债累累，也需要政府为其买单。还要考虑到改革初期可能造成医疗供需双方过度利用卫生资源等情况。省内各地区应根据地方财政实际情况，在合理控制医院支出的前提下充分估算好财政承受能力和可能出现的风险。

政府部门首先应该确立卫生主管部门和医院之间行政隶属关系，监管到位，避免出现混乱局面。制度滞后、管理不到位，会导致医院收支混乱。在实施"收支两条线"的过程中，卫生、财政、药监等部门应该共同制定出与"收支两条线"相适应的规章制度和实施办法，一旦出现制度落实不统一、管理不力或混乱，势必对医疗机构的正常运行带来麻烦。

实施"收支两条线"，如何保护医护人员实际利益和工作积极性，合理制定医护人员工资收入标准，极其重要。应使医护人员与本地区公务员工资水平基本持平，保证医院及医务人员的工作效率不下降。对于医院合理的支出需求，特别是为改善和提高医疗卫生服务的项目，经医院申报后，行政主管部门和财政部门应该予以支持。应该对医护人员的职业道德、业务工作、纪律规范等进行定期考核，建立有效的奖惩制度，提高医护人员的服务意识。也要防止医院因失去支配收支权利束缚了发展，医疗条件和设施得不到改善，传统体制下的低效率重新回头。

健全法制规范，防止违规事件。地方不得因为财政压力或利益驱动，为医院下达收入指标，使得"收支两条线"徒有其表。

3. 优化配置医疗资源

进一步完善安徽省医疗资源的优化配置，加强科学规划，注重梯度发展，实现整体提升，进一步形成布局合理、功能完善、服务便捷、技术优良的医疗服务网络，为人民群众的健康提供强有力的保障。

完善规划，加强资源调控力度。医疗机构设置规划既是医疗卫生事业规划的重要组成部分，也是合理配置和有效利用医疗资源的重要手段。要根据《安徽省医疗机构"十二五"设置和发展规划指导意见》《鼓励和引导社会资本举办医疗机构的十七条意见》《进一步完善基层医疗卫生机构和村卫生室运行机制的意见》《安徽省农村医疗卫生机构设置规划指导意见》《安徽省卫生资源配置指导标准》等文件精神，合理调整现有医疗资源布局和结构，整合优化各层次医疗机构。要对市级医疗机构和镇（街道）卫生院及村级卫生室的布局、规模、功能定位、人员结构、名医培养、学科建设、设备配置等提出明确的目标和要求，在确保基本医疗服务达标的前提下，积极扩展各类优质医疗资源的容量和形式，不断满足人民群众多层次、多样化的医疗保健需求。

同时还要加强医疗卫生行政主管部门职能监管作用，强化统筹规划和配置资源的约束力和调控力。要设计好本区域医疗机构发展规划标准和要求，力求避免规划随意调整，尽量盘活存量医疗资源，严格控制大型设施的重复性建设，减少并限制基层医疗资源盲目扩张和升格，特别是县级医院规模的扩大、镇（街道）卫生院的升格及民营医院的设立等一定要慎重。要建立严格的管理机制和管理程序，病床规模的扩大、大型医疗设备的购置等，无论何种资金渠道，都必须按照规划要求进行严格管理和审批，特大型医疗设备要全面实现资源共享，提高利用效率。

分类分级提升医疗服务水平，丰富优质医疗资源。要以现行医疗机构为基础，以人民群众医疗服务的客观需求为依据，整合优化合理配置医疗资源，加强优质医疗资源共享性建设，提升基层医疗服务水平，促进各类医疗资源均衡发展。医疗资源集聚的中心城区，要合理规划新增资源，做强做精现有资源，凸现医疗卫生研究的前沿地位和中心作用。综合规划省市级医疗中心，要以现有的三级甲等医疗机构为基础，以建设高水平现代化医院为目标，集教、研、医一体，加强前沿学科建设，解决疑难危重病人的救治，同时承担基层医疗机构的业务培训，真正成为安徽省医疗技术核心。还要加强中西医结合医院建设，坚持中西医并重的医改方向，继续加强和发展安徽省中医药事业，加强重点中医学科建设，提高中医药防治疑难疾病的能力。加强各医疗机构合作交流机制建设，既要重视引进外地优质医疗资源，又要重视现有医疗资源的合作和共享，实现资源的对接和深度合作，促进医疗资源的合理流动，提升医疗资源的档次和医疗服务水平。

培育品牌，促进特色医疗资源建设。随着诊疗科目不断增加，各医院特色学科建设日显重要，已成为优质医疗资源培育的重要内容。一要重点扶持已有的特色专科。二要加强特色学科错位发展。针对安徽省实际病源和医疗业务水平，要正确引导各医疗机构在特色学科建设上错位发展，形成各自品牌。三要加快专科医院建设。根据《突发公共卫生事件医疗救治体系规划》和《安徽省医疗机构"十二五"设置和发展规划指导意见》的标准和要求，县级市设立各类专科医院要依托政府举办的公立医院，与医疗中心建设同步规划。四是发展康复医疗机构。随着康复医疗需求的不断增加，政府及相关部门要加大扶持力度，加强康复医院的硬件建设和技术力量的扶持，切实改善办院条件，使其更好地承担社会责任和发挥社会效益。

加大力度，强化基层医疗机构建设。加强农村卫生服务网络建设，加快镇（街道）卫生院、村卫生室和城市社区卫生服务站建设是医疗卫生体制改革的重点之一，是解决群众反映强烈的"看病难、看病贵"问题的重要举措。要通过进一步提高服务能力、降低看病费用、减少自付比例等综合措施，引导一般医疗服务下沉到基层，逐步实现分级诊疗、转诊，重视和加强健康教育工作。要合理配置资源，加强对镇（街道）卫生院的建设和管理，强化村镇卫生院"六位一体"的功能定位，优化基层卫生院布局，归并和改制地方卫生院。

健全机制，提升卫技队伍整体水平。优化配置医疗资源关键在于合理配置医疗技术专业人才。要实施医疗卫生机构人事制度改革，积极引导和合理配置卫技人员，引进竞争机制，促进人才流动。要进一步完善院长负责制和卫技人员双向聘任制，激活卫生系统人才的有效流动。要根据岗位要求和执业标准选配人员，对达不到执业标准的人员要逐步分流，对无职称的卫技人员进行有计划清退转岗。要继续实施省市级医院帮扶村镇及社区服务计划，深入推进专业医技人才对口支援农村卫生院工程，实行城乡医务人员的合理双向流动机制，实现城乡卫技人员互派学习，支援农村医疗，方便群众就医。要制定并实施新分配卫技人员和农村卫技人员的培养方案，提升他们的业务素质。鼓励和支持高等医学院校毕业生到农村服务。积极培养面向农村的全科医生，提高基层医疗机构服务水平。要建立健全外引和内培相结合的机制，进一步加强名医工程建设，逐步建立一支医德高尚、技术精湛、社会认可的名医队伍，引领省内品牌学科建设，切实提高安徽省医疗的整体水平。

4. 转换医疗机构以药养医扭曲的经营发展模式

政府要加强对医疗机构药品质量的监督管理，确保流通终端的药品质量，保障人民用药安全有效。

现代医药制造

　　加强对处方药市场监管。早在 2006 年，国家食品药品监督管理局出台的《药品流通监督管理办法》明确规定：药品零售企业应当按照药品分类管理规定的要求，凭处方销售。安徽省药品监督管理部门要加大对药店的规范管理，监督检查要到位。对处方来源不符合规定或凭虚假处方销售处方药，一经发现，要严格依法依规查处。同时要做好打击违规销售处方药品的宣传报道工作，引起广大市民关注，提高市民用药安全意识。

　　建立健全药品采购机制。药品采购机制的完善是保障药品质量、降低药品价格和供应的重大举措，也是实施基本药物制度的关键环节，施行中要注意以下几点：一是要研究制定基本药物招标采购实施规则，搭建透明公开的采购平台，精心组织基本药物采购招标工作。二是培训和考核基层医务人员，规范基本药物合理选用。三是设立基本药物采购专项资金，确保基本药物货款及时支付。四是建立并完善基本药物价格动态信息库，强化对基本药物价格市场监测。五是加强基本药物质量监管力度，定期实行基本药物全品种抽验，坚决查处假劣基本药物生产、经营行为，确保百姓用药安全。

5. 大力推进医疗卫生机构综合改革

构建国家基本药物制度是改革的关键环节和难点，也是医药卫生体制改革五项重点任务之一。"基本药物制度"是一项全新的探索，如何落实医疗改革政策，需要制度创新。建立基本药物制度，必须把群众利益放在首位，坚持"避、破、立"相结合，施行综合改革，实现"三个回归"。

重构基层药品供应保障体系。政府部门要发挥综合协调作用，解决好基本药物招标采购中的政策性问题。为确保基本药物制度顺利实施，保证基层医疗卫生机构平稳发展和运行，调动医务人员积极性，要按照保障机构健康发展、有效运行和保障医务人员合理待遇不降低的原则，建立稳定的补偿制度和补偿渠道；同时要抓紧实施基层医疗机构综合改革，引导他们转变运行机制，提高服务效率和质量，承担好基本公共卫生服务功能。

建立健全稳定长效的多渠道补偿机制。基本医疗服务可通过医疗保障付费和个人付费相结合加以补偿。基层医疗卫生机构情况较为复杂，发展规模不一，医疗机构各有特色，功能定位也不尽相同，要根据工作任务量核定所需经费、人员编制，健全稳定长效的多渠道补偿机制。

统筹推进基层医疗机构管理体制和分配、人事制度改革。要通过对基层医疗卫生机构运行机制和管理体制进行全面彻底改革，破除"以药补医"机制，统筹推进基层医疗机构管理体制和分配、人事制度改革，避免重回"大锅饭"机制，加快建立"调动积极性、坚持公益性、确保可持续"的新型机制，使基层医疗卫生机构回归公益性。

6. 吸引更多社会资本参与

要进一步解放思想、改革创新、发挥市场机制的作用，遵循医疗卫生事业发展规律，鼓励和引导社会资源投资发展医疗卫生事业，调动政府和市场两个方面积极性。政府部门要引导并鼓励民营社会资本进入医疗保障市场，坚持以公立医院为主体、多种经济成分协调发展，逐步完善与市场经济体制相匹配的社会主义制度下新型城乡医疗服务体系，不断满足人民群众多元化的医疗服务需求。2013 年 1 月安徽省五部门联合出台了《关于进一步鼓励和引导社会资本举办医疗机构的意见》，共计 17 条新规鼓励支持非公立医院发展。除允许外资单独举办医疗机构外，还允许民营资本在公立医院改制中入股甚至兼并公立医院，也允许部分公立医疗机构"私有化"。在新增医疗卫生资源中，可优先安排社会资本进入，或采用招标方式，面向社会公开引入投资者，实行公平竞争确定举办主体。在鼓励支持非公立医院发展的过程中，还要注意以下几点：

要按照坚持扩大总量、盘活存量、优化增量的原则，以引导和鼓励民营资本独办医疗机构为契机，对区域内卫生资源进行科学配置，加快推进卫生资源战略性、结构性调整，扭转城乡和区域之间发展不平衡现状。

坚持市场准入公平、待遇平等原则，要破除阻碍民营资本进入医疗卫生服务领域的政策、体制机制壁垒。在资质条件具备的前提下，在市场准入、税收等方面，社会资本举办医疗机构应与公立医院一视同仁。

坚持有保有放、有进有退的原则，形成医疗保障市场的多元化格局。首先要依据区域医疗卫生发展规划，确定公立医院规模及比重，科学决策公立医院改制范围。应优先选择社会信誉好、有办医经验的非公立医疗机构参与公立医院改制，积极推动非公立医疗机构托管或兼并公立医疗机构特别是国有企业所辖的公立医院。当然，公立医院改制要严格遵守国有资产管理规定，对社会资本参与公立医院改制重组过程中涉及审批、核准、备案的事项，各有关行政主管部门要公开相应的制度、条件和程序，切实做好资产评估和财务审计等工作，规范产权交易、资产处置流程，防止国有资产流失。同时还要妥善考虑改制单位职工的安置问题，保证职工合法权益不受损失。

2015年2月，安徽在全国率先启动省级深化医改综合试点。总体方案确定的11个方面123项改革试点内容，平稳有序推进，取得初步成效。一是实施"三同步"改革，全面破除公立医院以药补医机制。城市公立医院同步取消15%的药品加成，实现全省公立医疗机构取消药品加成全覆盖；同步调整医疗服务价格，初步理顺了省、市、县级医院诊察费价格；同步推进药品集中带量采购。二是组建城市医联体、城乡医联体、县乡村医疗卫生服务共同体和医学专科医联体等四种形式的医联体，推进分级诊疗制度建设。三是推动管办分开，改革基本医保管理体制。按照政府主导、市场运作、管办分开、适度竞争的原则，在已实现城镇居民医保和新农合两项制度并轨的25个统筹市、县，开展商业保险机构经办城乡居民医保试点，充分发挥商业保险机构在规范医疗行为、控制医药费用等方面的作用。同时，加快医保支付方式改革，近300个常见病

省儿童医院与医联体成员单位进行远程会诊

种实行按病种付费，县级医院全面推开"临床路径＋病种付费"。

目前，安徽省城乡居民医疗保障实施以新农合为主，将城镇居民（医疗保险）并入新农合进行管理的有肥东县、肥西县、长丰县、庐江县、巢湖市、繁昌县等 26 个县市。将新农合并入居民医保的有芜湖、铜陵、马鞍山、合肥等经济较为发达的 4 市，其余地区是新农合与居民医保并存。新农合覆盖了 89.9% 乡村和 13.4% 城市人口。

三、从义务教育到大学的改革

教育是提高人口素质、增强经济竞争力的重要手段，也是广大群众摆脱贫困、实现美好生活的重要路径之一。因此，教育是民生之基点，对教育的投入即是对人力资本的投入。但教育又是长期基础性工作，投入大、困难多，需要改革的事情也多，对安徽这样原有基础薄弱、人口受教育程度不高的省区来说，需要创新改革的环节多。针对实际，推进教育改革成为全省的一项重要工作。

（一）举社会之力，创办希望小学

改革之初，安徽的义务教育设施不全，许多地方办学条件差，一些贫困家庭子女辍学或干脆不上学。在这种情况下，举社会之力办学就显得尤为重要。1990 年 5 月 19 日，由中国青少年发展基金会捐款 4 万元，省市镇配套资金援建而成，并由徐向前元帅亲笔题名的全国第一所希望小学在金寨县南溪镇建成。1992 年安徽省青少年发展基金会成立，标志着安徽"希望工程"走上正规化道路。此后的二十多年，"安徽希望"工程事业得到了社会各界、海内外团体、企业和个人的积极支持和热情参与。截至 2018 年 8 月底，安徽"希望工程"募集救助资金 7.16 亿元，建设希望小学近 859 所，资助困难学子 22.4 万多名，向希望小学捐赠希望书库六百余套、配备"希望工程"快乐园体育园地 120 个，配备希望数字电影 10 套、援建希望网校 1 所。如今许多希望小学基础教育条件发生巨大变化，教学硬件设备、音体美专用教室、午餐工程等方面大大弥补了贫困地区的教育短板。1996 年金寨县希望小学被团中央授予"手拉手"先进集体，1997 年通过安徽省电化教育一类学校的达标验收，青年教师林虹参加自然学科电教比赛获省一等奖、国家二等奖。1998 年被评为全国"模范希望小学"，有 3 名"希望工程"受助生荣获"国际青少年消除贫困奖"。苏明娟成为"中国希望工程形象代言人"。希望小学的创举是安徽的一大创新，在帮助农村贫困家庭子女入学，并获得较好的上学条件方面发挥了重要作用。

（二）改善教师待遇，实行"以县为主"的管理体制

农村的义务教育在农业税改革前是由乡镇负责和管理的，许多负担多是由乡、村从农民头上通过集资摊派的。农业税改革后，教育一下子就处于断炊的困境，以乡镇为主的农村义务教育管理体制已经无法保证农村义务教育的正常发展。许多县教育资金缺口很大，教师工资无法兑现。农业税改革的第一年乡村财力减少18.4亿元，全省中小学累计负债24.8亿元，约70%的乡镇存在拖欠教师工资。从2001年7月起安徽省根据国务院相关文件，将中小学教育工资上收到县统一管理，确保中小学教师工资足额发放，当年即比上年投入增加了10.9亿元，不仅不拖欠工资，且消化了陈债，自此打破了农村教育旧的管理体制。实行"以县为主"的管理体制，极大地调动了教师的积极性。另外，安徽采取"一破三立"的措施。一破即撤销了乡镇教办，将其管理职能上收到县教育局，"从根本上确立以地方政府负责，分级管理、以县为主"的体制，并从学校、债务化解、人员合理安置等方面着手为学校发展减轻负担。"三立"即成立以乡镇中心学校为中心的学区，成立县教育经费结算中心和县教师管理中心。如肥西县共设立33个中心学校，本着公开、公平、公正的原则实行学校校长竞争上岗和校长任期制。中心学校由县教育行政部门直接确保对教师的领导，同时接受乡镇政府的监督和指导，各中心学校负责全乡的中小学教师教学、教师培训晋级晋职、教育统计和所辖学校的财务收支管理等工作。县教育经费结算中心作为县财政核算中心的分中心，接受县财政部门的监督和指导，按照收支两条线要求和收支规范、事财统一、监督到位、快捷高效、方便学校的原则，统一管理各校预算外资金，对中

小学杂费实行"校收县管校用"的操作办法。县教师管理中心负责组织指导、协调全县教育系统人才流动服务工作，建立能上能下、能进能出、合理流动、优胜劣汰、与中小学人事制度改革相配套的用人新机制。安徽创造的"一破三立"经验得到国家领导人的充分肯定。这对改善和调动农村中小学教师积极性起到了很好的作用。

（三）推行均衡教育，实现一体化发展

2011年5月安徽省出台了《义务教育均衡发展状况监测实施方案（试行)》等规范性文件，要求各级教育部门负责本地区义务教育均衡发展的具体规划、组织实施和日常管理，文件还规定"以县域内义务教育巩固率、学校达标率、班额、师生比、生均公用经费、生均设备值为基本指标，以县域内学校之间财政拨款、学校建

铜陵市义务教育均衡发展

设、教师配备大致相当为重要标准，以减轻中小学课业负担和解决
择校问题为显示度，以民意调查为依据"，推动实现县域内义务教
育的均衡发展。在这个文件的推动下，安徽省许多市县在均衡教育
方面迈进了一大步，做出了榜样。

安徽省原铜陵市，一个仅有 70 万人口的小城，却是中国义务
教育均衡发展的"人间天堂"。在这个城市实现了"学校没有好坏
之分、只有远近之别"，过去的"择校风"已不存在。早在 1996
年，《人民日报》就刊发了该市教育均衡发展的报道，农民工子女
可以同城市居民享受同样的上学待遇。2005 年 12 月 1 日，《南方
周末》对铜陵市义务教育均衡发展又做了报道。铜陵市的做法，一
是调整布局、整合资源。根据社会经济发展变化以及区划调整和城
市改造，适时对学校进行重新布局和调整，关停撤并了规模小、低
效质差的 13 所学校，投入 1.5 亿元，在生源集中的学区新建和改
建扩建了 22 所中小学。二是取消重点学校，均衡了配置。铜陵市
取消了重点初中，加大力度改善义务教育薄弱学校的办学条件，在
资金、项目和教学器材分配上，坚持雪中送炭，不搞锦上添花。经
过努力，在学校硬件配置上基本达到均衡。三是加强内涵，提升质
量。薄弱学校升级是义务教育必须解决的重要一环，铜陵市从校长
配备、充实"名师迁移"等方面求得均衡。四是依法治教，规范办
学。对凡在市内有固定住所的农民工子女，享受本地待遇，义务教
育阶段免交借读费。铜陵市的这些做法得到各级领导的充分肯定。

又如芜湖市三山区在 2006 年 2 月由原繁昌县的边缘区划入，
全区下辖初中 9 所、中心小学 9 所，各中心小学下设分校 10 所，
成立 11 年来，该区坚持实行均衡教育，原先农村的小孩与城市孩
子享受到同等教育。2014 年语文、数学考试成绩名列芜湖 4 个区

中的第二名，学生音体美全面发展，综合素质得到提高。同年，该区通过全国义务教育均衡发展考核，排名全省第二、全市第一。三山区为实现均衡教育的举措：一是重视师资是关键。11 年前由繁昌县划入时有些学校一半以上的教师是五十多岁的民师转正的，针对这种情况，区里坚持引进人才，聘任教师 155 人，同时鼓励老师参加自学考试、函授，以提高学历层次，优化了教育队伍。如今三山区不仅语文、数学教师的素质得到提高，连英语和音体美等小学科的专职教师都配齐了，这为均衡教育提供了重要的师资条件。二是合理布局学校。经过 2007 年和 2014 年两次大调整，重新规划了学校布局，做到了孩子就地上学，教师资源相对集中，再加上鼓励和实行优秀教师到边远区任教 3 年的轮流，校长每 6 年轮换一次，实现资源合理配置。三是引进城市名校资源，增强动力。该区先后引进安徽师范大学第二附属中学、江南实验中学、北京师范大学芜湖附属学校等名校资源，这些名校带来了先进的教育理念和管理方式，还与当时学校形成竞争态势，取长补短，学生素质得到大大提高。原先全区中招录取率不到 80%，现达到 92%。2016 年中小学统考，三山区学生均分在芜湖市名列第二，仅次于老城区镜湖区。峨桥中心小学学生制作的电脑作品《早春茶市》荣获全国一等奖，2 名学生在全国中小学电脑制作比赛中分获全国一、二等奖。三山小学学生在全国青少年车模比赛中获得冠军，在 2012 年全国数学比赛中获得 6 项第一名。在全市初中篮球比赛中，三山区获得第二名。由于实现了均衡教育，使得该区学生不再去区外择校，以前的择校生近年来还有返回原校上学的。许多外出打工者过去把子女带到外地上学，如今纷纷把子女转回来上学。一些企业职工也把子女转回当地上学。三山区仅仅是安徽均衡教育的代表。正是这些地方

的大胆创新，推动了城市义务教育一体化，使安徽提前 3 年实现义
务教育基本均衡全覆盖。

（四）重视职业教育，提高就业技能

职业教育是给予受教育者从事某种职业或生产劳动技能所需的
知识和技能的教育。由于社会的经济结构是多层次的，对人才的需
求也是多方面的，不仅需要受过高等教育的高级人才，也需要大批
受过中高等教育的各种技术人才。21 世纪初，安徽省相继出台了
《关于促进职业教育发展的若干政策意见》《关于进一步加大职业教
育投入的决定》等文件，2007 年 10 月新修订的《安徽省职业教育
条例》更为职业教育发展提供了政策、法律保障。

经过多年的发展，安徽省职业教育逐步形成"分级管理、市县
为主、政府统筹、社会参与、市场引导"的管理体制和职业教育联
席会议制度。为充分利用职教资源、实现资源整合与优化，安徽在
合肥、芜湖、马鞍山、阜阳、淮北、淮南、蚌埠、铜陵、宿州、亳
州、天长、利辛等市县建立或谋划建立职业教育园区，涉及汽车、
化工、经济技术、卫生、数控、国防科技、能源、机电、旅游、现
代服务业等专业领域。诸多行业、企业参与到职业教育办学中，共
同探索与企业及社会教育资源共建共享新机制，努力建成与社会主
义市场相适应的新型职业教育机制。截至 2012 年年底，全省共立
项建设国家中职改革发展示范校 40 所，省示范校 88 所，建成合格
县区职教中心 73 所，共有中等职业学校 487 所，在校生一百余万
人，教职工 4.26 万人，师生比为 1：29。

校企对接会

（五）大学研究产业化，助推"科技兴皖"

安徽在教育上一手抓义务教育，一手抓高等学校的创新发展。高等教育对当地的经济社会发展具有极强的推动作用。作为科教大省的安徽在高等教育中也是坚持创新在先，尤其是在将科教资源转化到实际生产力这一领域。中国科学技术大学于 1977 年 10 月在北京成立研究生院，是全国最早创办研究生院的高校，1981 年 11 月被批准为博士和硕士生培养单位，成为"文革"后全国第一批授予博士生的重点大学。1978 年 3 月中国科学技术大学创办了全国第一个少年班，首批接收 21 名大学生。1985 年在总结和吸收少年班办学成功经验的基础上，针对高考成绩优异的学生又仿照少年班模式开办了"教学改革试点班"，两类优秀学生统一管理，相互补充，相得益彰。在 2008 年少年班创办 30 周年之际，将原少年班管委会升格为少年班学院。针对教育与企业转化相互脱节的弊端。安徽省力求大学科研产业化，为当地的经济社会发展作出贡献。合肥工业大学与江淮汽车股份公司合作，共同举办汽车学院，着力为汽车工业的发展解决难题。安徽理工大学与淮南煤矿合作，尽力解决生产中的难题。中国科学技术大学的量子研究力求在通讯方面产业化，其语音识别技术更是为产业化提供了多方面的支撑，并为习近平总书记来皖做示范表演。安徽大学、安徽农业大学等学校不仅为安徽发展提供人才支持，更是直接服务于经济社会诸多方面。正是在此基础上，安徽早在 1995 年就提出"科技兴皖"口号，此后始终不渝地坚持"安徽崛起，教育先行"的方针。

（六）发展民办教育，使之成为一个重要补充

民办教育是在改革开放的时代背景下产生的。它的产生与成长是改革开放政策在教育领域的一项重要成果。经过多年的发展，安徽民办教育已覆盖了学前教育、基础教育、职业教育、高等教育等多个方面，可以说覆盖了整个教育体系，是一个重要补充。

早在 1999 年 11 月颁布的《安徽省教育振兴行动计划》中就提出"积极支持，依法规范社会力量办学。民办学校建设土地优惠使用，免收配套费。任何单位不得向民办学校摊派，民办学校教师和学生在评定职称、业务培训、升学考试、社会活动、推荐就业等方面，与公办学校教师和学生享受同等待遇。鼓励高校毕业生、研究生到民办学校任教"。以后省政府又不断出台文件、纲要支持民办学校。自此安徽省民办学校蓬勃发展。截至 2016 年年底，全省民办教育机构 5848 所、在校学生二百五十一万七千多人、专任

教师十二万多人。其中民办高校 21 所、在校生 19 万多人、专任教师 9567 人；民办中等教育 640 所，在校生 80 万人以上，专任教师 42446 人；民办小学 274 所，在校生三十三万多人，专任教师 15026 人；民办幼儿园 4913 所，在园幼儿一百一十八万多人，专任教师 53824 人。无论是教师还是在校学生均是一支庞大队伍。

在民办学校中，职业教育所占比重较大。在民办教育的各种办学形式中，除学前教育和普通高中外，其中大多是职业教育。民办学校初具特色，面向当地经济建设和社会发展，适应就业需要，形成了自己的办学特色。如安徽新华学院、安徽三联学院、安徽外国语职业学院、安徽涉外经济职业学院、合肥财经职业学院等，都有自己明显的办学特色。安徽民办高校为引进先进办学理念、提高教育质量，办学趋向开放性。如安徽新华学院、安徽文达信息技术学院、河海大学天文学院、合肥信息技术职业学院等先后批准同国外教育机构联合培养人才。当然民办学校中也存在一些问题，如办学质量有待提高、发展不均衡等，需要在今后逐步解决。

（七）重视学前教育，关爱农村留守儿童

截至 2010 年年底，安徽省儿童学前三年毛入园率仅为 50%，低于全国 2009 年的平均水平。因此，加快学前教育发展，解决学前教育资源短缺且分布不均、投入水平低、师资队伍数量不足、保教质量不高、部分地方"入园难"等问题十分紧迫。2011 年 2 月，安徽省提出"要大力发展学前教育"，并从落实政府职责、推动城乡同步发展、加强学前教育管理三个方面，将学前教育纳入城镇和社会主义新农村建设规划，要求把发展学前教育作为保障和改善民生的重要内容。同年 6 月，省政府出台了《学前教育三年行动计划

（2011—2013）》，明确提出到 2013 年全省幼儿园总数达到 8770 所，在园幼儿增加 26 万人，幼儿园专任教师新增 4 万人，并确立了省市统筹、以县为主、乡镇街道参与的学前教育管理体制。自此安徽学前教育走上了正规管理体制。到 2016 年年底，在园幼儿已达到 192.69 万人，专任教师 7.57 万人，师幼比例为 1 : 25，儿童学前教育毛入学率大大提高，取得了初步成效。

安徽省是劳动外出务工大省，大批农村劳动力外出务工，每年约有 360 万农村留守儿童的教育成为社会普遍关注的大事。留守儿童普遍存在"四缺"现象，即"家庭教育缺位""父母关爱缺失""沟通交流缺少""有效监护缺乏"。留守儿童在情感、心理、生活、学习乃至人格培养等方面存在问题，是社会普遍关注的事情。为此，2010 年年底，安徽省将留守儿童活动建设纳入民生工程，建立农村留守儿童服务机构 2385 个，通过组建家庭教育专家巡讲团、举办家庭教育报告会等形式，广泛开展留守儿童家庭教育指导。同时，各地还积极探索，大胆实践，取得了许多宝贵的经验和管理模式。其中，留守儿童数量较多的肥西县、灵璧县的做法，尤其值得借鉴。

肥西县的做法是，健全留守儿童管护机制。在各校成立由校长任组长、教职工全员参与的关爱留守儿童工作组织，制定工作方案，建立保障机制，并相继建立了留守儿童工作系列制度。如"代管家长"制度等，全面建立留守儿童档案与成长记录袋。在每学期初，由班主任老师进行调查走访摸清情况，填写"留守孩子登记表"，实行跟踪帮扶，动态记录。建立"代管家长"队伍，担当留守儿童学习引路人、生活知情人和成长保护人。灵璧县的经验是，在公立中小学开办寄宿教育，创办"留守儿童关爱之家"，让留守儿童的课外生活、教育、管理转到校内，并实行精细化管理，培养儿童养成良好的生活、学习习惯，优秀的品质，健康向上的人格，这些做法取得良好效果。

四、精准扶贫的实践

安徽立足省情实际，把扶贫开发工作纳入"四个全面"战略布局，以大别山片区和皖北地区为主战场，以规划为引领，以载体为支持，以项目为抓手，以"抓金寨促全省"为推动，大力实施精准扶贫，确保 2020 年与全国同步建成小康。

（一）安徽历来重视扶贫工作

农村大包干改革之后，贫困人口有所降低，但在深山区、沿淮行蓄洪区、江淮分山岭及沿江圩区等地，仍有连片的贫困人口。按当时的标准，全省贫困人口由 1980 年的 1200 万人，下降到 1985 年的 665 万人。从 1986 年起国家开展了以救济式扶贫为主的扶贫。安徽相继成立了专门的扶贫开发机构，开展了以县为单位的开发式扶贫方式，通过农业产业化等方式，农村贫困状况有所缓解，贫困人口下降到 360 万人。

从 1991 年起，我国第一次召开了扶贫开发会议，并颁布了《国家八七扶贫攻坚计划（1994—2000 年)》。随后，安徽省扶贫进入新的时期。安徽省确立了岳西、金寨等 17 个国家级贫困县，歙县、绩溪等 5 县为省级贫困县。对扶贫采取的主要措施：一是适度增加财政扶贫资金；二是加强和改善贫困地区基础建设；三是扶贫开发重心下移，项目和资金进乡到村，效益到户，四是集中打攻坚战，重点是深山区、库区；五是组织动员社会力量参与扶贫；六是引用和利用外资扶贫开发等。"八七"扶贫期间，国家在安徽省投入扶持资金 55.36 亿元，省级配套资金 3.75 亿元，银行及省直部门配套 20.1 亿元，县配套 1.8 亿元，七年中累计投入扶贫资金 87.52 亿元，利用外资约 3.2 亿元。七年中安徽省 17 个国家级贫困县共获得三类资金 43.73 亿元。扶贫取得成效，贫困人口减少，贫困县农民收入显著增加。

此后进入开发式扶贫阶段。安徽的做法，一是扶贫瞄准机制由县向村级转变，二是开展以工代账，整村推进，三是广泛动员社会力量扶贫，四是加强劳动力培训等。这个阶段主要是改变农业生产条件和增加农民收入两个重点，坚持开放开发的扶贫方针，扶贫事业取得很大成效，5 年中贫困人口减少 174.67 万人。

（二）实行精准扶贫

2013 年 11 月，习近平总书记到湖南湘西考察，针对扶贫工作中存在的针对性不强、效率不高的问题，首次明确提出"精准扶贫"，对扶贫户的识别、精准帮扶、精确管理等治贫方式明确了要求。自此精准扶贫成为扶贫工作的指导方针。

2015 年 12 月，安徽省委、省政府发布坚决打赢脱贫攻坚战的决定，明确提出精准扶贫、精准脱贫的目标，按照"确保农村贫困人口实现脱贫，确保贫困村摘帽，解决区域整体贫困"的总要求，实行"三年集中攻坚，两年巩固提升，到 2018 年全省总体达到脱贫标准，到 2020 年现行标准下农村人口全部脱贫，稳定实现不愁吃，不愁穿，义务教育、基本医疗和住房安全得到保障，基本公共服务主要领域指标接近全省平均水平，贫困县脱帽"。

在精准扶贫思想指导下，安徽省在实践中创造出许多好的经验。如在总结一些地方扶贫经验基础上，提出以园区带动、企业带动、种养大户带动、农民合作社带动和贫困户自主种养的"四带一自"的产业发展模式。产业扶贫努力做到"村有当家产业，户有致富门路，人有一技之长"。产业扶贫在全省各有不同的做法，均取得明显的成效。如临泉县累计投入扶贫资金 26 亿元，实施项目 1000 个，带动 46 个贫困村成功出列、14.6 万贫困人口增收脱贫。

产业扶贫还是"造血"工程，国企民营参与不仅带来了资金、技术，也带来了先进的观念。巢湖市槐林镇渔网特色扶贫产业惠及贫困户 53 户，适应了市场经济的起伏变化，2018 年实现整体脱贫目标。

健康扶贫是精准扶贫又一亮点。安徽在全国率先出台《关于健康扶贫工程的实施意见》，针对许多家庭因病就医而带来的负担成为贫困户，制定脱贫兜底保障政策和慢性病门诊补充医疗保障政策，减轻了看病就医负担，取到很好效果。

岳西县是精准扶贫的一个典型事例，先后八任省委书记接力帮扶实现脱贫。1985 年岳西被列为国家级贫困县，1989 年时任省委书记卢荣景深入岳西调研，决定把岳西作为自己的扶贫联系点。此后，安徽省委主要领导连续把岳西作为自己的扶贫联系点。针对这里是全山区县的特点，大力提倡种植高山蔬菜、水果、茶叶等，产品销往合肥、武汉等地，农民群众实现了脱贫。经过近三十年的倾情帮扶，改变了岳西发展面临的瓶颈问题，使岳西发生了翻天覆地的变化。2018 年全县摘掉了贫困帽子。岳西县的成功实践也带动了全省的扶贫工作。

第十一章
提升软实力：文化体制
改革的"安徽现象"

一、安徽文化体制创新的探索与成效

深化文化体制改革，加快文化建设，是党的十六大作出的重大战略部署。2003 年 6 月，中央启动文化体制改革试点工作，安徽省委、省政府从中国特色社会主义事业总体布局的高度，深刻认识到文化改革发展对安徽小康社会建设的重大意义，2005 年年初选择 2 个市、2 个省直文化单位自主试点。2006 年 7 月，扩大试点范围，以点的突破带动面上改革。2009 年 10 月，下达改革"任务书"，全面提速，集中攻坚，2010 年 6 月在全国率先完成阶段性重点任务，实现了文化广电新闻出版"三局合一"；完成了 15 家出版社、84 家新华书店、85 家电影公司、86 家电影院、62 家演艺剧团转企改制工作，报业、出版、发行、演艺、广电集团相继成立，文化企业龙头阵容形成。2012—2013 年，进一步巩固提升改革成果，加速推进非时政类报刊出版单位转制。十年改革成效巨大，创造了非试点省份走在全国前列的"安徽现象"。

（一）创新文化改革发展政策体系

全省加强统筹协调，相关部门围绕文化体制改革难点问题，在中央政策框架基础上，结合安徽文化发展实际，出台了《中共安徽省委、安徽省人民政府关于支持文化体制改革、促进文化产业发展的若干规定》《中共安徽省委、安徽省人民政府关于加快建设文化强省若干意见》《中共安徽省委办公厅、安徽省人民政府办公厅印发〈关于加快推进文化科技融合发展的实施意见〉的通知》和《中共安徽省委办公厅、安徽省人民政府办公厅印发〈关于加快文化产业发展的若干政策意见〉》等二十多个配套政策，对国资、税收、土地、社保、人员分流安置、机构编制等作出明确规定，形成比较完善的文化政策体系。安徽省出台的文化政策主要分为专项性和综合性两大类。在国有文化资产管理方面，规定转企单位在改制确定的资产评估基准日之前形成的不良资产，经财政部门审批后，可从净资产中核销。在土地方面，明确转企改制涉及的土地，原划拨土地使用权处置，凡属于公益性文化设施用地的，继续保留行政划拨方式。在职工安置方面，提出按照"老人老办法、新人新制度、中人平稳过渡"的原则，妥善操作，符合条件的可办理提前退休手续，享受事业单位退休待遇。在社保方面，规定原有正常事业费差额补助转制单位的离退休人员，其养老金待遇按全额拨款事业单位的待遇解决。在财政投入方面，省市财政安排文化产业发展专项资金，采用贴息、补助等方式支持文化产业发展。设立省级文化强省建设专项资金和安徽文化产业创业投资基金。企业转制后原有的事业费由财政继续拨付，总量不减。省直演艺院团演出场次补贴，每场增加 5000 元，由省财政拨付。在机构编制上，立足工作需要，因事定编，特事特办，为全省文化市场综合执法机构一次性增加 500 个编制。在人才政策上，规定凡获得国家"四个一批"人才和"万人计划"等国家级重大奖项的，省里实行配套奖励。设立安徽省荣誉制度，实施"六个一批"拔尖人才工程、"安徽文化名家"工程和"青年英才"扶持工程。对基层文化队伍建设，规定每个乡镇综合文化站（中心）要有 1~2 个编制，实施建立文化辅导员和文化志愿者制度，等等。这些政策措施，为文化改革发展创造了有利条件，提供了有力保障。

（二）增强国有文化单位活力

坚持把经营性文化单位转企改制作为改革中心环节、作为衡量改革实现突破的重要标志，按照"创新体制、转换机制、面向市场、壮大实力"的要求，推动全省出版、发行、电影生产发行放映、演艺院团、重点新闻网站等领域 439 家经营性文化单位完成转制，核销事业编制超 2.2 万个，培育了一批有实力、有活力的文化市场主体。实施文化企业龙头战略，积极推动文化资源向优势企业集中，成立省属报业、出版、发行、演艺、广电五大龙头集团，形成文化产业领军阵容，省属文化企业经营性资产由改革前不足 30 亿元增加到三百多亿元，2013 年实现营业收入 254.08 亿元、利润总额 14.92 亿元。安徽出版集团、安徽新华发行集团多次入选"全国文化企业 30 强"。积极探索新闻媒体宣传与经营"两分开"，省市党报党刊、广播电视台剥离影视剧、广告经营等业务，成立一批面向市场的专业公司。

（三）提升公共文化服务水平

牢固树立文化民生理念，大力实施文化惠民工程，以项目化手段、工程化措施发展文化事业。一是深入推进公益性文化事业单位"三项制度"改革。引入竞争和激励机制，制定工作评价机制和绩效考核办法，建立了责任明确、行为规范、富有效率、服务优良的公共文化服务运行机制。二是创新文化产品创作生产机制，大力实施精品工程。仅 2012 年安徽就有 152 部作品获全国性大奖，其中6 部作品荣获第十二届全国"五个一工程"奖。"江淮情"大型演出、"中国农民歌会"等成为富有特色的知名文化品牌。三是创新公共文化服务机制。马鞍山市通过创建国家公共文化服务体系建设示范区验收，铜陵市城市文化社区建设项目、淮南市少儿艺术发展

中国农民歌会

项目也通过创建国家公共文化服务体系示范项目验收。安庆市成功入选全国公共文化服务体系建设示范区（第二批）创建名单，探索经济欠发达地区公共文化服务的新路径。全省公共图书馆 100 个，乡镇（街道）综合文化站 1410 个，全省文化馆、图书馆、博物馆、纪念馆等全部免费开放。建成文化信息资源共享工程省级中心 1 个，市级支中心 9 个，县级支中心 105 个，基层服务点 27874 个。建成农家书屋 18952 个，提前三年实现行政村全覆盖目标。农村公益电影放映 185 万场次，观影人次达 3.7 亿人次，实现"一村一月放一场电影"目标。在 2013 年 20 个"农民文化乐园"建设的基础上，2014 年全省"农民文化乐园"增加到 100 个，将选择 30 个一级乡镇综合文化站开展乡镇综合文化服务中心建设试点工作。

（四）推动文化可持续发展

安徽拥有世界文化遗产 2 处，中国历史文化名城 5 座，中国历史文化名街 3 条。全省不可移动文物点 26397 处，全国重点文物保护单位 56 处，省级文物保护单位 628 处。建立国家、省、市、县四级非物质文化遗产名录体系。宣纸入选联合国教科文组织命名的世界非遗名录，《桐城歌》《五河民歌》《花鼓灯》《黄梅戏》《凤阳花鼓》《华佗五禽戏》《望江挑花》《徽州三雕》《抬阁》等 60 项入选国家级非遗项目，《包公故事传说》《孔雀东南飞传说》《铜陵牛歌》《跳钟馗》《泗州戏》《磬石雕刻》《豆腐传统制作技艺》等 273 项入选省级非遗项目。各地合理开发传统文化资源，建立了徽文化生态保护试验区以及历史文化街区、文化产业园区，利用文化资源促进区域旅游和文化发展。

（五）促进文化产业快速发展

把发展文化产业作为转方式、调结构的重要抓手，落实文化产业振兴规划，催生新型文化业态，安徽省文化产业增加值增速连续 6 年保持在 20% 以上。2013 年全省文化产业增加值 844.95 亿元，占全省 GDP 比重的 4.44%，比上年增长 0.29 个百分点。一是实施重大项目带动战略。加强重大文化项目、文化园区（基地）等载体建设。安徽安美置业投资发展集团、安庆市五千年工艺美术有限公司、黄山市屯溪老街、桐城市佛光铜质工艺品有限公司、蚌埠光彩投资有限责任公司、中国宣纸集团公司、芜湖方特欢乐世界有限公司、安庆帝雅艺术品有限公司、安徽演艺集团有限责任公司等入选国家文化产业示范基地。芜湖方特非遗文化游乐园、池州九华山大愿文化园、黄山徽文化艺术长廊、宣城中国宣纸文化产业园、亳州老子文化生态园、安徽出版集团数字印刷文化产业园、蚌埠星宇文化创意产业园、滁州中国文具产业示范园、合肥国家级文化和科技融合示范基地以及芜湖国家级动漫产业基地等 10 个园区入选首批省级文化产业示范园区（基地）。二是培育文化新兴业态。出台文化与科技融合发展意见，推动数字出版、数字多媒体等新兴业务加快发展，合肥、芜湖成功入选国家级动漫基地、数字出版基地，合肥入选首批国家级文化和科技融合示范基地，全省 24 家动漫企业通过国家认定，总数居全国第 5 位、中部第 1 位，《十二生肖》等一批动漫产品畅销海内外，芜湖方特欢乐世界成为我国第四代主题公园的标志。三是建立现代文化市场体系。打破条块分割、地域壁垒，积极发展文化产品市场和要素市场，组建省文化产权交易所和版权交易中心，成立以来累计交易额近 5 亿元。时代出版、皖新传媒、科大讯飞、黄山旅游、山鹰纸业 5 家文化企业成功上市，安徽广电传媒集团与中科招商合作，发起总规模 50 亿元的股权投资基金，成为全国广电系统首支大型文化产业基金。2013 年，全省城镇居民平均文化消费支出 739.62 元，占消费性支出比重为 4.54%；农村居民平均文化消费支出 376.7 元，占消费性支出比重为 6.58%。四是大力推进文化"走出去"。入围国家文化出口重点企业 24 家、重点项目 7 个，居全国第 6 位、中部第 1 位。2013 年全省核心文化产品出口额为 6.1 亿元，居全国第 11 位。全省文化产品和服务输出到 168 个国家和地区，安徽出版集团在北京国际书博会上输出版权连续 7 年居全国第 1 位，在上海自由贸易区成立全国第一家"境内关外"出版文化企业。安徽演艺集团创作编排的杂技剧《美丽的梦》在德国巡演两百余场。五是文化品牌建设成效显著。全省国家文化类驰名商标总量达到 6 件，省级文化类著名商标 98 件。全省建成和在建的文化园区（基地） 52 个，入园企业 2065 家，1592 个文化项目进入省"861"重点项目库。6 家企业入选国家文化产业示范基地，10 个园区入选首批省级文化产业示范园区（基地）。

（六）逐步理顺文化管理体制

按照政企政事分开、管办分离要求，科学确定文化行政管理部门职能，基本实现新闻出版、广电系统局社分开、局台分开。2014 年新成立安徽省新闻出版广播电影电视局。大力推进文化市场综合执法改革，将文化、广电新闻出版等有关行政执法队伍调整归并，所有市县均成立了文化市场综合执法机构，并为全省文化市场综合执法机构一次性增加 500 个参照公务员管理事业编制，从体制上解决了多头多层执法、管理错位缺位不到位等问题，提高了文化市场管理的法制化、规范化和科学化水平。加强文化领域行业协会和中介组织建设，在提供文化中介服务、活跃文化市场、规范行业行为等方面发挥了重要作用。

通过多年来的改革实践，全省上下进一步加深了对社会主义市场经济条件下文化体制改革和文化发展规律的认识，逐步形成和完善了新的文化发展理念，积累和丰富了一些经验和体会。一是必须坚持解放思想、更新观念，切实增强改革意识、发展意识和竞争意识，以"等不起"的紧迫感、"慢不得"的危机感、"坐不住"的责任感，不断冲破旧有观念束缚，以思想大解放、观念大更新推动改革的新突破、开辟发展的新境界。二是必须坚持党的领导，实施"一把手"工程，做到领导重视到位，党政领导不仅要亲自挂帅、亲自推动，既当改革的倡导者、决策者，又当改革的组织者、实践者，形成"一把手"亲自抓、负总责的工作格局。三是必须创新思路举措，围绕文化改革发展的任务书、时间表和路线图，加强战略研究和规划，创新顶层制度设计，在总体目标和基本要求上坚定不移，在具体政策、举措和路径上因地制宜，根据发展基础和发展阶段重点突破。四是必须坚持真改真革，在总体目标和要求上坚定不移，在具体政策、途径和办法上要敢走前人没走过的路，干别人没有干过的事，只要符合中央精神，符合改革方向，符合发展规律，看准了的就大胆试，认定了的就大胆干，走突破传统、超越自我、赶超他人的跨越之路。五是必须坚持以人为本，充分尊重群众的主体地位和首创精神，认真听取他们的意见和建议，切实维护他们的基本权益和切身利益，激发他们的主动性和创造性，让人民群众成为文化改革发展和成果分享的主体。

二、安徽农村公共文化建设新路径

　　文化建设是全面建成小康社会的重要任务和目标，全面建成小康社会，文化建设不能缺位。全面建成小康社会的重点难点在农村，文化建设的重点难点也在农村。安徽是一个农业大省，"十一五"以来，虽然进入快速发展的新阶段，但工业化、城市化、城镇化水平仍然低于全国平均水平。2010年全国第六次人口普查统计数据显示，全省6862.0万户籍人口中，常住人口为5950.1万人，全省居住在乡村的人口3391.0万人，约占全省常住人口总数的56.99%，每年有1300万青壮年农民外出务工经商，常年在外的农村劳动力达911.9万人。安徽农村公共文化建设不仅与发达地区和城市存在巨大落差，而且与农民的公共文化消费需求存在明显不适应，加快农村公共文化建设时间紧迫、任务艰巨。农村文化惠民工程响应农民群众的精神文化需求，2004年7月，作家金兴安在家乡定远县蒋集乡创办了全国第一家"农家书屋"（图书全系捐赠），起到了率先垂范的作用。2007年，安徽在部分市县开展农家书屋建设试点，2008年起在全省全面实施农村文化惠民工程，2009年8月，安徽省委、省政府出台《关于加快建设文化强省的若干意见》，把农村文化惠民工程列入文化强省建设重要任务和省级民生工程，工程进度大大加快，到2012年提前实现全省文化惠民工程全覆盖。

（一）农家书屋建设率先推进

　　"十一五"期间，安徽在全省推进包括农家书屋、乡镇综合文化站、广播电视村村通、文化信息资源城乡共享工程和公益电影放映、送戏下乡等 6 项农村文化惠民工程建设，以改善农村公共文化供应状况，解决农民的"读书读报难""看电视听广播难"和"看电影看戏难"，满足农民的基本公共文化消费需求。2012 年，农家书屋、乡镇综合文化站、广播电视村村通、文化信息资源城乡共享工程建设全面完成，公益电影放映、送戏下乡也按期完成年度任务。

2007 年，安徽在部分市县启动农家书屋建设试点，当年建成 105 家；2008 年在全省全面实施农家书屋工程；2009 年农家书屋建设列入省政府民生工程，2008—2010 年的 3 年时间里，平均每年建成农家书屋 3000 家，到 2010 年年底，全省建成农家书屋 9105 家，约占全省行政村总数的 60%，服务对象覆盖了全省 50% 左右的农村居民。"十二五"以来，农家书屋建设明显加快，2011 年建成农家书屋 6924 家，是前 3 年年均建成数的 2 倍多，累计建成农家书屋 15924 家，约占全省行政村总数的 85%，2012 年，完成剩余 2923 个村农家书屋建设，提前 3 年实现农家书屋建设全覆盖。这些农家书屋都按国家新闻出版总署要求，配备了 1500 册图书、30 ~ 40 种报纸杂志和书橱、桌椅，有的还配置了电脑，农民可以足不出村，方便地借阅图书报刊。

安徽地跨长江淮河，南北自然地理、人口密度差异很大，所辖 17 个市（包括 2011 年撤销的地级巢湖市）的经济发展、城市化水平参差不齐，发展农村文化事业如同负重爬坡，经济发展较为滞后、人口密度大、城市化程度低的大别山地区和皖北地区面临的财政压力更大，但各地重视文化建设，克服困难，加大投入，实现了全省农村文化惠民工程全面推进、均衡发展，马鞍山、宣城、宿州

3市和一批县（区）率先完成农家书屋建设任务，提前实现了农家书屋境内全覆盖，尤其是地处皖北、经济欠发达的宿州市在农村文化建设上走在全省前列，说明了文化建设虽然必须以经济建设为基础，但文化建设具有相对独立性，可以适度超前发展并成为经济建设、政治建设、社会建设的重要条件。宿州能够办到的事，其他地方也应该能够办得到，关键在于提高认识，真抓实干。

下面以重点调查的含山、青阳等5县加以说明安徽农村文化建设情况。含山县的农家书屋建设进度走在全省前列，提前完成"十二五"规划建设任务；凤阳、青阳农家书屋的建设标准、覆盖面积和服务人口，都超过全省平均水平；地处江淮分水岭的长丰和农业人口大县的颍上，其农家书屋建设进度也赶上了全省平均水平，印证了安徽农村文化惠民工程建设平衡、有序和均衡发展。

（二）做好农村文化惠民工程

农村文化惠民工程不光要建，更重要的是要用。这些年来，各级财政为农村文化惠民工程投资，以农家书屋工程为例，每个农家书屋投资2万元（不包括村里提供的房屋场地），全省投入3.79亿元，其中县级财政投入近0.95亿元配套补贴费用，对于依靠财政转移支付的农业大县来说，这是一笔不小的开支。发挥农村文化惠民工程的作用，提高实施效益，是关乎农村文化惠民工程可持续发展的重要问题。通过问卷调查、实地考察和召开小型座谈会，我们发现各地农村文化惠民工程大都运营正常，受到农民欢迎，但从文化惠民工程项目的相互比较看，不同工程项目的运营状况、受欢迎程度和实施效益，还是有明显差距的。

广播电视村村通。广播电视村村通建成后由安广网络公司收取收视费、负责日常维护，运行最为正常。据凤阳县广播电视局同志介绍，2006 年实施广播电视村村通之前，全县有 322 个自然村是广播电视信号"盲村"，接收不到数字广播电视信号，农民在家里无法听广播、看电视，勉强能看到电视的，也是信号模糊、声音不清，节目频道少，一般只有 5～6 个频道；实施广播电视村村通以后，采用光缆连接或安装小型卫星接收器，不仅偏远地区都能看到电视，而且音像清晰、节目丰富，有 30 多个频道可供选择。随着农民收入增加和国家实行家电下乡补贴政策，农户的彩电普及率近100%，看电视成了农民最主要的业余文化生活，广播电视村村通成为最受农民欢迎的文化惠民工程。

乡镇综合文化站。2008 年以来，中央、省、市县投入 5.22 亿元，完成 1305 个乡镇综合文化站建设任务（其中列入省民生工程的 1240 个、省级增投安排 65 个），实现了"乡乡有站"的目标。各地狠抓建、管、用三个环节，在全国率先开展乡镇综合文化站等级评定工作，2010—2012 年，全省分 3 批评定等级站 1121 个，其中一级站 273 个、二级站 400 个、三级站 448 个。等级站占乡镇综合文化站总数的 79.50%、占民生工程项目总数的 90.40%，反映出安徽乡镇综合文化站建设标准高，配置到位，服务能力强。这些乡镇综合文化站建成后，利用农闲、逢年过节，开展群众喜闻乐见的文化体育活动；有的在寒暑假期间，开放面向中小学学生的活动室，成为留守儿童的"第二课堂"。但乡镇综合文化站没有固定的财政经费保障，开展活动全靠乡镇领导喜好或者向当地企业"化缘"，影响乡镇综合文化站正常开放。2012 年起，乡镇综合文化站免费开放纳入民生工程，每年有 5 万元财政补贴，彻底改变"无米之炊""等米下锅"的状况，基本上能够正常开放。

　　农家书屋。农家书屋建成后，各级新闻出版局定期举办业务培训和读书演讲比赛等活动，扩大农家书屋的影响。农家书屋提供免费图书报刊借阅，受到农民尤其是农村中小学生的欢迎，但缺乏后续经费支持，导致农家书屋图书陈旧，2012年实行村级文化建设专项补助，图书更新难得到缓解。

　　城乡文化信息资源共享工程。文化信息资源共享工程由安徽省文化厅直接招标采购，将设备下发到县级支中心和乡（镇）村服务点，但需要项目单位提供房舍和管理人员。各地文化信息资源共享工程设备的使用状况不一，有的在阴雨天或假期，利用投影设备，为中老年农民和中小学生放映老电影，进行革命传统和爱国主义教育；有的利用上网设备，通过互联网帮助农民寻找科技、经济信息，成为农民致富的好帮手。

　　数字电影下乡。各地虽然按计划完成每个行政村每月放映一场电影的任务，但实际到场看电影的农民稀少，这中间既有电视普及对电影市场的冲击，农民居住分散和大量青壮年农民外出务工、观众流失的原因，也有影片老旧、看电影条件差和放映成本居高不下的原因。政府给予每场100元的放映补贴（2011年前），2012年以后提高至200元。

　　送戏下乡。2013年以前，送戏下乡作为"文化三下乡"活动的内容，大多数农民只是听说而没有亲眼看过。我们针对1550户农民公共文化消费需求状况进行调查，在1467份有效问卷中只有253人看过戏（文艺演出），占调查对象的17.2%，其余1214人一年中从未看过戏（文艺演出），占调查对象的80%以上。调查的5县中，只有青阳和长丰两县农民看过戏（文艺演出）的比例达到30%，颍上、含山在10%左右，凤阳看过戏（文艺演出）的比例不足 2%，几乎是可以忽略不计。农村戏剧演出市场衰落萧条，其中原因除了农民居住分散和青壮年农民外出务工、观众流失以外，主要还与前些年市、县国有和集体戏剧团体陷入困境、农民业余宣传队解散、人才流失、新的民营演出团体发展滞后有关。

（三）农村文化惠民工程群众满意度高

"人民群众满意"是衡量我们一切工作的最高价值标准，也是改进农村文化惠民工程建设管理，提高农村文化惠民工程实施效益的基本依据。在《安徽农村文化惠民工程建设实施效益研究》的调查中，专门设计了农民对农村公共文化供给状况和对农村文化惠民工程满意度的选项，从静态和动态两个方面考察对农村文化建设的评价。

关于农村公共文化供给状况的评价。数据显示，农民对农村公共文化供给状况的总体评价低于我们的期待。在受调查的 1467 人中，表示满意的 312 人，占总数的 21.3%；表示基本满意的 638 人，占总数的 43.5%；两者相加为 950 人，占受访人总数的 64.8%。表示不满意的有 442 人，表示很不满意的有 43 人，两者之和为 485 人，占受访人总数的 33.1%。这种评价结果说明农村公共文化体系建设和农村公共文化供给状况之间存在差距，农村公共文化服务体系运营水平有待提高。农民解决温饱后，进入了消费需求升级的新阶段，对当下农村公共文化供给状况不满意，表明农民对丰富精神文化生活的新期待。党中央、国务院重视包括文化惠民工程在内的农村文化建设，是对农民群众新期待的热切回应，大力发展农村公共文化事业，提升农村公共文化产品和服务的供给能力，保障和实现农民群众基本的文化权益，恰逢其时，大有作为。

关于农村文化惠民工程的评价。调查数据表明，农民群众对正在实施的农村文化惠民工程在总体上是认可的。在受访的 1467 名农民中，评价农村文化惠民工程实施情况好的 266 人，评价一般的 902 人，肯定和基本认可农村文化惠民工程的人达 1168 人，约占总数的 79.6%；认为实施农村文化惠民工程流于形式、劳民伤财的有 247 人，占受访人总数的 16.8%；对农村文化惠民工程未置可否的 52 人，占受访人总数的 3.5%。在调查 5 县中，只有颍上县农民对正在实施的农村文化惠民工程的认同度偏低，原因在于颍上县乡（镇）均人口多，按标准建设的乡村公共文化设施的容量和服务能力无法满足农民的精神文化生活需求。

事实表明，广大群众对实施农村文化惠民工程的满意度远高于对当下农村公共文化供给状况的评价，农民对党委政府重视文化建设，特别是注重城乡统筹，大力推进城乡一体的公共文化服务体系建设给予积极的评价，农民群众对农村文化惠民工程建设是拥护和支持的；同时我们也注意到，农民对当下农村公共文化供给状况不满意的达到 33.1%，对正在实施的农村文化惠民工程不满意度仍有 20.3%，其中不乏"形式主义"和"劳民伤财"的尖锐批评。倾听农民的呼声，从农民的批评中发现农村文化惠民工程建设和管理的不足，想方设法把农民的实事办好，开展农民文化乐园和乡镇综合文化中心试点，打造农村文化惠民工程"升级版"，已成为十八大以后安徽探索农村文化建设的重点。

三、重点夯实县域公共文化体系基础

党的十八大从实现"两个一百年"奋斗目标的高度，提出建设社会主义文化强国的战略任务。在贯彻十八大精神的过程中，安徽省委、省政府深入调研，集思广益，在听取广大农民和基层文化工作者意见的基础上，加强农村和贫困地区的公共文化服务体系建设，开展农民文化乐园和乡镇综合文化中心建设试点，创建省级公共文化服务体系建设示范县，加快县域特别是贫困地区公共文化服务体系建设，实现城乡公共文化服务标准化、均等化，开创了安徽农村公共文化服务体系建设的新局面。

（一）建设农民文化乐园

2013 年年初，在贯彻党的十八大精神，开展群众路线教育实践活动中，中宣部、文化部将推进公共文化服务标准化、均等化确定为城乡公共文化建设的重点任务。同年 3 月，安徽省委宣传部、文化厅、广电局、新闻出版局负责同志深入大别山深处的金寨县南溪镇，调查了解乡镇和行政村两级公共文化服务现状，问计于农民和基层文化工作者，寻找加强乡镇基层公共文化服务的良策，提出在全省农村开展农民文化乐园建设试点。同年 5 月，试点工作《实施方案》报经省委省政府批准同意，在六安、合肥、淮北、黄山、宣城、马鞍山 6 市 11 县 20 个美好乡村中心村，启动农民文化乐园建设试点。试点工作中，省市县乡（镇）村五级联动，相关部门全力配合，试点村干部、群众和基层文化工作者共同努力，截至2014 年 4 月底，20 个省级试点村的农民文化乐园全部建成投入使用。

潜山市黄铺镇黄铺村农民文化乐园

农民文化乐园建设试点的基本做法。安徽以农民文化乐园建设试点为抓手，填补村级公共文化服务网点空白，消除农村公共文化服务"最后一公里"梗塞，探索在村一级推进公共文化服务标准化、均等化的具体路径。

选准突破口。发展公共文化服务，根据我国国情和治理历史，需要建设城乡一体、以县城为中心、乡镇为分中心、行政村为支点的县域公共文化服务网络，不同层级的公共文化服务机构应根据自身在网络中的地位和覆盖范围、服务人口，界定规模、功能和服务内容，相互补充，错位发展。作为县域公共文化服务网络的基础和服务终端，村级公共文化服务网点最为薄弱，实施农村文化惠民工程后虽有了一间农家书屋，但功能单一、缺钱少人，弱势地位没有根本改变。"基础不牢，地动山摇"，建设农民文化乐园，就是强化公共文化服务体系最薄弱的环节，夯实县域公共文化服务网络的基础，这种依据"木桶原理"，在工作指导上的"反弹琵琶"思路，对加快公共文化服务标准化、均等化有着事半功倍之效。

因地制宜。农民文化乐园强调功能配置标准化，鼓励各地从实际出发。建设布局上，尽可能集中规划，一园多用，打造文化综合体，在山区和土地特别紧张的地方，也可众星拱月，分散建设，一园多点；工程建设上，以"改扩建为主、新建为辅"，整合村级宣传文化资源，充分利用现有场地设施，不搞大拆大建；建设规模上，大村有大的气派，小村有小的精致，强调适中适用，预留发展空间，避免形象工程、闲置浪费；建设形式上，文化乐园既可单独建设，也可以与便民服务中心、村部等联合建设，地处乡镇所在地的试点村农民文化乐园，则与乡镇综合文化中心合二为一，共建共享。

农民主体。农民文化乐园为谁建、谁来建、怎么建？各地在试点过程中始终坚持农民主体地位，通过媒体、会议、宣传栏等，把农民文化乐园建设目的、基本布局和功能定位宣传到位，提升村民认同感；农民文化乐园建设方案从建设选址、建筑风格、功能布局到"墙上展什么、室内摆什么，群众看什么、进园干什么"，都征求村民意见、集思广益；建立由村民代表和老干部、老教师、乡土文化能人组成的农民文化乐园建设理事会，全程参与农民文化乐园的谋划和建设管理。

有序推进。农民文化乐园建设试点采取主动申报、先试再推、有序推进、滚动发展的方式进行，2013年5月确定6市20个中心村为第一批省级试点，11市25个县（区）参照省里标准，自行确定83个行政村进行同步试验。2014年4月，在完成第一批农民文化乐园建设试点验收的基础上，全省确定83个中心村作为第二批省级农民文化乐园建设试点，试点范围扩大到全省 16 个市。2015
年全省确定 200 个中心村作为第三批省级农民文化乐园建设试点，
试点范围覆盖到全省所有县区。到"十二五"末，全省共建成省级
农民文化乐园 503 个，建成市、县级农民文化乐园一千余个。2016
年，安徽以皖北、大别山和国家级贫困县为重点，选择 239 个中心
村作为第四批省级农民文化乐园建设试点，使省级农民文化乐园建
成数超过 500 个，在这个基础上，再用两年时间实现省级美好乡村
中心村农民文化乐园建设试点全覆盖。这种试点先行、稳步推进，
避免了急于求成、一哄而起的"文化大跃进"。

农民文化乐园建设带来的四大变化：

硬件建设标准化。围绕"农村基层公共文化服务体系的基本平
台、思想道德科学文化建设的主要阵地、新时期农民群众的精神
家园"的建设目标，各试点村按照"一场（综合文体广场）、两堂
（讲堂、礼堂）、三室（文化活动室、图书阅览室、文化信息资源
共享工程室）、四墙（村史村情、乡风民俗、崇德尚贤、美好家园
墙）"的硬件设施建设标准，采取新建、改扩建的办法，打造功能
配置适度超前的村级公共文化服务综合体。

服务内容多样化。以农民文化乐园为依托，整合散落在行政村
一级的公共文化服务资源，提供包括戏剧文艺演出、广播电影电
视、书报阅览、上网、政策法律科技培训等多样化服务，改变资源
分散、内容单一、吸引力差、利用率低的状况，有效满足不同群体
的公共文化消费需求。特别是在内容建设中突出社会主义核心价值
观教育，通过整理村史村情、乡风民俗，挖掘本土优秀文化遗产，
宣传展示当地先贤名人、好人好事、道德模范，留住乡愁，亲切感
人，以浓郁乡土文化将服务农民和引导农民结合起来，发挥公共文

化服务"以文化人"的教化功能。

文化活动常态化。加大以政府为供应主体的农村公共文化产品和服务总量，坚持"送文化"与"种文化""养文化"并重，发现培养乡村文化能人，发挥乡村文化工作者、退休干部教师和文化活动积极分子的作用，组织文化志愿服务队、农民文艺演出队、体育锻炼健身队等，能人带动，兴趣引导，开展适应农村特点和农民文化消费偏好的文娱和健身活动，将短期集中服务与常年自娱自乐结合，大戏每年看、电影月月放，广播村村响、电视户户通，书屋常年开、上网真自在，文体活动天天有，男女老少乐开怀。农民文化乐园不仅"建起来"，还真正"用起来""转起来"，使农村居民"乐起来"。

保障措施制度化。在农民文化乐园试点中，安徽用制度建设解决农村基层公共文化服务体系建设中的人才缺、资金难的问题。一是设立文化乐园管理员，纳入大学生"三支一扶"计划，建立群众文化辅导员、志愿者、文化骨干和热心人组成的农村基层文化建设基干队伍。二是加大资源整合和资金投入，将农民文化乐园纳入美好乡村和村级公共服务设施建设整体规划，按部门隶属关系分头申报村级文化项目，在农民文化乐园平台上集中建设，实行资源共享、高效利用。设立农村文化建设专项补助，由各级财政按比例负担，每村每年1.2万元，保障村级基本公共文化服务的最低资金需求。

（二）打造乡镇综合文化中心

乡镇综合文化站是我国农村公共文化服务的主要阵地，建设乡镇综合文化中心就是打造乡镇综合文化站的"升级版"。2013年，安徽着手谋划乡镇综合文化站"升级"工程。2014年，乡镇综合文化中心建设列入省级民生工程和政府工作要点，采用乡镇自行申报，县、市主管部门推荐的办法，要求符合以一级乡镇综合文化站为主，设施完善、布局合理，拥有品牌服务项目，投入保障机制较为完善，运行管理制度健全、服务规范，拥有一批文化人才队伍，方便群众使用、利于群众共享等条件。经过评审批准，合肥市大圩乡、马鞍山市太白镇等30个乡镇取得试点资格，正式启动综合文化中心建设试点。

　　提升综合功能。针对现有乡镇综合文化站资源短缺、功能较单一、保障不足的现状，安徽省制定了《乡镇综合文化服务中心试点工作方案》，要求试点乡镇综合文化中心的建设规模在100平

欢腾花鼓

方米以上，设立县级图书馆乡镇分馆、综合性文体广场、科普活动厅、青少年综合服务室、乡镇志书编纂室等一系列公共文化设施，具备开展教育培训、文体活动，编写乡镇志书，组建群众文化辅导员、社会体育辅导员、科普辅导员等志愿者队伍等功能，打造普及科技知识、传播精神文明、促进和谐幸福的综合平台，提高综合服务能力。

突出资源整合。乡镇综合文化服务中心试点以改扩建为主、新建为辅，在现有乡镇综合文化站的基础上，整合乡镇宣传文化、党员教育、科学普及、体育健身等基层设施资源，实现场所、设施、资金、项目、人力等资源共建共享、互联互通；统筹文化、新闻出版、广电、体育、科技等相关项目资金，引导社会力量参与，打造统一高效的乡镇综合文化服务平台；探索组建乡镇综合文化服务中心理事会，鼓励社会力量参与管理使用。

建立协调机制。乡镇综合文化服务中心试点建设由市、县两级文化主管部门进行业务指导，有关乡镇党委、政府具体领导并实施。试点中，试点所在的乡镇党委政府重视乡镇综合文化中心建设，精心设计《乡镇综合文化中心建设试点实施方案》，既按省制定的统一标准、路线图与时间表完成规定动作，又结合本乡镇实际有所创新，力求"一乡一品"。加大人力、财力投入，将试点建设经费列入乡镇刚性财政预算，省文化厅用以奖代补方式给予支持，抓紧为综合文化服务中心配备专职人员，组建文化辅导员、宣讲员、社会体育指导员、科普辅导员队伍和业余文化体育团队。县图书馆、文化馆"结对帮扶"，提供业务指导和公共文化资源共享，使得乡镇综合文化中心建设试点进展顺利，硬件设施、资源配置、服务能力和服务水平有明显提高。乡镇综合文化服务中心也将优质资源"流转"起来，带动周边农民文化乐园活动常态化，在县域公共文化服务网络中越来越发挥出"分中心"和"二传手"作用。

丰富活动内容。作为乡镇一级的文化阵地，乡镇综合文化服务中心继续免费开放，根据群众需求，因地制宜地开展丰富多彩的文化活动，还承担了组织部门的党员教育、宣传部门的文明创建、体育部门的健身和赛事、科技部门的实用技术培训、广电部门的村村通工程和电影放映等工作职能。此外，乡镇综合文化服务中心试点还承担着促进乡村特色文化发展的新使命，把保护传承非物质文化遗产、收集整理地方文献资料、编写乡镇志书作为一项重要任务。

创新机制体制。乡镇综合文化服务中心试点不是简单的资源投入、规模扩张，而是乡镇公共文化建设中的体制机制创新。建立省、市、县三级联席会议制度，完善协调推进机制。创新乡镇公共文化服务载体和运行机制，建立以县级公共图书馆为总馆、乡镇综合文化服务中心为分馆、村农家书屋为服务点的县域图书资源建设、流通、服务网络，突出资源整合，推进体系建设，实行县文化馆与乡镇综合文化服务中心"结对帮扶"、乡镇综合文化服务中心与农民文化乐园"串联结网"，实现乡村场所、设施、资金、人才、项目共建共享、互联互通。在公共文化产品和服务供给上，引入市场机制，围绕群众需求，搭建供需平台，建立群众评价和反馈机制，实行供需见面、农民"点单"、政府买单。在管理机制上，探索乡镇综合文化服务中心资产所有权、管理权、使用权分离，建立各部门相互监督、相互支持的管理服务机制；探索组建乡镇综合文化服务中心理事会，吸纳有关方面代表、基层群众参与管理，鼓励社会力量参与乡镇综合文化服务中心管理使用。

（三）创建公共文化服务体系建设示范县

2011 年，安徽省马鞍山市取得国家首批公共文化服务体系示范区创建资格。2012 年 5 月，在关于马鞍山市创建国家公共文化服务体系示范区调查研究的基础上，社科专家们提出在安徽"创建省级公共文化服务体系示范县区"的建议，获得省委和省政府领导的肯定性批示。2014 年 5 月，安徽省文化厅、财政厅联合发文，在全省启动省级公共文化服务体系示范县创建工作，金寨、宁国、含山等 12 县获得首批创建资格。一年多的创建工作进展顺利，给当地的公共文化服务体系建设和城乡居民的文化幸福指数带来了可喜的变化。

创建认识到位。示范区创建由县级人民政府申报、市级人民政府推荐和省文化厅、财政厅组织专家委员会评审，最终从三十多个申报单位中遴选出 12 个县获得示范区创建资格。申报地党委政府成立创建领导小组，组织工作班子，县（市）政府主要领导亲自宣读陈述报告，回答专家提问。示范区创建从一开始就列入党委政府议事日程，政府主要领导成为第一责任人，公共文化服务体系建设实现了"党委领导、政府主导，党委宣传部门牵头、文化主管部门承办、相关部门配合、社会力量多方参与"。时任含山县委书记曾说："发展公共文化服务，现在是人心所向、水到渠成；再不抓文化建设，就是失职失责，就不是合格的县委书记、县长。"过去文化部门找书记、县长汇报工作排不上队，现在书记、县长主动过问示范区创建的事。

创建思路清晰。省文化厅、财政厅根据安徽省实际情况，参照国家公共文化服务体系示范区的创建办法、创建标准，拟定了《安徽省公共文化服务体系示范县创建标准》，各地在申报过程中，集思广益，明确创建指导思想、基本原则、目标任务、重点工作、时序进度和保障措施。在取得示范区创建资格后，各地又修订《示范区创建规划 2014—2016 年》和《创建重点任务分解表》。对示范区创建谋划的科学化精细化，是多年来各项工作中所少见的。

创建任务明确。各地对照省里有关县级"两馆一院"（图书馆、文化馆和影剧院）、乡镇综合文化站、村文化活动中心（农民文化乐园）达标全覆盖的创建要求，"缺什么、补什么"，通过改扩建，使已有公共文化场馆的县实现了升级达标、提质增效，一些长期没有图书馆、文化馆的县，则开工建设综合性的文化艺术中心，确保在创建考核验收前投入使用。各地还重视基层公共文化服务设施建设，扩大投入、优化存量，增强基层的公共文化服务能力。通过两年创建，各示范县将建成城乡一体、县乡村三级设施网络布局合理的现代公共文化服务体系。

创建责任共担。创建示范区最大的好处，是将公共文化服务体系建设从文化主管部门的"部门工作"，上升为党委、政府负总责的社会工程，创建任务分解到部门，具体责任落实到个人，加上严格的考核督查机制，使得示范区创建有了"人人关心、个个参与"的良好氛围。"众人拾柴火焰高"，许多困扰公共文化发展多年的资金少、立项难问题迎刃而解，一批重大的公共文化服务设施开工建设，示范区创建开局良好，进展顺利。

创建成果惠民。全省首批 12 个省级公共文化服务体系示范县，约为全省 62 个县（不含省辖市的区）的 1/5。它们分布在 10 个省辖市，约占全省 16 个省辖市的 2/3。12 个示范县覆盖面积 20915.3 平方公里，约占全省总面积的 16%，其中面积最大的是金寨县，有 3814 平方公里。12 个示范县覆盖服务人口 630.03 万人，约占全省常住总人口的 10%，其中人口最多的是泗县，有 89 万人。示范区创建边建设、边受益，图书馆、文化馆、博物馆全部实行免费开放，公益数字电影放映、送戏送文艺演出下乡，供需对接、政府买单，以及各种各样群众喜闻乐见、自娱自乐的广场文娱体育活动，使公共文化服务设施用起来、转起来，城乡居民笑起来、乐起来，提高了人民群众的文化幸福指数。

第十二章
从理念到行动：生态文明
指引绿色发展

一、安徽生态文明建设的背景

1979 年 9 月，第五届全国人大第十一次会议通过了《中华人民共和国环境保护法（试行)》，明确了环境保护对象和任务，确定了基本方针和"谁污染谁治理"的政策，规定了环境保护机构的设置和职责，从此结束了环境保护工作无法可依的局面，环境保护走上了法治的道路。逐步建立健全环保规章制度，加强了环境监管执法，环境保护工作逐步法治化、制度化。这期间，安徽环境保护事业取得了长足进步。环境保护工作从污染防治向生态建设拓展，从工业污染防治向生活污染和农业面源污染延伸，从污染末端治理向全过程监管转变，从主要依靠行政手段向综合利用法律、经济、技术和行政手段转变。由此出现了一些在全国具有一定影响的环保亮点，如原池州地区被国家环保总局批准为全国唯一的生态经济示范区，马鞍山市成为中部地区和全国钢铁城市中第一个国家环保模范城市，绩溪县成为全国第一个农村小康环保行动试点县，颍上县小张庄村被联合国环境规划署评为环境保护"全球 500 佳"等。此后，在 2003 年安徽省作出了建设生态安徽的重大决策，与之同时建立了生态建设省级引导资金，开始了对生态环境进行全面整治与建设，逐步走向绿色发展之路。生态文明建设是在建设的实践中提出来的，并在实践中做出相当好的成绩，形成一批典型。到 2017 年，全省已成功创建国家级生态县（区）14 个、生态乡镇 159 个、生态村 21 个；省级生态市 1 个，生态县（区）21 个、生态乡镇 576 个、生态村 1264 个。2017 年 9 月，宣城市、金寨县、绩溪县被环保部命名为第一批国家生态文明建设示范市县，旌德县被环保部命名为第一批"绿水青山就是金山银山"实践创新基地。这一年又完成国家下达千万亩植树造林任务。

（一）水资源污染的治理迫在眉睫

随着安徽全省经济总量的不断提升、社会发展水平不断提高，全省工业和城镇生活废水排放总量也在快速攀升，而到 2005 年，安徽全省城市污水处理厂集中处理率才达到 26.31%，这些污染物的排放，加重了水体负荷，受害最大的是农村。其中淮河干流安徽段水质为中度污染，主要支流总体水质状况为重度污染，9 条入境支流的 29 个监测断面中，劣 V 类的水体占 75.9%。巢湖湖区总磷、总氮年均浓度偏高，呈中度富营养状态。长江干流安徽段水质状况虽保持优，但在 15 条主要支流中水质为重度污染的河流连年增加，其他河流水质无明显改善。地下水水质开始污染严重，地下水主要超标指标为氟化物、氨氮和总大肠菌群。2006 年，合肥、淮北、阜阳、铜陵、滁州 5 个市开展的地下水监测报告显示，以监测的总井数统计，地下水水质为优良、良好、较差、极差的井数依次占 15.0%、40.0%、40.0% 和 5.0%。另外，乡村集中人口地区将生活垃圾倒入水里等行为十分普遍，农村个体经营户如个体豆腐作坊、畜禽养殖场等在加工经营过程中污水随意流淌造成河流水质严重恶化，继而影响农村地下水的质量。农村的池塘、沟渠常年没有清理，被水藻（草）等严重污染，水质变黑、变臭，农村水污染现象严重。水环境问题对社会发展的影响：一是水的使用价值降低或丧失，加剧了农用水资源的紧缺，特别是江淮分水岭及其以北和淮北地区；二是水污染使水产养殖和农灌用水质量降低，农产品质量安全没有保障，一些重金属污染物如镉、汞、铜、锌会富集在农产品中，导致农产品市场竞争力下降；三是农村饮水安全受到威胁，导致某些恶性疾病流行，妨碍农村人群健康；四是导致安全事故时有发生，造成人身伤害、生产损失和生物多样性减少。一次在铜陵的调查显示，当地农田中重金属含量远远超标，水治理迫在眉睫。

（二）大气环境污染严重

随着汽车拥有量的增多以及工业化的不断发展，全省工业和城镇生活废气（烟尘、生活废气中二氧化硫、工业废气、粉尘）排放量逐年增加。此外，安徽每年农作物秸秆产生量为2500万吨，其中约一半未被有效利用。未利用的秸秆大量在田间燃烧，焚烧高峰时，燃烧的火点涉及8个地区29个县，包括阜阳、六安、滁州、淮南、淮北、蚌埠、宿州、亳州，尤以沿淮、淮北地区焚烧现象最为严重，成为环境污染的主要承接面。有数据表明，焚烧秸秆时，大气中二氧化硫、二氧化氮、可吸入颗粒物三项污染指数达到高峰值，其中二氧化硫的浓度比平时高出一倍，二氧化氮、可吸入颗粒物的浓度比平时高出3倍，相当于日均浓度的五级水平，是造成严重环境污染的主要原因。大气污染对环境的影响：一是二氧化硫、二氧化氮致使酸雨面积扩大，频次增加，除了对林草和农作物造成直接伤害外，还加剧土壤淋溶，导致土壤资源退化；二是二氧化硫、二氧化氮等直接危害农作物叶片，且粉尘附着叶面阻碍光合作用，导致农业产量降低；三是造成大气环境质量下降，严重影响人群健康，尤其是致使呼吸系统病患症状加重。据相关部门调查，大气环境污染加重，造成了安徽支气管哮喘发病率不断上升。另外，秸秆的焚烧破坏土壤结构，造成耕地质量下降。焚烧秸秆使地面温度急剧升高，能直接烧死、烫死土壤中的有益微生物，影响作物对土壤养分的充分吸收，直接影响农田作物的产量和质量，影响农民收益，而进入一个恶性循环之中。秸秆的焚烧形成的烟雾，造成空气能见度下降，可见范围降低，还引发交通事故，影响道路交通和航空安全。

（三）固体废弃物污染是农村的一大危害

首先，工业废渣和城市生活垃圾对农村环境的污染。矿业开采而产生的工矿废渣、煤矸石、粉煤灰，以及其他工业固体废弃物排放量连年增加，工业固体废弃物综合利用率提高缓慢，城市生态垃圾产生量快速提升，而垃圾无害处理能力有限，虽然本世纪初安徽省有城市生活处理场项目20个，日处理垃圾近万吨，但仍有约80%的生活垃圾在郊外农村随意填埋或堆放。其次，固体废弃物和生活垃圾对环境的污染。随着改革开放与农村经济的放开搞活，农民收入快速增长，提出了对自身居住条件改善的需求。自20世纪90年代末开始，安徽省农村大量的农民开始自主建房，钢筋、水泥、石子形成的混凝土建材也开始走进了农村，在农民住房改善的同时也形成了大量的不可再利用的固体废弃物，这种固体废弃物在农村四处随意堆放。再次，农民生活水平提高了，以塑料为主的难以降解的生活垃圾、固体废弃物也大量增加，被随意倾倒在河流水体之中。这些随意堆放的建筑固体垃圾和随意倾倒的农村生活垃圾对生态环境造成了很大的污染。固体废弃物对农村环境的影响主要表现在以下方面：一是由于矿业开采而产生的工矿废渣、煤矸石、粉煤灰等堆积占用了大量农用地，使农田荒芜，如两淮煤矿的塌陷坑以及铜陵、马鞍山矿区的尾矿废弃地；二是城市和小城镇的生产和生活垃圾在郊区土地堆积，经风吹、日晒、雨淋，污染向农村转移；三是农村生产、生活所产生的固体废弃物成为自身污染负荷，如人畜粪便、废弃塑膜等，这些污染物污染了周围的水体、土壤和大气，严重影响农村居民的生活质量。

（四）农业生产加工对生态环境的污染

在农业生态方面，化肥、农药等农用物资的不科学使用对生态环境造成极大污染与破坏。据统计数据显示，到本世纪初，安徽农用化肥施用量和农药使用量、农用塑料薄膜使用量几乎是连年不断增加。化肥、农药大量流入河流、湖泊，对农村地表水、地下水、农产品品质已经带来了明显的危害，直接影响人类健康。长期大量使用化肥不仅使土壤所含化学元素比例失调，打破了原有平衡，使土壤理化性能恶化，生态环境被污染、破坏，而且流失到水环境中的氮、磷又造成水体富营养化。同时，过量施肥造成硝酸盐在农产品中积累，进而进入人体，使人体致病。农药当中约有80%直接进入环境，导致水环境恶化，农产品和水体内残留的农药也会危及人体健康。农用化学物质用量不断增加，而实际利用率很低，残留部分成为环境污染物；农膜及各种塑料废弃物，由于极难降解，且降解过程中还会渗出有毒物质，对土壤及农作物危害也很大。同时，随着规模化畜禽养殖场的迅速发展，全省畜禽粪尿排放量已远超出了地方环境的自动吸收能力，畜禽粪尿污染占到农村环境污染的 35% 以上。由于缺少资金，加上养殖场的环境管理不完善，大多养殖场区畜禽粪尿很难做到资源化利用，有的甚至将畜禽粪尿直接排进水体，致使水环境恶化，降低了水资源价值。此外，畜禽粪便含有大量源自动物肠道中的病原微生物和寄生虫卵，在人畜中引发疫情。

二、由植树造林到生态建设再到制度建设

安徽历来十分重视生态文明建设，并坚持以改革来推动生态文明建设。首先从造林开始。早在 1983 年省委就发布了《关于鼓励农民承包荒山造林加快绿化步伐的通知》，允许农民承包荒山造林，谁造林谁所有。在以后的几年中，完成造林绿化面积 182.2 万亩，其中完成成片林 1323.1 万亩、飞播造林 83.3 万亩。1989 年 9 月省委、省政府作出了"五年消灭荒山、八年绿化安徽"的重大战略决策，规划从 1990 年起五年内完成 1800 万亩的荒山造林绿化、8 年内实现全省乡村、城市、平原和"四旁"全面绿化。此后又实行了 700 多万亩的退耕还林、长江防护林——万里绿色走廊等工程，到 2002 年全省用材林面积 5800 万亩、森林覆盖率 27.95%、林木蓄积量 1.5 亿立方米。但安徽社会经济发展还是面临着生态环境的诸多制约，为实现经济社会的可持续发展，在科学发展观和国家相关文件与政策的指引下，2003 年安徽省委、省

政府在全国率先作出了"建设生态安徽"的战略决策，并成为全国生态省建设试点省份之一，从区域重大发展战略的高度全面部署了全省的生态文明建设；2006年通过在全面推进"新农村建设"过程中以"乡风文明、村容整洁"为着力点，不断加强农村生态环境保护，不断推进生态文明建设；为进一步落实生态文明建设，2012年全省全面启动了"美好乡村建设"，以村庄建设、环境整治和农田整理为突破口，按照"培育中心村、整治自然村、提升特色村"的要求，建设资源节约型、环境友好型乡村；通过"三线三边"整治（2013年）、"美丽乡村"建设（2016年）、生态农业，以及乡村旅游的发展等来促进生态建设。

省级美丽乡村建设示范点——枞阳县横埠镇横山村

（一）建设生态省首先从农村做起

　　"生态省"建设吹响了安徽生态文明全面建设的号角，为安徽生态文明建设奠定了基础。同时，为贯彻落实中央关于新农村建设的部署，安徽省委、省政府决定，从 2006 年开始，在全省开展以农村为重点的新农村建设。安徽省紧紧围绕"生产发展、生活宽裕、乡风文明、村容整洁、管理民主"的总体要求，坚持从农民积极、干部主动、条件比较成熟的村镇抓起，通过加大财政投入力度，发展现代农业，完善基础设施，整治乡村环境，健全社会保障，加强综合改革，在全省开展实施新农村建设"千村百镇"示范工程，推进部门帮扶工作和"千企联千村"活动。重点是在全省选

择 1000 个左右的村和 100 个左右的镇开展试点示范。原则上每个县（市、区）选择 1 个示范镇、10 个不同类型的示范村。力争利用三到五年的时间，使之达到"产业发展形成新格局、农民生活实现新提高、乡风民俗倡导新风尚、乡村面貌呈现新变化、乡村治理健全新机制"的目标，通过创造鲜活典型，带动和推进全省新农村建设扎实稳步健康发展。"千村百镇"示范点工程的实施，有效地推进了区域乡村生态环境的治理与提升。为不断加强农村环境保护工作，积极推进"生态安徽"和社会主义新农村建设，提高农民生活质量和健康水平，2009 年 4 月，安徽省人民政府办公厅转发省环保局等部门出台的《关于加强农村环境保护工作的意见》。该意见指出加强农村环境保护，是落实科学发展观，构建社会主义和谐社会的必然要求；是促进农村经济社会可持续发展，建设社会主义新农村的重大任务；是推进生态文明建设，构建资源节约型、环境友好型社会的重要内容；是建设生态安徽，切实改善民生的客观需要。要求全省各地、各有关部门要从战略和全局的高度，充分认识加强农村环境保护的重要性和迫切性，切实把农村环境保护工作摆上更加重要和突出的位置，下决心改变农村环境保护薄弱的状况，努力改善农村生态环境质量，促进城乡全面协调可持续发展。

随着安徽新农村建设尤其是"千村百镇"示范工程的推进，安徽新农村建设顺利地达到了第一阶段建设目标的要求。为进一步落实安徽"生态省"建设的战略部署以及新农村建设的推进，2012 年 5 月，安徽省委办公厅、省政府办公厅转发《安徽省"十二五"时期社会主义新农村建设规划纲要》，全面部署了全省的"美好乡村"建设，要求美好乡村建设全面展开。具体是：乡村环境明显改善，示范乡村率先建成宜居宜业的美好乡村。村庄整治和农村环境综合整治成效突出，农村环境卫生管理长效机制明显健全。同时要求"美好乡村"建设要改造农村危房 54 万户，乡村公路通行条件和服务水平进一步提高，解决 2043 万农村人口饮水安全问题，乡村卫生户厕普及率达到 65%，农村户用沼气达到 103 万户，基本建成新型农村供电体系，乡村通宽带比例达到 100%。同年 9 月份，安徽省委、省政府作出了《关于全面推进美好乡村建设的决定》，同时安徽省政府下发的《安徽省美好乡村建设规划（2012—2020 年）》(皖政〔2012〕97 号)，把美好乡村建设的目标制定为"生态宜居村庄美、兴业富民生活美、文明和谐乡风美"。美好乡村建设，是加快建设经济繁荣、生态良好、人民幸福、社会和谐美好安徽的基础性工作，是打造"生态强省"的具体行动。美好乡村建设把"生态宜居村庄美"放在第一位，要求以增加农民收入、提升农民生活品质为核心，以村庄建设、环境整治和农田整理为突破口，同步推进产业发展和社会管理，加快建设资源节约型、环境友好型乡村，努力打造宜居宜业宜游的农民幸福生活美好家园，从而实现保护乡村山水生态资源的完整性和连续性，构建绿色乡村体系，打造生态强省的新亮点。面对资源约束趋紧、环境污染严重、生态系统退化的严峻形势，党的十八大从新的历史起点出发，作出"大力推进生态文明建设"的战略决策，要求必须树立尊重自然、顺应自然、保护自然的生态文明理念，把生态文明建设融入经济建设、政治建设、文化建设、社会建设各方面和全过程，坚持节约优先、保护优先、自然恢复为主的方针，着力推进绿色发展、循环发展、低碳发展，形成节约资源和保护环境的空间格局、产业结构、生产方式及生活方式，从源头上扭转生态环境恶化的趋势，为人民创造良好生产生活环境，这些标志着一个全新的"社会主义生态文明新时代"的到来。

（二）"三线三边"环境治理

在进行"美好乡村"建设的同时，为了进一步扩大乡村环境治理的成果，安徽省委、省政府召开了全省"美好乡村"建设推进会，会议作出的"三线三边"与"四治理一提升"行动（简称"三线三边"整治）的动员部署和周密安排，是推进城乡环境综合治理的重大决策，是聚焦城乡环境突出问题，下大决心、花大功夫推进环境治理工作，以着力改善城乡人居和发展环境，从整体上有序、持续改善城乡人居环境和发展环境。在 2013 年 11 月 1 日的新农村建设推进会上，安徽省委、省政府结合省情实际，在充分调研基础上，作出了以铁路沿线、公路沿线、江河沿线以及城市周边、省际周边、景区周边等"三线三边"为突破口，大力开展"四治理一提升"行动（垃圾污水治理、建筑治理、广告标牌治理、矿山治理和绿化提升行动），把城乡环境整治工作作为美好安徽建设的重要任务，并摆上了突出位置。在全省开展的以"三线三边"为突破口的城乡环境治理行动，是大力推进美好安徽建设的重要部署，是从统筹城乡发展和建设美丽中国的战略高度，对改善城乡人居环境作出的重要部署，也是加强生态文明建设的重要内容，是建设美好安徽的内在要求，代表着广大人民群众的迫切愿望，是推进全省城乡生态环境治理线性延伸的有效途径。

安徽 3 年多来的美好乡村建设和 2 年多的"三线三边"整治行动，既为面上推开作了很好示范，也为深入推进提供了有益启示。因此，为进一步巩固扩大美好乡村建设和"三线三边"整治成果，2016 年 1 月 10 日，在合肥召开的全省美好乡村建设推进会上，安徽省委、省政府作出了在全省进行美丽乡村建设的重大决策，因而实现了"从'美好'到'美丽'，打造乡村建设'升级版'"的转换。美丽乡村建设要求围绕"生态宜居村庄美、兴业富民生活美、文明和谐乡风美"建设目标，在开展农村人居环境整治行动基础上，通过注重乡土味道和民俗风情，发扬农村发展的长处，全面推进美丽乡镇建设、中心村建设和自然村环境整治，实现乡村建设由"以点为主"向"由点到面"的战略转换，以改善农村人居环境为重点，统筹推进产业发展、社会管理和精神文明建设，努力打造居民幸福生活美好家园。同时美丽乡村建设要求着力提升美丽乡村产业发展水平，把推进环境整治与发展产业、促进创业有机结合，加快发展农村以特色生态农业为基础的优势产业，促进以乡村旅游发展为核心的产业融合，激活农村创新创业活力，大力发展农村集体经济，持续增强美丽乡村建设的"造血功能"。美丽乡村建设，是总结前一段工作实践、把握未来发展大势、拓展美丽乡村建设新境界而作出的"由点到面"战略转换的重要决策，是围绕"战略转换"来拓展美丽乡村建设的新境界，是把准方向、全面贯彻"五个发展"的理念和充分体现"城乡统筹"的新思路。通过把准美丽乡村建设的丰富内涵、全面落实"五位一体"的要求，全面推进全省农村生态文明发展再上一个台阶。

生态建设关键是要有长效机制，这就需要加强制度建设。2017年10月安徽省率先立法规定"森林资源保护实行林长制"，确保一山一坡、一园一林都有专员专管，责任到人。对破坏森林、湿地和野生动植物资源的违法犯罪行为依法严厉查处。随后又扩展到河长、湖长，实行五级书记负责制。截止到2018年6月，全省共设立河湖长52687名、林长36014名，促进了河、湖、林的长期治理。

2016 年以来，新增造林面积 375 万多亩。2017 年全省 106 个国考断面中，达到或优于三类水的断面比例为 77.3%，比上年提高 7.5 个百分点。省、市、县、乡、村五级领导负责的林业体系，解决了林业生态建设理念淡化、职责虚化、权能碎化、举措泛化、功能弱化的"五化"问题，取得了明显的成效，从制度层面确保了生态建设的长效性。

（三）安徽农村生态文明建设的做法与成效

21 世纪以来，安徽不断从"总—点—线—面"的路径，全面推进了安徽的发展与建设，分别从不同的层面有效地推进了全省生态文明建设。其具体的做法与成效分别表现在以下不同的层面：

1. "生态省"建设的做法

安徽"生态省"建设的做法：（1）科学确定"生态省"建设的方向。要求坚持全面、协调、可持续的科学发展观，以推动整个社会走上生产发展、生活富裕、生态良好的文明发展道路作为根本出发点，以科技创新、体制创新和管理创新为动力，积极推进新型工业化、城镇化和农业现代化，发展循环经济、推行清洁生产，保护生态环境、培育生态文化，促进人与自然的和谐，促进经济社会与人口、资源、环境的协调发展。（2）合理制定"生态省"建设的步骤。安徽"生态省"建设按三个阶段来建设推进，大约需要 20 年的时间才能完成。其中：第一阶段是起步阶段（2003—2007 年），即生态省建设的全面启动阶段；第二阶段是全面建设阶段（2008—2015 年），即生态省建设走上健康轨道阶段；第三阶段是提高完善阶段（2016—2020 年），即达到生态文明发展与全面建成小康社会相适应的阶段；（3）有效划定了生态省建设的区域布局与功能分区。划定了淮北沿淮平原、江淮丘陵岗地、皖西山区、沿江平原、皖南山区等五大生态功能区；（4）全面构建生态省发展的五大体系。分别是协调发展的经济体系的构建（具体包括以生态经济发展为核心的经济结构调整、以循环经济发展为核心的生态产业培育、以清洁生产为核心的生产环境提升等），可持续利用的资源体系构建（具体包括森林资源的培育与保护，水、土地、矿产、气候等资源保护与利用等），舒适优美的人居环境体系的构建（具体包括减少资源与环境的压力、综合治理各种污染全面改善生态环境、创建生态城镇与改善农村居住环境等），保障支持体系的构建（具体包括生态安全保障与科技支撑、管理支持等），生态文化体系的构建（具体包括培育生态文明观、倡导绿色生态观、弘扬绿色消费观等）。（5）实施十大工程，分别是生态工业工程、生态农业工程、生态林业工程、生态旅游工程、生态水系工程、清洁能源工程、环境治理工程、生态家园工程、生态文化工程、能力保障工程等。

2. "生态省"建设的成效

安徽的生态省建设取得重要进展，已完成了生态省建设的第二阶段发展目标，正全力向第三阶段目标迈进。在过去的十几年中，大力加强生态环境保护，安徽生态保护扎实推进、绿色发展水平大幅提升。实施的大气污染防治等行动计划，工业废气、城市扬尘、燃煤小锅炉、秸秆焚烧、机动车尾气等得到有效治理。仅"十二五"期间，超额完成了国家下达的节能减排任务，单位生产总值能耗累计下降21.4%，化学需氧量、二氧化硫、氨氮、氮氧化物排放量分别累计下降10.5%、10.8%、13.6%、20.7%。推进大江大河的治理，如新安江流域生态环境综合治理，加强了重点流域、重污染河流综合整治，使淮河、巢湖水质稳定向好，新安

金色家园

江一直是全国水质最好的河流之一。淘汰燃煤小锅炉5803台、黄标车和老旧车52万辆，火电机组和水泥生产线脱硫脱硝实现全覆盖。严守耕地保护红线，新增耕地110.9万亩，连续17年实现耕地占补平衡。实施千万亩森林增长工程，新增造林949.2万亩，池州、合肥、安庆、黄山、宣城进入国家森林城市行列。启动大别山区水环境生态补偿试点，确立水资源开发利用红线。仅2015年，省级就投入了11.5亿元奖补资金用于秸秆禁烧和综合利用。巢湖流域、黄山市被列为国家第一批生态文明先行示范区。安徽"生态省"建设提升了农村生态文明，加强了对农村环境的保护，改善了农村环境质量，努力打造生态宜居村庄美的良好环境。具体表现在以下方面：（1）有效保护农村饮用水水源地。生态省建设把保障农村集中式饮用水水源地环境质量作为农村环境保护的首要任务，通过开展农村集中式饮用水水源保护区划定，在水源保护区边界设立了明确的地理界标和明显的警示标志，依法取缔了水源保护区内违法建设项目和排污口，加强水源保护区的生态建设，

定期开展集中式饮用水水源地环境质量状况监测，切实保障了农村饮用水的安全。（2）推进了土壤环境保护和综合治理。通过组织实施土壤污染状况调查或重点地区土壤污染加密调查，全面摸清全省土壤环境状况。通过排查影响土壤环境质量的重点污染源，实施土壤污染治理与修复试点示范项目，有效地提升土壤污染治理与修复。（3）严格执行环境管理制度。认真执行国家产业政策和环保政策，加大了农村地区建设项目环评和"三同时"执行力度，有效防止污染严重和淘汰落后的生产项目、工艺及设备向农村地区转移。有效引导农村地区工业向园区集中，集聚发展，集中治污。（4）严格控制农村地区工矿企业污染。加强农村地区工矿企业的环境监管，严格执行企业污染物达标排放和污染物排放总量控制制度，对不合格企业予以停产整治或取缔、关停。（5）加强了农村畜禽养殖和秸秆焚烧污染控制。加大了对畜禽养殖户与农田秸秆利用的宣传力度，推进了传统养殖观念、养殖模式与秸秆处理方式的转变，有效推进了有机肥利用与农作物秸秆禁烧工作。(6)有效开展了农村生态创建工作。生态创建是统筹区域经济社会和环境协调发展的重要载体。生态乡镇和生态村的创建,有效地加强了环境基础设施建设,保障了农村饮用水安全,建设了生活垃圾和生活污水处理设施,加强了村镇绿化,打造了优美的生态环境。其中生态村建设搞好了村庄环境综合整治,改变了部分村庄的脏、乱、差局面,将农村真正变成了舒适的生态家园。

安徽省生态建设取得了重要成果,到 2017 年年底,全省已成功创建并被命名国家级生态县(区) 14 个、生态乡镇 159 个、生态村 21 个;省级生态市 1 个、生态县(区)26 个、生态乡镇 576 个、生态村 1264 个。2016 年 5 月宁国市文明与环境保护委员会办公室、岳西县环保局局长程卫华,被环保部评为中国生态文明奖先进集体和先进个人。2017 年 9 月,宣城市、金寨县、绩溪县被环保部命名为第一批国家生态文明建设示范市县,旌德县被环保部命名为第一批"绿水青山就是金山银山"实践创新基地。全省上下一直围绕"建设现代化五大发展美好安徽"目标,着力打造生态文明建设安徽样板,加快建设绿色江淮美好家园。

三、安徽生态文明建设的经验与启示

安徽推进生态文明建设,是事关全省经济社会发展大局和广大农民福祉的一件大事,经过多年建设发展,形成以下成功经验与启示。

（一）安徽推进生态文明发展的经验

1. 坚持政府主导与群众主体相统一

生态文明建设是全省发展的方向，光靠每家每户是做不好的，必须政府进行主导。同时，生态文明建设又涉及广大群众的切身利益，必须调动广大群众的积极性、主动性和创造性，充分体现群众的主体地位。因此，必须坚持政府引导与群众主体相统一。政府抓生态省建设的规划和建设资金整合，抓宣传、培训和监管，尊重群众意愿、顺应群众期待，把群众认同、群众参与、群众满意作为根本要求，真心为群众办实事、做好事，做到政府主导但不包办。从实施《安徽生态省建设总体规划纲要》与《生态强省建设实施纲要》到出台《安徽省主体功能区规划》，从打响呼吸"保卫战"到江河湖泊治理，从新农村建设到"三线三边"治理与"美丽乡村"建设以及新安江畔生态补偿机制改革，全面推进了全省生态环境由点到线再及面的建设，从而让绿色发展成为江淮大地上的生动实践。群众是推动社会主义建设进程的根本力量，要充分尊重群众民主权利，投入、建设、管理的主体是群众，群众要成为生态文明建设的主力军。安徽生态文明建设之所以能顺利开展并取得实在效果，得益于广大群众的参与、支持，在于激发广大群众的内在动力和活力，尊重群众的首创精神，调动他们的建设热情和创造潜能。牢牢坚持发展为了广大群众，发展依靠广大群众，发展成果惠及广大群众，切实保障广大群众的合法权益，不断提高群众素质，推动社会全面发展。

2. 坚持建设与管理相并重

生态文明的建设在各级政府主导下，实现了因地制宜、循序渐进、量力而行的规划、建设与推进，通过二十多年的努力，不仅有序推进了安徽的大江大河的治理，还打造了一批精品示范点、示范线、示范区。安徽生态文明的建设是按照自然生态环境条件和经济社会发展水平相适应的要求，采取相应的环境保护对策和措施，具体从大江大河的治理，到"三线三边"整治的示范而全面展开，在全省形成了一批示范生态文明建设点（区）。然而要巩固好、保持好建设成果，常态化、规范化管理尤为重要。全省部分示范点（区）积极探索建管维护机制。如省内部分地区建立了"议事—保洁—管护"三机制：一是民主议事机制。由理事会承担起村庄整治的决策、建设、管理事务，做到是否参与让群众做主、怎么建设让群众做主、如何管理让群众做主，让群众真正成为居住地建管的主人。二是卫生保洁机制。配套环卫基础设施，引进市场化作业主体，加强环卫保洁督查检查；健全完善环境卫生保洁长效机制。三是日常管护机制。制定一系列村规民约，改变群众生活习惯，解决脏、乱、差问题，改善生产生活环境。三机制较好地推进了美好乡村的建设与管护。

3. 坚持点上整治与全面建设相互联动

推进生态文明建设，点上整治是基础，全面建设是方向。以"生态省"建设为统领，以"美好乡村"建设为抓手，优先对基础条件较好的中心村进行整治，以点带面，做到点、线、面相结合，串点成线、多点连片、以片促面，做到点上示范、线上延伸、面上拓展，加快"美丽乡村"建设由以点为主向点线面整体推进转变。据统计，安徽省共有一万五千万多个行政村、二十二万多个自然村。截至 2015 年年底，已建和在建省级中心村 1948 个，市县自主建设中心村 1114 个，五万多个自然村开展了环境整治。美丽乡

黟县关麓八大家

村建设作为惠及千万农民的最大民生工程，正在加快改变安徽农村整体面貌。从 2016 年开始，安徽省在全国率先全面实施美丽乡镇建设，着力补齐乡镇建设管理这块"短板"，同时引领中心村建设和自然村环境整治，推动美丽乡村建设由"以点为主"向"由点到面"战略转换。其中乡镇是新型城镇化和城乡一体化的重要节点，也是美丽乡村建设的重要组成部分。安徽省着力开展乡镇政府驻地建成区整治建设，同步推进乡镇政府驻地所在行政村中心村建设，在此基础上，不断创造条件，完善服务功能，提升建设管理水平，打造一批环境优美、人口集聚、功能完善、特色鲜明、管理有序、文明和谐的特色小镇、特色村庄。通过加快省级中心村和市县级中心村建设进度，力争到 2020 年 80% 布点中心村达到美丽乡村建设要求；广泛开展自然村环境整治，力争到 2020 年 90% 以上村庄得到有效治理，从而实现面上的全面推进。

4. 坚持改善环境与产业发展相促进

改善人居环境，是生态文明建设的重要内容。安徽相继出台的"美好乡村"建设、"三线三边"整治等实施方案、考核办法、资金整合管理办法和集镇环境综合整治、风情小镇创建实施方案，明确建设、考核、奖补标准，明确资金整合范围、措施及管理办法，建立了较为完善的制度体系。重点通过实施改造农村危房，保护古民居、保护古树名木，清垃圾、清污泥、清杂物，拆除危旧房屋、破旧猪圈、旱厕、院墙，实现道路硬化、村庄绿化、路灯亮化、环境美化和公共设施配套化等"一改二保三清四拆五化"工程，有效地建设出了一个舒适、整洁、生态的美好乡村。虽然村庄美了、环境好了，但没有经济基础的村庄，没有产业发展的村庄，仍难以持久。因此，安徽在美好乡村建设过程中，把美好乡村建设与农业特色产业发展、乡村旅游发展和促进农民创业就业紧密结合起来，着力经营乡村，既实现村村优美，又推动户户创业。部分地区立足特色抓产业，突出经营村庄，始终把产业发展作为核心来抓，围绕产业特色，打造支柱产业，实现村美民富。部分地区实现了"三结合"：一是生态环境改善与农业发展相结合。依托农业特色产业，安排特色产业发展资金，推进土地流转和规模经营，扶持生态特色农业的产业化发展。二是生态环境改善与工业发展相结合。支持有条件的村镇，建设工业集聚区和工业特色村，使乡镇和工业区成为农民务工、经商、就业、创业的平台。三是生态环境改善与旅游发展相结合。依托示范区内的旅游资源和农村优美的自然环境，以打造精品示范村为重点，形成优美乡村旅游度假区，做活村庄经营大文章。

5. 坚持建设提升与文明提升相结合

生态文明建设，绿色发展是基本要求，必须处理好农业经济增长与资源利用、生态环境保护的关系，这样才能确保农业资源的持续有效利用和生态安全，实现可持续发展。安徽在坚持农村生态文明建设提升的同时，进一步树立节约资源、保护环境的意识，以节地、节水、节肥、节药、节种和节能为突破口，大力加强节约型农业建设。积极利用土地空间，努力提高土地生态系统的综合效益，充分利用降水和可利用的水资源，采取各种有效措施提高水的利用率。通过多种途径维护生态环境的相对稳定，以实现总体上的高产、稳产、优质、节能和降低生产成本的综合效益。坚决落实最严格的耕地保护制度，大力巩固退耕还林、还草、还湖的成果，加强对林地、草地、荒地、滩涂、湿地的依法保护。在美好乡村建设中，既强调要实现"生态宜居的村庄之美、兴业富民的生活之美"，还要实现"文明和谐的乡风之美"。在美好乡村建设过程中，十分注重对古村落、古民居的保护，弘扬传承特色的农耕文化、山水文化和民俗文化。通过开展文明家庭、文明户等多形式的评选表彰活动，引导农民破除陈规陋习，培育科学、健康、文明的生活方式，提升农民素质，促进农村全面发展。

6. 措施得力与考核评估相适中

如在"三线三边"治理中的具体做法是：（1）建立"三长制"领导机制。省交通厅、省铁路办、省水利厅，省住建厅、省旅游局、省文明办作为公路、铁路、水路、城边、景边、省边的"线长""边长"和"重点长"，承担整治牵头任务，提供资料、把准问题，制定协调协同行动方案，推动项目安排、资金投入、力量配置向"三线三边"倾斜；各市县主要领导亲自挂帅、靠前指挥，把

"三长制"落到基层，进一步压实责任、压茬推进。(2)实行"五账法"工作方法。治理摸底初期"建账"，起步阶段"对账"，治理中期"查账"，完成阶段"评账"，验收阶段"销账"，确保工作出实招、见实效。(3)进行"五纳入"考核评估。改进工作作风、提高工作效能，"三线三边"为重点任务，除了将治理成效纳入党政领导干部政绩考核和效能建设考核外，同时将其纳入"文明城市""文明县城""文明城区""文明村镇""文明单位"的考核体系，奖惩并举，充分调动各地、各部门的积极性、主动性和创造性。(4)推行"三结合"舆论宣传。将传统媒体和新型媒体结合、新闻宣传和社会宣传结合、正面引导和舆论监督结合，营造全民共治的良好氛围。

（二）推进生态文明发展的启示

生态文明建设是实现农村经济社会可持续发展的需要。推进绿色发展为核心的生态文明建设，可以有效地解决经济社会活动的需求与自然生态环境系统供给之间矛盾，并从过去片面地单一地追求经济效益的发展观，转变为实现环境—经济—社会的协调发展，走上生产发展、生活富裕、生态良好的文明发展道路。实践证明，只有生态文明建设好了，既为经济建设提供环境保证，又可以带动促进其他文明的发展和社会的全面进步。安徽生态文明建设以最小的资源环境代价，来支撑更长时期、更高质量的发展，为实现美好安徽的山清水秀、天朗气清打下了坚实的基础。进一步推进安徽生态文明建设，还需从以下方面加以有效推进。

1. 推进产业结构的升级

推进生态文明为核心的生态产业与文化产业的发展。一是大力发展生态农业。改革传统农业生产方式，减少农业生产的面源污染，发展生态农业，推进生态农业的产业化是重要方向，以"美丽乡村"建设为契机，发展低碳、循环、有机农业，推进农村绿色、生态、有机农产品的生产，降低农业资源的消耗，实行科学生态的施肥等技术，减少农业生产的污染源。二是积极发展乡村旅游业。在乡村环境美丽的地区，积极发展乡村旅游业，降低旅游业对农村环境影响，推进乡村生态文化的产业化发展。三是强化城镇企业环境管理，控制工业污染。工业要适当集中建设，形成工业小区，实行集中管理，集中处理污染。对产业结构不合理、污染排放严重、不能实现集中处理污染或污染物不能达标排放的企业要关停，逐步在乡镇工业企业中推行清洁生产。

2. 彻底改变居民不合理的生活方式

按照全面建成小康社会的目标要求，推进农村面貌配套改造、整体提升。在对农村环境进行综合整治的基础上，实现布局优化、民居美化、道路硬化、村庄绿化、饮水净化、卫生洁化、路灯亮化、服务优化等目标，全面改变农村落后面貌。要维护好农村优美的环境风貌，需要彻底改变农村居民的不合理生活方式。一是要做好环境宣传来加强农民自我生态文明意识。农村的生态环境问题，同农村居民的生态环保意识淡薄和落后关系密切，要通过加强生态文明宣传，从根本上让其认识到不良的生活习惯对生态环境造成的危害。采取点面结合的方式加大宣传力度。在"面"的宣传上，营造舆论氛围；在"点"的宣传上，可以采取多种形式，如深入乡村、走向街头、进入家庭，进行近距离宣传。还可制定村规民约，引导农民树立生态文明理念，提高环境保护意识，调动农民参与农村环境保护的积极性和主动性。二是推进农村生活垃圾分类收集和资源化利用。垃圾分类收集是实现垃圾处置减量化、资源化、无害化的重要措施。垃圾分类收集既不需要大量的投资，也没有技术上的难点，整个垃圾的分类在家庭内就可完成，简单的行动可以大大提升农村的生态文明建设水平。三是加强农村社会生态环境监测和监管，找出农村不良生活方式对农村生态环境造成的不良影响的具体方面，深入推进农村生态环境的全面治理。

3. 建立科学合理的生态文明建运管护长效机制

生态环境的全面改善，核心要创新建立全面的"建、运、管、护"新机制。要彻底改变当前只管建、不管用和护的局面。一是要建立一套强有力的"建、管、用、护"领导、监督、管理体制，对全省的生态文明建设与绿色发展进行领导，并对"建、管、用、护"工作进行推进。加强环境监测和执法能力建设。城镇政府要切实履行环境保护职责，明确环境保护工作人员，逐步建立全省环境保护工作管理体系。二是加强环境保护科技支撑。依托高等院校和科研机构，重点加强资源综合利用技术、农用化学品减量化技术、农村污染综合防治技术等研究开发，建立环保适用技术发布制度和推广服务体系，为环境保护提供科技支撑。三是要实行一套严格的考评奖惩机制，实行定期上报、按时检查、年度考核，研究建立相关考核评价体系，把考核结果作为评价选用干部的重要依据。

4. 加大生态文明建设的资金与政策的支持

建立一套生态文明建设多元化、多层次的资金筹集机制，加大财政资金的投入，吸引民间资金的进入，整合资金带动社会资金的投入，加强环境基础设施建设。逐步建立政府资金主导、社会资金参与、群众自主投入的多渠道筹资机制。各级政府在环保专项资金中安排一定资金用于环境保护，并不断加大对环境保护的支持

力度；加大"美丽乡村"与农村水保、环境资金的投入，着力打造
环境优美、生活甜美、社会和美的幸福乡村。同时按照谁投资、谁
受益的原则，运用市场机制，吸引社会资金参与农村环境保护基础
设施建设。按照"一事一议"的规定，发动农民筹资筹劳，参与农
村环境综合整治。还要制定一套综合配套的支持政策，制定帮扶政
策、资金整合政策、金融支持政策、土地政策、奖补政策和管护政
策，重点用好财政以奖代补、一事一议等政策。

5. 进一步发挥居民对生态文明建设的主体作用

以人为本是科学发展观的本质和核心，也是生态文明建设的本
质和核心。生态文明建设就是要改善和保障群众生存和发展的环
境，在发展中坚持以人为本，也就是坚持以人为价值的核心和社会
的本位，把群众的生存和发展作为最高价值目标。建设农村生态文
明，发挥居民对农村生态文明建设的主体作用，要保障群众生存发
展就需要在可持续发展前提下，建设农村生态文明，使人与自然和
谐发展，经济发展与资源、环境相适应，不断满足群众日益增长的
物质文化需要、发展的需要和享受的需要。要制定一套发挥群众主
体作用的有效措施，选派一支帮扶队伍，加强对群众的培训，强化
舆论宣传，提升居民素质。

6. 对环境进行长期有效治理

截至 2014 年 9 月，安徽"三线三边"治理行动让安徽全省共
关停非煤矿山 1109 座（其中 641 座开展复绿治理），拆除有碍观
瞻的大型立柱广告牌 1209 座，有效治理 3275 公里铁路、16537 公
里高速及国省道路、6525 公里内河航道，"三线三边"绿化面积达
111.7 万亩。长江、淮河、新安江、巢湖等重点水域，逐渐实现水
面和水体清洁；建筑将严控增量、治理存量；建立铁路、高速公路、

国省道沿线户外广告设置管理联合审批制度，划定矿山禁采区、限采区和可采区。在治理的同时，提升了公路沿线、铁路两侧、河道两岸的绿化改造。有效推进了"三个强省"和美好安徽建设。广阔农村地区和城乡结合部的脏乱差问题得到有效解决，群众生产生活环境质量得到显著提高。如宁国市主动回应群众关切，结合省际周边环境治理，投入七千多万元对省道104进行了全面大修，有效解决了群众出行难，老百姓对此非常满意。黄山市结合近年开展的新安江流域生态补偿机制等一系列活动，当前着力在主要交通干线、旅游干道及两旁环境、重点景区景点周边村庄环境方面提升档次和品质。

7. 牢固树立绿水青山就是金山银山的理念

生态文明建设首先要思想上重视，要高度认识加强生态建设的重大意义，才能自觉地对习近平生态文明思想贯彻到位，以构建绿色生态网络，培育绿色经济，倡导绿色生活方式，环境是民生，青山就是美丽，蓝天也是幸福。正是在这一思想的指导下，皖浙两省的新安江治理取得显著成效。从2014年开始，在财政部、环保部等国家部委的指导下，安徽与浙江合作开展全国首个跨省流域水环境生态补偿试点，截至2017年年底，已连续两轮试点，中央和省财政投入资金39.5亿元，新安江流域水质始终保持优等，是全国水质最好的河流之一。这种跨省流域的治理，成为全国的典范，成为许多省、市学习的榜样。这是安徽生态治理的典型。

第十三章
全面加强党的建设：
为改革开放保驾护航

党的十一届三中全会开启了中国改革开放的历史新时期。改革开放不仅使中国经济社会发生了翻天覆地的变化，而且把中国共产党的自身建设推进到一个新的历史阶段。改革开放特别是党的十八大以来，安徽省委牢牢把握加强党的执政能力建设、先进性和纯洁性建设这条主线，在全面加强党的思想建设、基层组织建设、干部队伍建设、党的作风建设和反腐倡廉建设等方面的实践探索中，开辟了崭新境界，取得了丰硕成果，为安徽改革发展提供了坚强的政治保障、思想保障和组织保障。

一、思想建设

思想建设是党的建设新的伟大工程的基础和灵魂，其基本内容和主要任务就是用马克思列宁主义、毛泽东思想武装全党，用中国特色社会主义理论体系尤其是习近平新时代中国特色社会主义思想教育全体党员，统一全党思想，改造和克服党内一切非无产阶级思想，永葆党的先进性。从一定意义上说，改革开放四十年的历史，就是一部用中国特色社会主义理论体系武装全党、教育人民的历史。

（一）兴起学习贯彻邓小平理论和"三个代表"重要思想新高潮

安徽在推进改革开放的进程中，与全国一样，不断兴起学习贯彻邓小平理论和"三个代表"重要思想新高潮。改革开放伊始，安徽就按照邓小平的要求，把真理标准讨论作为党的一项基本建设，在党员干部中实现了一次思想路线上的拨乱反正，迅速把全省党员思想统一到党的基本路线上来。邓小平南方谈话和党的十四大后，安徽审时度势，及时开展解放思想大讨论，省委组织广大党员和群众认真学习邓小平理论，在用邓小平理论武装全党、教育人民上做了大量卓有成效的工作，提高了广大干部群众坚定不移地走中国特色社会主义道路的积极性、主动性和自觉性。党的十五大把邓小平理论确立为党的指导思想，并向全党发出了兴起学习邓小平理论新高潮的号召，省委按照中央的统一部署，对全省深入学习邓小平理论作出具体安排，要求各级党委高度重视，各级领导干部带头，理论学习、研究、宣传紧密配合，党的思想建设出现了生动活泼的新局面。邓小平理论愈益深入人心，广大党员、干部运用这一理论解决实际问题有了新进步。

按照党的十五大和《中共中央关于在全党深入学习邓小平理论的通知》的部署，1998 年 11 月 21 日，中共中央发出了《关于在县级以上党政领导班子、领导干部中深入开展以"讲学习、讲政治、讲正气"为主要内容的党性党风教育的意见》。安徽根据中央关于开展"三讲"教育的意见，紧紧围绕全面贯彻党的基本路线，把开展"三讲"教育同推动当时工作结合起来，采取自上而下、分期分批进行，党内批评和自我批评相结合的方式，全面开展"三讲"教育活动。"三讲"教育，着重解决了党性党风方面存在的突出问题，使党员干部普遍受到了一次深刻的马克思主义教育，是加强党的思想建设的一次新的成功探索。

"三个代表"重要思想实现了我们党指导思想上的又一次与时俱进，也是一个历史性贡献。从 2000 年 12 月开始，安徽省按照党中央的部署和要求，围绕"干部受到教育，群众得到实惠，组织有加强，党群、干群关系有改善"的目标和要求，在县（市、区）直部门、乡镇、村领导班子和基层干部中有计划、有步骤地开展了"三个代表"重要思想学习教育活动。这次活动分两批进行，历时一年半。第一批，2000 年 12 月—2001 年 7 月，主要在全省 101 个县（市、区）的 1994 个乡镇（办事处）和 7879 个县（市、区）直部门中进行。第二批，2001 年 11 月—2002 年 5 月，在 96 个县（市、区）的 27778 个村和 19523 个乡镇站所中进行。在中央和省委的正确领导下，各级党委高度重视，精心组织，学习教育活动进展顺利，成效明显。

2003 年 6 月，省委根据党中央的统一部署，结合安徽具体实际，制定了《中共安徽省委关于贯彻〈中共中央关于在全党兴起学习贯彻"三个代表"重要思想新高潮的通知〉的意见》，要求全省各级党组织把学习贯彻"三个代表"重要思想作为首要政治任务，抓住各级领导干部这个关键，认真落实《2001 年—2005 年安徽省干部教育培训规划》，分期举办厅局级领导干部学习贯彻"三个代表"重要思想轮训班，通过举办各种形式的研讨班、培训班、学习班，将县处级以上领导干部轮训一遍。通过基层党校、农民夜校、市民学校等多种途径，组织好基层党员干部的学习。采取理论下基层、巡回宣讲、知识竞赛、主题教育活动等形式，积极利用基层文

合肥高新区区景

化阵地，把学习贯彻"三个代表"重要思想融入群众喜闻乐见的各种活动之中，融入群众全面建设小康社会、创造幸福生活的奋斗之中，从而使广大干部群众对"三个代表"重要思想的时代背景、实践基础、科学内涵、精神实质和历史地位的认识达到新的高度。

（二）深入学习贯彻落实科学发展观

党的十六大以后，以胡锦涛同志为总书记的党中央提出了科学发展观等一系列重大战略思想，赋予党的思想建设新的时代内涵。安徽省委迅速把学习贯彻科学发展观作为党的思想建设的中心任务，在全省范围掀起了深入学习贯彻落实科学发展观的热潮。全省各级党组织认真贯彻中央和省委有关精神，按照"党员干部受教育、科学发展上水平、人民群众得实惠"的总要求，围绕"推进科学发展、加速安徽崛起"的主题，有力有序地推进了活动扎实开展，基本实现了提高思想认识、解决突出问题、创新体制机制、促进科学发展和加强基层组织的目标。

保持共产党员先进性教育活动是中国共产党在新的历史条件

下用中国特色社会主义理论体系武装全党的一项重大举措。从2005年1月开始，省委按照党中央的统一部署，集中开展了为期一年半以实践"三个代表"重要思想为主题的保持共产党员先进性教育活动。全省各地普遍采取邀请领导干部、专家上党课、作报告，组织党员听辅导、观看电教片等形式，帮助党员加深对学习内容的理解。针对文化程度不高、年老体弱、学习有困难的党员，由基层党组织指派专人结对帮学、上门送学。针对流动党员，全省各级党组织通过发信函、打电话、走访知情人、在新闻媒体上刊播启事等形式，积极查找长期未与党组织联系的党员，动员流动党员主动与党组织取得联系，力争使每一名党员都参加活动、受到教育。全省19.69万名流动党员中有19.21万名参加了先进性教育活动。为确保学习效果，各地充分发挥新闻媒体的作用，大力宣传先进性教育活动中创造的好做法、积累的好经验、涌现的新典型，用身边的人身边的事教育党员。教育活动期间，省"一报两台"共刊播先进性教育稿件2963篇（条），宣传优秀共产党员163名。全省共组建七百九十多个理论宣讲团、先进事迹报告团，举行了 4390 场巡回宣讲报告。通过学习教育，广大党员加深了对"三个代表"重要思想和十六大以来党中央一系列重大理论创新成果的重大意义、科学内涵、精神实质的认识和理解，明确了新时期保持共产党员先进性的基本要求和具体要求，增强了保持共产党员先进性的责任感和紧迫感，党员的理想信念进一步坚定，先锋模范作用得到更好地发挥。

继深入学习实践科学发展观活动之后，中央进一步做出了创建先进基层党组织、争当优秀共产党员为主要内容的"创先争优"活动部署。按照中央部署，从 2010 年 5 月起，安徽紧扣"为科学发展创先进、为安徽崛起争先锋"主题，在全省基层党组织和党员中深入开展"创先争优"活动，引导基层党组织和广大党员"学沈浩、创先进、争优秀"，全省相继涌现出"永不松套的老黄牛"王坤友、"泥腿子教授"胡承霖、"小巷总理"邢春桂等一大批先进典型，形成了"微笑服务，温馨交通""做用户的贴心小棉袄""徐辉假日小分队""杨苗苗线路"等一批为民服务品牌，进一步激发了基层党组织和广大党员的生机活力。

（三）深入学习贯彻落实习近平新时代中国特色社会主义思想

党的十八大以来，以习近平同志为核心的党中央围绕"新时代坚持和发展什么样的中国特色社会主义、怎样坚持和发展中国特色社会主义"这个重大时代课题，进行艰辛理论探索，取得重大理论创新成果，形成了习近平新时代中国特色社会主义思想。习近平新时代中国特色社会主义思想，是对马克思列宁主义、毛泽东思想、邓小平理论、"三个代表"重要思想、科学发展观的继承和发展，是马克思主义中国化最新成果，是中国特色社会主义理论体系的重要组成部分。党的十九大把习近平新时代中国特色社会主义思想确立为党的指导思想，并明确指出要以其武装全党。十八大以来，安徽各级党组织和广大党员干部始终把学习贯彻习近平总书记系列重要讲话特别是视察安徽重要讲话精神作为重大政治任务，作为统一思想认识、凝聚奋进力量的不二法宝。为推动学习贯彻习近平总书记系列重要讲话精神制度化、规范化、长效化，坚定地用习近平总书记系列重要讲话精神武装头脑、指导实践、推动工作，安徽省委先后出台了《关于深入学习宣传和贯彻落实习近平总书记视察安徽重要讲话精神总体安排方案》《深入学习贯彻习近平总书记系列重要讲话精神若干规定》（以下简称《规定》）。《规定》是全国首部学习贯彻习近平总书记系列重要讲话精神的党内法规，从学习领会、宣传阐释、贯彻落实、督查考核、组织领导等五个方面，对全省各级党组织和广大党员干部学习贯彻习近平总书记系列重要讲话精神作出刚性约束和严格要求，形成环环相扣、闭环运行的完整制度链条。

党的十九大闭幕后，安徽立即研究部署深入学习贯彻习近平新时代中国特色社会主义思想，迅速在全省兴起学习宣传贯彻党的十九大精神热潮。一是认真开展"大学习"。各级党委突出抓好县处级以上领导干部的学习，各级领导干部先学一步、学深一步。二是集中组织"大宣传"。省委中心组成员和各级领导干部带头开展集中宣讲活动，各级党委（党组）组织开展内容丰富、形式多样的宣传教育活动。三是系统部署"大培训"。各级党校、干部学院、行政学院把学习十九大精神作为教育培训的必修课，作为学校思想政治教育和课堂教学的重要内容，有序组织对党员干部进行集中轮训。四是扎实开展"大调研"。扑下身子、沉到一线，亲自察看、亲自体验，把"点"上经验提炼为"面"上对策，把调研成果转化为有见地、有价值、有含金量的真知灼见，共同把安徽省贯彻十九大精神的思路和举措谋深谋实。五是全力推动"大落实"。明确职责任务，制定工作方案，狠抓工作落实，做到转化实化、落地见效，确保全省上下都朝着十九大的要求聚焦发力。

二、基层组织建设

党的基层组织是确保党的路线方针政策和决策部署贯彻落实的基础。改革开放以来，安徽始终把基层党组织建设作为深入推进全面从严治党的长远之计和固本之举，通过体制机制、方式方法的全面创新，不断巩固党的执政根基。

（一）创新用人机制，基层党组织带头人素质整体提升

1. 选派"第一书记"，配强基层党组织"领头雁"

安徽始终把选派工作作为基层组织建设的重点工作，按照"加强组织、发展经济、富裕农民、维护稳定、锻炼干部，促进农村全面进步"的要求，从党政机关选派一大批优秀年轻干部到村担任第一书记。自2001年开展选派工作以来，安徽连续分六批从各级党政机关选派两万余名优秀年轻党员干部到贫困村、难点村、后进村和软弱涣散村担任党组织第一书记，涌现出一大批像沈浩同志那样，"对党忠诚，一心为民"的优秀"第一书记"，选派工作被中组部评为"十佳地方特色工作"。

2.实施大学生"村官"计划，建设党政干部队伍"选才、育才"工程和新农村建设干部队伍"生力军"工程

安徽把大学生"村官"计划作为建设党政干部队伍"选才、育才"工程和新农村建设干部队伍"生力军"工程，扎实推进"一村一名大学生'村官'"计划，并在探索大学生"村官"计划实施实践过程中取得了很大成效。

2008年以来，安徽分八批共选聘大学生"村官"10670名。2014年全省农村"两委"换届后，2787名大学生"村官"通过选拔，进入村"两委"班子。为培育大学生"村官"，安徽通过组织各类培训、市县领导联系、离退休老干部帮带、创业兴皖富民行动、示范基地实践等路径，使大学生"村官"逐渐成长为党务村务工作的中坚力量、新农村建设的"行家里手"。2015年以来，安徽进一步加强大学生"村官"教育培养和选拔使用工作，实行大学生"村官"与选调生工作并轨，使大学生安心农村、踏实锻炼。

实施大学生"村官"计划，不仅为新农村建设输送了大批人才，给农村基层党组织带来了勃勃生机，而且为党和政府输送了一批优秀人才，开辟了选拔培养干部的新途径。此外，还大力实施村党组织带头人"523"工程，向非公有制企业选派了两万七千多名党建工作指导员。

（二）创新制度机制，基层党组织建设保障有力

1.创新基层党建述职评议考核制度

安徽以解决问题为抓手，各级建立问题、整改、责任"三个清单"，创新基层党建工作述职评议考核制度。

建立问题清单，不怕揭短亮丑。找准问题，精准发力，有的放

矢，击中要害。如在 2014 年度述职评议考核中，省委组织部派出 13 个指导组全程参与、严督实导，各级书记自己查摆问题 9212 个，上级领导点评问题 3182 个，群众代表提出问题 5817 个，发现问题 1623 个。针对这些问题，各级领导班子成员对涉及各自的问题对号入座、主动认领、落实解决。

建立整改清单，确保兑现承诺。对于自己能够解决的问题，即知即改，以实际成效取信于民。对于基层部门、班子依靠自身力量无法解决的难题，省级层面统筹整合社会资源、凝聚多方力量予以解决。如 2014 年度省委常委会民主生活会围绕投入保障不足，认真制定整改方案，建立基层党建经费、服务群众专项经费等整改清单，次年新增投入即翻一番，达 9.5 亿元，村"两委"干部全部纳入城镇职工养老保险，并为新中国成立以来正常离任村干部发放生活补助，为在职村干部逐年增加报酬，解除了村"两委"干部的后顾之忧，进一步调动了农村干部干事创业的积极性。

建立责任清单，促进抓好主业。省委制定《领导班子和领导干部综合考核评价实施办法》，将基层党建工作责任细化分解为"党委主体责任""书记第一责任""分管领导直接责任"以及"班子成员责任"等若干层级，清晰界定各责任主体的责任，严格落实"一岗双责"。对党建工作考核末位者，一律启动问责、严格追责。2014 年以来，包括市委书记、组织部长在内共有 572 人，因党建工作尤其是基层党建工作群众差评、考核末位而被公开通报、约谈提醒、组织调整。同时，一批县（区）委书记因基层党建工作成绩突出而获得提拔重用，从而推动基层党建工作落地生根。岳西县乡镇党委书记抓基层党建述职评议特色做法被中央办公厅《专报》刊载。

安徽基层党建责任制特别是建立"三个清单"的做法，得到中央领导的批示肯定，并作为唯一的省级组织部门在全国农村基层党建工作座谈会上作交流发言。

2. 创新城乡基层党组织结对共建运行机制

开展城乡基层党组织结对共建活动，是探索统筹城乡基层党建的新途径。安徽自 2008 年开展共建活动以来，通过开展"创先争优""学沈浩、创先进、争优秀""五级书记带头大走访""千名组织部长三走进三服务"和群众路线教育实践等活动，不断丰富共建工作内涵。通过机关党员深入农村、社区，开展工作调研、志愿服务、挂职锻炼和慰问帮扶，使城市党员干部熟悉了基层，密切了党群干群关系。据安徽省委组织部介绍，近年来，全省城市基层党组织与农村基层党组织结成对子一万一千多个，覆盖全省 70% 的行政村，不少地方实现了结对共建全覆盖。近年来，共向结对村帮扶资金 7.2 亿元，开展集中培训 27 万人次，为结对村办实事 16 万多件。

3. 创新流动党员管理服务机制

安徽是劳务输出大省，外出务工人员达 1300 万人，其中流动党员约 15 万人。如何破解流动党员流出地党组织"管得着但看不见"而流入地党组织"看得见但管不着"的难题，怎样解决流动党员管理难、活动难、先锋模范作用发挥难的问题，是基层党组织建设面临的一个共性问题。近年来，安徽通过积极探索，逐步建立了一个流出地与流入地党组织"双向联动"的管理服务新机制，让流动党员"在党旗下汇聚，在流动中生辉"。

建立流动党员信息库。全省建立了标准统一的省、市、县、乡、村五级流动党员网络管理系统，建立了流动党员信息库，全面掌握流动党员基本情况，使流动党员流动不流失、离乡不离党。

组建流动党员党组织。"流动党员到哪里，党组织就发展到哪里。"目前，全省已在全国大中城市建立流动党员党组织近2000个，流动党员联络站近1000个，为两地党组织提供准确及时的流动信息，使流动党员管理做到流而不散，"风筝"高飞线不断。

打造"智慧党建"。随着互联网等信息化技术的日益普及和应用，全省各地充分利用现代网络通信技术，把"互联网+"引入党员教育管理，打造"智慧党建"平台，实现流动党组织建设由传统向现代、由封闭向开放、由实体到虚拟的转变。探索开发"网上接转组织关系""网上缴纳党费""微服务""便民服务代理事项"等项目，引导各级党组织实现流动党员教育管理的信息化、智能化、网络化，让服务需求与服务能力更加便捷、迅速，有效对接。

（三）创新活动载体，基层党组织建设焕发活力

1. 为民服务全程代理

加强基层服务型党组织建设，多为民办实事，让群众满意，使基层党组织焕发出新的活力，是农村基层党组织建设所面临的新任务。

2002年，长丰、宣城等地开始探索为民服务全程代理试点工作。2006年，安徽决定在全省乡村全面推行为民服务全程代理制。为促进为民服务全程代理工作规范化、制度化，2013年10月，中共安徽省委办公厅和安徽省人民政府办公厅联合印发了《关于进一步完善农村为民服务全程代理制的意见》（皖办发〔2013〕19号），就进一步完善农村为民服务全程代理提出意见。

为民服务全程代理，是安徽农村基层党组织建设的一大亮点。

它不仅成为深受农民欢迎的"民心工程"，而且转变了基层政府职能，改变了干部作风。

2."双培双带"先锋工程

为"把农村党员干部培养成发展能手，把发展能手培养成党员干部，带头致富，带领群众共同致富"，安徽从 2002 年开始实施"双培双带"先锋工程。全省各地普遍制订工作计划，确定"双培双带"对象，采取集中办班、观摩学习、典型引导等办法，提高党员干部发展能力。

党的十八大以来，安徽进一步加大对"双培双带"基地政策、资金、项目、人才等扶持力度，省、市、县三级组织部分别直接联系"双培双带"基地，加强对"双培双带"户的培育，力争使农村党员普遍掌握致富技术、人人成为致富能手。近年来，共培训非党员发展能手 34 万人次；确定"双带"示范户 19.8 万户，参加"双带"党员干部 34 万人，带动农户 116 万户。

（四）推进基层党组织标准化建设，健全基层组织体系

推进基层党组织标准化建设，是安徽省健全基层组织体系、推进全面从严治党的一项重要举措。省委组织部经过深入调研，研究制定了实施推进安徽省基层党组织标准化建设意见，并针对不同领域实际，分类制定了农村、街道社区、机关（事业）单位、学校系统、国有企业、非公企业、社会组织等 7 个领域建设标准，形成"1+7"标准体系，让各领域基层党组织定有标尺、干有方向、评有依据。截至目前，全省共有 7.82 万个基层党组织率先达标，占总数的 45%。

出台加强农村基层党组织建设意见，扎实推进软弱涣散基层党

组织整顿，总结并在全省推广潜山市黄铺镇黄铺村抓党建促发展典型经验。大力加强城市基层党建工作，健全非公经济和社会组织党建工作体制机制，推广机关党建"双联系"做法，深化国有企业"四强四优"创建活动，统筹抓好高校等事业单位党的建设。

三、干部队伍建设

改革开放以来，安徽在干部教育培训、选拔、任用、管理方式和制度上不断改革创新完善，逐步培养和造就了一大批高素质的领导干部。

（一）干部教育培训不断加强

安徽历来高度重视干部教育培训，始终将其作为建设高素质干部队伍的先导性、基础性、战略性工程来抓，持续推进大规模培训干部、大幅度提高干部素质。

1981年5月14日，省委组织部、宣传部制定了《全省干部培训规划（1981—1985年)》。1983年11月5日，省委、省政府联合下发了《中共安徽省委安徽省人民政府关于加强干部教育工作的决定》（皖发〔1983〕95号文件）。全省各地认真贯彻执行该决定，积极稳妥地开展了干部的岗位职务培训；采取自培、输送到外地培训、与有关高等院校联合办班培训等方式，进行干部的学历教育；采取多种措施鼓励自学成才，干部培训网络初步形成。至1986年，全省干部参加各种培训的约有80万人次，其中省级干部29人次，地厅级干部951人次，县处级干部三万多人次，科以下七十八万多人次。这些干部进党校学习的三十七万多人次，进干校学习的 12 万人次，进管理干部学院学习的七千余人次，进其他成人学校学习的两万余人次，进普通高校、中等专业学校学习的六万余人次。

党的十六大特别是十七大以来，安徽认真落实中央作出的"大规模培训干部、大幅度提高干部素质"的战略决策，出台《2006—2010 年安徽省干部教育培训规划》和《2008—2012 年大规模培训干部实施方案》，制定并以省委文件下发《安徽省干部教育培训学分制考核管理办法（试行）》，在全国第一个建立了以学分制考核为基础的干部教育培训考核激励机制。2008 年以来，安徽探索创新干部教育有效形式，建立了覆盖全省的干部网络培训平台，并出台《安徽省干部在线学习管理暂行办法》，全面推进党政领导干部在线学习。目前，全省 16 个省辖市和近百家省直单位干部全部上线学习，在线学习人数位居全国前列。

党的十八大作出了建设学习型、服务型、创新型马克思主义执政党的战略部署，对加强和改进干部教育培训、提高干部素质和能力提出了新的更高要求。安徽准确把握干部教育培训面临的新形势、新任务、新要求，省委印发《2014—2017 年安徽省干部教育培训规划》，系统提出分类实施六项干部教育培训重点工程。

以领导干部理想信念强化工程为重点，持续深化中国特色社会主义理论体系和习近平总书记系列重要讲话精神学习教育，先后举办全集中培训班 18 期，培训市厅级以上领导干部和县（市、区）党政正职五千余人次。扎实开展党内集中教育。认真开展党的群众路线教育实践活动，精心组织开展"三严三实"专题教育。坚持高标准、高质量开展"两学一做"学习教育，组织党员围绕 3 个专题开展学习研讨，深入开展"万堂党课进基层"活动，精心开展"亮身份、作承诺、当先锋、树形象"和"学讲话、强党性、转作风、提能力"活动，扎实开展"讲看齐、见行动"学习讨论。深入推进"两学一做"学习教育常态化、制度化，组织开展"讲政治、重规矩、作表率"专题教育、警示教育。

统筹实施基层干部素质提升工程、企业领军人才培训工程、专业技术人员知识更新工程、公务员职业道德教育培训工程等重点工程，实现了干部教育培训工作在培养造就高素质干部队伍上新的飞跃。

为发挥安徽红色资源优势、加强干部党性教育，安徽整合全省革命传统教育资源，创建安徽组织干部学院、中国小岗干部学院、安徽金寨干部学院、泾县新四军军部旧址纪念馆、渡江战役纪念馆等"三学院两基地"，形成了优势互补、富有特色的安徽干部教育

渡江战役纪念馆

培训格局。

（二）干部选拔任用不断规范

改革开放初期，安徽省委按照中共中央提出的干部队伍革命化、年轻化、知识化、专业化的方针加强干部队伍建设。从1979年至1982年，初步大胆调整选拔各级领导班子，1769名优秀中青年干部走上县处级以上领导岗位。经过整顿、调整和充实，绝大部分领导班子状况有了不同程度的改善。据1980年年底统计，全省正副厅局长、大学党委正副书记、正副校长，地市委常委和正副专员、正副市长，县委正副书记、县长共1380人，平均年龄55.61岁，比上一年下降0.7岁，高中以上文化程度的由占31.45%提高到37.28%。

从1983年至1985年，按照中央要求，结合省机构改革，对各级领导班子进行全面调整。干部队伍在革命化、年轻化、知识化、专业化方面实现了突破性进展。据统计，1983年至1985年，全省共提拔科级以上干部26967人，其中担任县处级以上职务的有10362人。到1984年年底，全省16个地市党政领导班子成员平均年龄49.4岁，高中以上文化程度的占79.7%，其中大专以上文化程度的占45.3%；74个县（市）党政领导班子成员平均年龄44.3岁，高中以上文化程度的占83.3%，其中大专以上文化程度的占53%，省直厅局班子成员平均年龄51.6岁，高中以上文化程度的占76%，其中大专以上文化程度的占41.5%。

从1986年至1989年，着重解决完善群体结构、提高整体功能问题，特别是补充一批非党干部和妇女干部。其间，全省共提拔4460名干部担任县处级以上领导职务。经过几年的调整，各级领导班子的年龄结构、知识结构、专业结构更趋合理，班子更加富有活力。截至 1989 年年底，全省 16 个地市的党政领导班子成员共 235 人，其中 45 岁以下的 25 人，占 10.64%；46 岁至 55 岁的 153 人，占 65.11%；56 岁以上的 57 人，占 24.25%；大专以上文化程度的 154 人，占 65.53%；中专、高中文化程度的 62 人，占 26.38%；初中以下文化程度的 19 人，占 8.09%；具有高中级技术职称的 59 人，占 25.11%。全省 72 个县（市）党政领导班子成员共 991 人，其中 45 岁以下的 410 人，占 41.37%；45 岁至 55 岁的 524 人，占 52.88%；56 岁以上的 57 人，占 5.75%；大专以上文化程度的 668 人，占 67.41%；高中、中专文化程度的 235 人，占 23.71%；初中以下文化程度的 88 人，占 8.88%；具有专业技术职称的 171 人，占 17.26%。

党的十六大以来，安徽一直把扩大民主贯穿于干部选拔任用的全过程，采取有效措施，落实党员群众的知情权、参与权、选择权、监督权。各地还普遍推行了任前公示制，增强了任用决策环节的公开性和透明度。一些市对拟提拔的干部还实行进社区公示。

党的十八大以来，着力规范干部选拔任用机制，不断改进干部考核评价。研究制定省管领导班子和领导干部综合考核工作意见，分类制定了 4 个综合考核工作办法。改进干部考察方式，制定干部德的考核办法，突出考察政治品质和道德品行，大力培养选拔年轻干部。注重加强年轻干部、女干部、少数民族干部、党外干部的培养选拔，建立来自基层的干部培养选拔链，坚持选拔优秀大学毕业生到基层一线工作，从基层遴选公务员到省直机关工作。加强干部实践锻炼，开展干部双向交流挂职，选拔干部担任扶贫副县长、科技副县长以及到江淮分水岭开展帮扶联络。

（三）干部管理力度不断加大

中共十一届三中全会以后，遵照中央确定的新时期干部工作方针和干部管理原则，安徽省委和各级党委在干部管理方面做了大量的拨乱反正工作，重申了党管干部的原则，恢复了一些行之有效的制度。1981年6月，根据中央组织部1980年《关于重新颁发〈中共中央管理的干部职务名称表〉的通知》的规定，结合安徽具体情况，省委制定了《中共安徽省委管理的干部职务名称表》，省委组织部并下发了《关于重新颁发〈中共安徽省委管理的干部职务名称表〉的通知》。该通知重申要坚持党管干部的原则，明确了各级党委管理干部的范围。1984年1月17日，安徽省委组织部根据中组部《关于改革干部管理体制若干问题的规定》（中组发〔1983〕15号文件）精神，制发了《中共安徽省委组织部关于改革干部管理体制若干问题的规定》。该规定要求"要本着'管少、管活、管好'的精神，在党委的统一领导下，实行组织部统一管理和党委分部分级管理相结合的原则"。干部分级分类管理的格局初步形成。

党的十六大以来，安徽根据中组部的部署，积极探索创新干部考核评价机制，在确定2个省辖市和31个县（市、区）进行试点的基础上，在地方领导班子换届考察和年度考核中普遍推行了《体现科学发展观要求的地方党政领导班子和领导干部综合考核评价试行办法》，实现了考核评价制度的重要突破。领导干部交流形成制度、公务员交流轮岗力度进一步加大。积极推进党政领导干部交流回避工作，党政正职、纪委书记、组织部长、公安局长、法院院长和检察院检察长等重要部门、关键岗位领导干部交流形成制度。目前，绝大多数省辖市实施了公务员跨系统跨部门交流，大多数省直单位开展了公务员内部轮岗。

党的十八大以来，制定出台省管领导班子和领导干部"三案"精准管理办法，建立基础信息档案、运行情况备案、调整配备预案，加强和改进综合分析研判，对 929 个领导班子、6803 名领导干部实行"三案"精准管理。开展干部双向交流挂职，推进重要岗位干部交流轮岗，首次面向 10 所全国重点高校定向招录 193 名选调生，扎实做好援藏援疆干部人才工作。全面理顺省属企业领导班子和领导人员管理体制，研究制定事业单位领导人员管理办法。完善考评体系，改进考评方式，加强结果运用，充分发挥了考核"指挥棒"作用。研究制定关于防止干部"带病提拔"实施意见，切实强化干部监督管理。扎实推进中央巡视组巡视"回头看"涉及组织工作反馈意见整改，牵头抓好行业协会和学会不规范问题、干部人事管理突出问题等 4 个专项整治。落实推进领导干部能上能下实施细则，推动形成能者上、庸者下、劣者汰的良好用人导向和从政环境。

（四）干部人事制度改革不断深化

干部人事制度改革，是我国政治体制改革和社会主义民主政治建设的重要内容，是建设高素质干部队伍的重要保证。改革开放以来，安徽根据中央统一部署和要求，积极稳妥地推进干部人事制度改革，取得了多方面的显著成效。

从 1978 年党的十一届三中全会到 2000 年 6 月《深化干部人事制度改革纲要》颁布前，为安徽干部人事制度改革的单项突破阶段。这一阶段干部人事工作的某项制度、某个体制、某个领域取得的突破性的进展和较大的成就主要有：对干部管理体制进行了改革，适当下放了干部管理权限；改革干部任用办法，打破了单一的委任制模式，实行了聘任、选任、考任等多种方式；提高了干部工作的民主化程度，打破了沿袭已久的靠少数人选人的方式；建立健全后备干部制度；改革干部培训制度，健全培训体系，提高干部队伍的素质；在废除实际存在的领导职务终身制方面，有了较大的突破；推行岗位责任制；建立和实行干部交流制度。

以 2000 年 6 月中共中央办公厅印发《深化干部人事制度改革纲要》为标志，安徽干部人事制度改革进入整体推进阶段。省委先后制发《关于贯彻实施〈深化干部人事制度改革纲要〉的意见》《关于深化干部制度改革的若干意见（试行）》《关于贯彻落实〈2010—2020 年深化干部人事制度改革规划纲要〉的意见》等一系列重要文件，推动干部人事制度改革不断深入发展。

一是干部选拔任用工作的民主化程度不断提高。在提名环节，除党委（党组）集体推荐提名、组织人事部门建议提名外，普遍探索以全委会或领导干部大会的方式提名重要领导干部人选。在考察环节，完善民主测评制度，开展民意调查，实行干部考察预告、延伸考察等制度。在讨论决定环节，普遍实行党委全委会无记名投票表决下一级党政正职拟任人选和推荐人选制度。2003 年 4 月，省委出台了《中共安徽省委任用省辖市党政正职表决暂行办法》。2004 年 7 月，省委将全委会票决的范围由省辖市党政正职扩大到 54 个省直部门，目前省市县三级地方党委全部实行了常委会票决制。

二是公开选拔、竞争上岗成为干部选拔任用的重要方式。2008 年采取公推公选的方式选拔了 20 名副厅级领导干部，首次增加了公开推荐环节，在推荐、面试、考察等环节充分发挥"两代表一委员"的作用，并在省委常委会上进行差额票决。

三是对领导干部及干部选拔任用工作的监督不断加强。为探索加强对领导班子一把手用人行为监督的有效途径，从 2006 年开始，开展了"科学规范和有效监督县（市）委书记用人行为"试点工作，无为县在试点中探索建立一整套务实管用的制度，得到中组部的充分肯定。

党的十八大以来，干部人事制度改革进入了全面深化的新阶段，改革重在树导向、强监管。以出台贯彻落实《2014—2018 年全国党政领导班子建设规划纲要》实施意见、修订了省管干部选拔任用操作规程、编写了市县干部选拔任用工作简明手册为牵引，构建精准科学的选人用人机制。改进干部考核评价机制，改进干部考察方式，制定干部德的考核办法，突出考察政治品质和道德品行。大力培养选拔年轻干部。加大干部日常监督管理力度。扎实推进中央巡视"回头看"和中组部选人用人工作"回头看"反馈问题的整改，牵头抓好在省直机关和事业单位开展行业协会和学会不规范问题、干部人事管理突出问题专项整治，部署开展基层党组织长期不换届、不按规定交纳党费专项整治工作。

四、党的作风建设和反腐倡廉建设

党的作风建设和反腐倡廉建设关系党和国家的生死存亡。改革开放以来，党中央针对新的历史条件下党的作风建设和反腐倡廉建设存在的突出问题，作出了一系列重大决策部署，制定了一系列的规章制度，党内正气上升，党风好转，社会风气上扬。安徽紧紧围绕党中央的要求部署，扎实推进各项工作，并在实践中不断探索创新。

（一）持续深入加强党的作风建设

我们党历来高度重视作风建设。在我国进入全面建设小康社会、加快推进社会主义现代化的新的发展阶段，2001 年 9 月 26 日，中国共产党第十五届中央委员会第六次全体会议通过了《中共中央关于加强和改进党的作风建设的决定》，针对党的作风建设中存在的一些亟待解决的突出问题，提出了"八个坚持，八个反对"的纠正措施，即坚持解放思想、实事求是，反对因循守旧、不思进取；坚持理论联系实际，反对照搬照抄、本本主义；坚持密切联系群众，反对形式主义、官僚主义；坚持民主集中制，反对独断专行、软弱涣散；坚持党的纪律，反对自由主义；坚持艰苦奋斗，反对享乐主义；坚持清正廉洁，反对以权谋私；坚持任人唯贤，反对用人上的不正之风。

安徽各级党委和纪委认真贯彻落实中央部署，把加强和改进党的作风建设摆上重要议程，以着力解决群众反映强烈的突出问题为重点，坚决纠正损害群众利益的不正之风。通过加大教育收费监管力度，查处教育乱收费案件 226 件；通过开展强农惠农资金专项清理和检查，追缴违规违纪资金 16951.8 万元；通过全面清理涉企行政事业性收费、经营性服务收费项目，取消和调整了一批收费项目，每年减少收费 13.8 亿元；通过加强"政风行风热线"工作，促进了政风行风的转变。

党的十八大以来，安徽深入贯彻中央"八项规定"精神，持续推进作风建设。2012 年 12 月，中央"八项规定"出台后 23 天，省委常委会即讨论通过省委、省政府关于改进工作作风、密切联系群众的规定，制定了改进调查研究、精简会议活动、精简文件简报、规范因公出国（境）管理、改进新闻报道、厉行勤俭节约等六个方面的省"三十条"。省委常委会作出反对"四风"加强作风建设的9项公开承诺，带头落实中央"八项规定"和省"三十条"。党的十八大以来，全省共查处违反中央"八项规定"精神问题7348起，处理10723人，给予纪律处分6808人。

为推进作风建设的常态化、长效化，安徽在全国首推干部作风建设《省级领导班子及其成员贯彻中央八项规定精神深入推进作风建设责任清单（试行）》《市厅级领导班子及其成员贯彻中央八项规定精神深入推进作风建设责任清单（试行）》和《市厅级领导班子及其成员贯彻中央八项规定精神深入推进作风建设考核评价办法（试行）》。"两清单""一办法"作为安徽作风建设的"新引擎"，进一步实现了作风建设要求的细化、量化、具体化和固化。

（二）始终保持严惩腐败的高压态势

改革开放以来，安徽始终坚持"两手抓两手硬"，不断加大反腐败斗争的力度，始终保持严惩腐败的高压态势，在反腐倡廉建设实践中，全省各级党委、政府和纪检监察机关深入落实科学发展观，以完善惩治和预防腐败体系建设为重点，大力推进纪检监察工作理念思路、方式方法和体制机制创新，探索总结了一批适应工作要求、富有生机活力的经验，有力推动了反腐倡廉建设的创新发展和科学发展。比如，马鞍山市坚持关口前移，预防在先，探索建立领导干部廉洁自律预警机制；合肥市创建城建领域权力监管制度体系，探索建立以"6+3"监管体制、"三个一"运行机制为主要内容的城市建设管理新模式；阜阳市实行案件下查一级新举措，着力解决基层办案难问题，等等。

党的十八大以来，安徽坚持有腐必反、有贪必肃，坚持"老虎""苍蝇"一起打，坚持力度不减、节奏不变，重点查处党的十八大后不收敛、不收手，问题严重、群众反映强烈，现在重要岗位可能还要提拔使用的领导干部。近五年来，全省纪检监察机关共受理信访举报 339495 件次，立案 61485 件，给予党纪政纪处分 56435 人。在坚决查处领导干部违纪违法案件的同时，切实解决发生在群众身边的不正之风和腐败问题。

（三）认真落实党风廉政建设责任制

安徽紧紧抓住落实管党治党责任这个牛鼻子，党委、政府、纪委齐抓共管，形成管党治党的强大合力。

省委制定关于落实党风廉政建设党委主体责任和纪委监督责任的意见，配套出台约谈、述廉述责、责任考核、责任追究等"四个办法"，为落实"两个责任"提供了制度保障；围绕落实省辖市党委主体责任、加强党风廉政建设、推进省直单位巡视整改等问题，组织开展有关党政主要负责同志集体谈话和警示谈话，推动责任落实。省委及各级党组织通过开展约谈提醒、责任考核、组织党政主要负责同志在纪委全会上述廉述责并接受评议，层层传导压力，拧紧管党治党的螺丝。省纪委及各级纪委敢于动真碰硬，坚持把问责作为压实"两个责任"的"撒手锏"，严格实施"一案双查"和责任倒查。党的十八大以来，全省追究落实主体责任不力的 1929 人次、监督责任不力的 267 人次，对 449 起典型案例公开通报曝光，持续释放"有责必问、问责必严"的强烈信号。

（四）深入推进纪检和国家监察体制改革

党的十八大以来，安徽坚持以改革创新激发活力，为各级纪委充分履行职责提供组织和制度保障。推进纪检机关转职能、转方式、转作风，大幅度精简纪委参与的议事协调机构，合理设置纪委机关内设机构，将三分之二人员力量调配到执纪监督岗位，严格规范纪委书记、纪检组长分工，促进各级纪委强化责任担当、聚焦主责主业。严格执行下级纪委向上级纪委报告线索处置、执纪审查情况的规定，认真落实查办腐败案件以上级纪委领导为主的要求；制定关于省辖市、省纪委派驻纪检组、省属企业、省属本科院校纪委书记（纪检组长）、副书记（纪检组副组长）"四个提名考察办法"，实行提名考察以省纪委会同省委组织部为主，推动纪委双重领导体制具体化、程序化、制度化。推进派驻机构改革，省纪委新设 37 个派驻纪检组（派出纪工委），实现对省一级党和国家机关的全面派驻，强化了派驻监督。推进基层纪检工作机制改革，探索建立农村纪检监察工作室和"办案协作区"等制度。

国家监察体制改革是以习近平同志为核心的党中央作出的重大战略决策，是一项事关全局的重大政治体制改革，根本目的是坚持和加强党对反腐败工作的统一领导，完善党和国家的自我监督，推进国家治理体系和治理能力现代化。安徽坚决按照中央统一部署要求，各级党委强化主体责任，强化协调配合，强化思想政治工作，强化纪律要求，强化宣传引导，全面如期完成省、市、县三级监察委组建工作。这对于推进全面从严治党向纵深发展、全面建设现代化五大发展美好安徽，必将产生重大而深远的影响。

第十四章
继往开来：总结四十年改革经验，谱写百年新篇章

一、四十年改革的经验总结

安徽省四十年来的改革始终走在全国前列，无论是农村还是城镇，也不管是改革之初还是全面深化改革阶段，均是这样。凤阳县小岗村的家庭联产承包责任制成为全国率先突破旧体制的样板，拉开了中国农村改革的大幕，自此之后，改革一直未停止过，为国家的发展做出了巨大贡献。回顾四十年改革的历程，有许多值得总结和思考的地方。

（一）勇当天下先，敢于改革

安徽人民具有改革创新精神，不畏艰难，敢为天下先。早在20世纪70年代末，即敢于向人民公社旧体制进行挑战。当时的小岗村的农民不怕被打成"反革命"、不怕坐牢，冒着极大的风险秘密分田承包，进行"单干"，这是需要大无畏的革命精神的。无独有偶，这种改革也波及城市，20世纪80年代初芜湖出现了年广久的"傻子瓜子"，他不顾当年的禁令，雇工一百多人进行瓜子炒货

生意。他远赴新疆调来瓜子，把一个不起眼的炒货业做成数百万元的大产业，并一举把"傻子瓜子"做成品牌打出去，赢得广大居民的普遍欢迎，又把农民不起眼的小产品瓜子卖出了好价格，还解决了部分农民的就业问题，仅1985年就生产炒货瓜子1000万斤，产值1600万元，国家一分钱未投入，上交税金202万元。这对传统的国有商业造成很大的冲击，遭到许多方面的诬陷、打击，说他投机倒把，不按章纳税，雇工剥削等，几经挫折，最终在中央高层领导支持下，得以生存发展下去。

安徽人民坚持改革，敢为天下先，勇往直前的还不仅仅是这些。这只是他们的优秀代表而已。20世纪80年代初，旌德县的陈菊生首创承包山林5000亩，立下军令状，保证3—5年基本绿化山场，10年后每年以1000—2000立方米的生长量递增，到2000年木材蓄积量可达1.6万立方米，价值160万元。1984年，他又造林二千五百多亩。这是国家全面的林业改革尚未提出之前的事，可见这也是全国首个个人承包荒山植树造林的改革事例。当时在安徽进行林业改革的还有霍山县的农民汪全精。1982年，他集资17000元，雇请5个帮手开展多种经营。从1983年起他又承包2500亩荒山造林任务，还帮助穷困户和五保户，帮他们植树养老。后来这种模式影响到全县的工作计划，金寨县就总结提出"少生孩子多栽树"的观点，受到国家领导的肯定与赞赏。

同样，安徽的农村税费改革也是在农村基层干群多方探索的实践基础上深入推进的。20世纪90年代针对农村税费征收混乱、农民负担过重的现实，安徽从1994年开始就在部分地方进行农村税费改革的试点，先是太和县的"税费合并"，接着自1996年起在阜阳全市实行"税费合并、统一征收、统一管理、分开使用"的模式，以后又在 1998 年尝试"农村公益事业建设"的模式，后来又以"一个取消，两次调整，一个完善"，即取消统筹，调整农业税收常产、计税面积和农业税税率，调整三提征收方式，完善农业特产税征收的模式进行改革。经过多次的探索与实践，最后才于 1999 年在全国第一个以省为单位进行农业税全面改革，为全国提供了经验，2000 年起我国对已实行了几千年的农业税进行彻底改革。改革的每一步实践、每跨出一步都经历了艰苦探索，遇到了各种阻力与困难，不断总结经验，有成功也有值得思考的地方。但安徽人民坚持改革创新，不怕失败与挫折，勇往直前，终于取得成功，成为全国改革的排头兵。

安徽人敢为天下先的创新精神，影响着全省各地。20 世纪 90 年代皖北阜阳积极探索发展乡镇企业的模式，经国务院批准设立农村改革试验区。皖南宁国的夏鼎湖利用城市"星期天工程师"发展乡镇企业，现已成为国家汽车工业零部件重点配套企业。皖东地区 1980 年兴起的天长县安乐乡仪表企业群在一个交通不发达的地方兴起。皖西霍邱县陈嘴乡汪集村屈光映等 6 户农民，于 1980 年 10 月在全省率先联合办起一个拖拉机站，为周边农民服务。正是这些"不守本分"人的创举引领着全省的改革大潮。

（二）认真探索，善于改革

改革不仅需要勇气，也要有改革的技巧与方法，要善于把握时代特征化解矛盾，这样才能促进改革。安徽的生态文明建设就是从群众最迫切需要、最基础的工作做起，一步步赢得群众支持、成为自觉行动。安徽早在 1983 年就发布文件，鼓励人们承包荒山造林、加快绿化的步伐，1989 年又提出"五年消灭荒山、八年绿化安徽"

的大规模城乡绿化运动。植树造林、绿化荒山是群众最容易接受，也是对群众收益最直接的一项工作，做起来比较容易获得群众的响应。以后又通过"三边三线"治理，使环境有了更进一步的好转，再接着是对大江大河的生态治理，如与浙江省共同治理新安江，这是全国第一个跨省流域的治理。在新安江的水治理中不仅是单一的防范污染，而且与旅游开发等相结合，农民感到山水的生态治理不仅不会损害自己的利益，反而会增加收入，当然全力支持，真正实现"绿水青山就是金山银山"。

安徽医疗卫生体制改革走在全国前列，这是居民的最大利益之一，但医疗卫生改革是个花钱多、涉及面广的一项改革，如何入手是个复杂而又有难度的工作。安徽抓住三个关键点，一步一步推进。一是居民医疗制度的逐步完善，这是最基本的一项改革，没有这项改革，医疗卫生体制改革就失去基础。二是医疗卫生机构的改革，要用有限的卫生资源发挥最大的效用，同时调动医疗卫生战线人员的积极性和动力。三是抓住重点环节，即医药药品购买方式的改革，否则看病贵难以解决。正是抓住这三个问题，逐步实现城乡居民的基本全覆盖，调动起医疗卫生人员的内在动力，组织医联体尤其县级医联体，同时又使医疗费用下降，在一定程度上解决了群众看病难、看病贵的问题，也使安徽医疗卫生改革走在全国前列，成为标杆。

安徽在扶贫中的改革也是有智慧的，如在扶贫中首创扶文扶智，兴办希望小学，进行文化、教育扶贫，从根本上治理贫困根源。早在20世纪80年代安徽就在岳西县莲云乡进行文化扶贫，此后推广到来安等6县。1990年金寨县南溪镇建起了全国首所希望小学，进行农村儿童的智力培养，随后希望小学遍及安徽各贫困县，使得贫困家庭孩子能上得起学。安徽在农村社会发展方面同样加以认真探索，早在 1994 年即在淮南市凤台县毛集镇建立"国家社会发展综合试验区"。接着于 1996 年又在五河县头铺镇率先开展"村务公开、民主管理"的农村基层社会治理的改革，受到了国家领导人的很高评价，国内外予以广泛关注。

（三）尊重群众首创，积极支持和参与改革

安徽改革发展的 40 年中，体现出一个基本规律与事实，即各级领导大力支持和参与的改革就能顺利展开，就能取得极大的成效。小岗村的包产到户，对旧体制是一次惊天动地的突破，群众对改革担惊受怕，采取秘密方式进行，为防止意外，相互之间写下契约，按下红手印，如果这项改革遭遇不测，有人坐了牢，集体负责赡养其家属子女，可见改革在当时面临极大的风险。如果领导思想不解放，不予支持，改革就很难推行下去，更不要说传播推广到全国。事实是当时的凤阳县委、滁州地委乃至省委主要负责同志，给予积极肯定和支持，并逐步成为全省乃至全国的样板。小农户推动中国的大改革。反之，另一个县的农村改革因为县委主要负责同志思想不解放，而未得到肯定，结果就不一样。同样，安徽的"傻子瓜子"，由于大大突破了原有政策，更是对旧体制的一个颠覆性冲击，几经周折，阻力很大，后来由于省委鲜明支持以及中央主要负责同志的肯定，才得以生存和发展。又如，1980 年霍山县桂少松等 8 户农民，利用当地的山货特产办起了外贸加工厂，在当时国有外贸一统天下，他们开不了银行账户，无法与外商结算，也是在省领导的干预下才设立了银行账户，到了 1983 年其产值已达 107 万元，三年共创汇一百多万美元。

有多项改革，都是各级领导总结人民需求，不断揣摩、不断完善的。如为民服务全程代理制，最早是在宣城市试点推行，后来亳州市一位负责同志经过几年的摸索并加以总结推广，逐步发展成为一个完善的网络体系，简化了办事程序，强化了服务职能，同时增强了透明度，更加方便了群众，为乡村管理工作带来了效能革命，真正实现由管理型向服务型政府的转变。这种制度安排影响到全省，并引来一些外省市学习取经。

合芜蚌科技示范城建设更是直接在领导的谋划下实现的。合肥早在20世纪80年代之初科技综合评价在全国处于前列，那是因为当时的合肥体量小，拥有的科技资源相对较多，实事求是地看，当时合肥科技的绝对量并不大，还是比较弱的。但后来安徽成为全国重要科技基地，21世纪初又成为全国科技示范城市，主要原因之一是得益于省市领导的重视和争取。安徽省市领导重视科技发展，从而将合肥市打造成科学城，接着合肥与芜湖、蚌埠共同成为全国科技创新示范城市，为安徽经济发展和知名度提升增添了一块金字招牌。其他如农村税费改革、医疗卫生体制改革等无不是在各级领导的支持与参与下顺利展开的。正是在各级领导支持下，安徽在许多领域进行了全面的改革创新，为全国改革积累了经验，做出了榜样，在全国的改革中走在了前面。

（四）不断探索，以改革引领发展

安徽坚持以改革为动力，引领经济发展，一步步进入快车道，有力地促进经济社会的全面发展。

安徽人口众多，但城市化水平较低，如何加快城镇化、工业化发展是安徽多年来一直苦苦探索的问题。改革之初的20世纪80年代，安徽农村改革取得成功，农产品丰富，农村剩余劳动力显现，迫切要求城市发展壮大。安徽积极探讨城镇发展，早在 1984 年年初就在全国率先召开加快小城镇发展研讨会，并出台文件放开小城镇，让农民自带口粮进入。以后针对安徽特点和国家当时不允许大城市发展的情况，积极谋求中等城市发展，各地探讨如何发展中等城市。在 90 年代初又积极谋求大城市合肥的发展。此外，还利用多种形式因地制宜加快城镇化。如 2014 年安徽农垦集团在龙亢农场进行场地合作，被列为全国唯一一个场地合作改革试验区。随后安徽省获得在全国进行全省新型城镇化改革试验区（全国仅 2 个省）。目前全省已形成皖中、皖江与淮河流域三大城市群，城镇化在加快推进。合肥也从三线城市成功跨入长三角副中心城市，GDP 在全国省会城市中进入前十名。

由于历史的原因，安徽的科技与高等教育算不上发达，但安徽在改革之中成为全国重要的科研示范地，许多大科学装置引领科技发展。安徽的高新技术工业园也在全国有较高地位，20 世纪 90 年代成为国家向外推荐的五个高科技园区之一，与北京、上海等地齐名。合肥、芜湖、蚌埠成为全国科技示范市，一大批高科技技术如量子信息、热核聚变、稳态强磁场等崛起。安徽还在一批技术上领先，如全球首台量子计算机、首颗量子通信卫星、全球最薄触控玻璃实现量产、科大讯飞智能语音、合肥微尺度物质科学国家研究中心、液晶显示全球最高十代线建成投产，等等。今天获得的高技术成果是有基础的，如全国首台空调、第一台微型计算机、首台VCD 就是由安徽生产出来的。正是这些源头创新领域获得突破和成功，引领并催生了安徽经济的快速发展。

安徽省是农民工输出大省，每年去外省的打工者有数百万人，但是金融危机之后，外出打工遇到种种困难。安徽省及时想办法，一方面鼓励当地企业发展，多招工人就业；另一方面，在各开发区建立农民工返乡创业园，并给予返乡创业者立项、土地和资金等多方面支持，取得明显效果。截至 2017 年连续 8 年出现农民工返乡创业、就业人数增加，外出打工者减少，有力地促进了本省经济发展。

二、奋力谱写新时代安徽改革开放新篇章

改革开放是决定当代中国命运的关键抉择，是党和人民事业大踏步赶上时代的重要法宝，是实现中华民族伟大复兴中国梦的必由

之路。40 年来，在党中央、国务院及中共安徽省委的坚强领导下，勤劳勇敢的江淮儿女敢闯敢试、勇为人先、不懈奋进、砥砺前行，在改革开放进程中领风气之先，取得了一系列举世瞩目的成就，江淮大地发生了翻天覆地的变化。40 年弹指一挥间，经过长期努力，中国特色社会主义进入了新时代，改革开放也进入了新时代。改革开放只有进行时，没有完成时。40 年改革实践表明，要实现两个百年的梦想，仍要坚定不移地进行改革。站在中国新的历史发展方位，我们要以习近平新时代中国特色社会主义思想为指引，不忘初心、牢记使命，逢山开路，遇水架桥，将改革进行到底，奋力谱写新时代安徽改革开放新篇章。

新安江

（一）始终坚持党的领导

"万山磅礴必有主峰，龙衮九章但挈一领。"中国共产党是中国特色社会主义伟大事业的领导核心，办好中国所有的事情，关键在党。不断推进改革开放这项长期的、艰巨的、繁重的、必须一代又一代人接力干下去的伟大事业，关键更要在党。关键在党，就是要在整个改革开放历史进程中始终坚持党的领导，充分发挥党总揽全局、协调各方的领导核心作用。

坚持党的领导是马克思主义的一个根本原则。马克思、恩格斯从巴黎公社失败中吸取教训，得出一条亘古不变的真理，那就是：社会主义事业必须坚持无产阶级政党的领导。从这个意义上讲，共产党从诞生的第一天起，就决定了她是无产阶级和全人类解放事业的组织者和领导者。中国共产党在革命、建设和改革开放的伟大实践中不断赋予党的领导以新的时代内涵。毛泽东指出："中国共产党是全中国人民的领导核心，没有这样一个核心，社会主义事业就不能胜利。"邓小平强调："中国由共产党领导，中国的社会主义现代化建设事业由共产党领导，这个原则是不能动摇的；动摇了中国就要倒退到分裂和混乱，就不可能实现现代化。"

在党的坚强领导下，经过全国各族人民的长期努力，中国特色社会主义进入了新时代。党的十八大指出，中国共产党是中国特色社会主义事业的领导核心，在新的历史条件下夺取中国特色社会主义新胜利，必须坚持党的领导。党的十九大强调："坚持党对一切工作的领导。党政军民学，东西南北中，党是领导一切的。"习近平新时代中国特色社会主义思想，明确中国特色社会主义最本质的特征是中国共产党领导，中国特色社会主义制度的最大优势是中国共产党领导。

习近平同志指出：我们这么大一个党、一个国家，没有集中统一，没有党中央坚强领导，没有强有力的中央权威，是不行的、不可想象的。始终坚持党的领导，必须牢固树立政治意识、大局意识、核心意识和看齐意识，特别是核心意识、看齐意识，坚定维护以习近平同志为核心的党中央的权威和集中统一领导，始终在思想上政治上行动上同以习近平同志为核心的党中央保持高度一致，扎实地把党中央新时代改革开放的各项决策部署落到实处。

始终坚持党的领导，要进一步改善和提升党领导改革开放的能力和水平。各级党委要切实履行对改革开放的领导责任，充分发挥党委总揽全局、协调各方的领导核心作用，牢牢扭住新时代改革开放的目标和任务，提高履责效能，确保政令畅通，努力让改革开放的各项举措落地生根。以重大问题为导向，加强调查研究，提高改革决策水平。健全责任机制，坚持在强化党委负总责的前提下明确责任分工，在加强总体谋划的前提下细化目标任务。健全和完善改革开放工作考核机制，形成鼓励干部推进改革开放的选人用人导向。创新基层党建工作，充分发挥基层党组织的战斗堡垒作用，引导广大党员积极投身新时代改革开放伟业，发挥先锋模范作用。

（二）不断加强党的建设

打铁必须自身硬。坚持党的领导关键就在于加强党的建设。历史教训证明，什么时候弱化了党的领导、放松了党的建设，党和人民的事业就要遭受损失。40 年来，安徽改革开放之所以能够取得如此辉煌成就，根本原因就在于始终坚持党的领导，不断加强党的建设。

基础不牢，地动山摇，党的建设的关键在基层组织。习近平总书记强调，要"把抓好党建作为最大的政绩"，而抓好党建"必须扎实做好抓基层、打基础的工作，使每个基层党组织都成为坚强战斗堡垒"。改革开放以来尤其是党的十八大以来，安徽坚持改革创新，完善制度机制，推动基层党组织建设取得了辉煌成就，为推动"五位一体"总体布局和"四个全面"战略布局在安徽的实践、全面开创现代化"五大发展"美好安徽建设新局面提供了坚强的组织保证。

（三）始终坚持解放思想

中国改革开放缘于解放思想。改革开放的40年，就是不断解放思想的40年。回顾改革开放的历史进程，中国特色社会主义伟大事业的每一次重大发展，无不是以解放思想为先导的。解放思想，使我们党冲破"两个凡是"的严重束缚，实现了指导思想上的拨乱反正，开启了改革开放的伟大航程；解放思想，使我们党坚强捍卫中国特色社会主义，创建社会主义市场经济新体制，将改革开放成功推向21世纪；解放思想，使中国特色社会主义道路、理论、制度、文化不断发展，中国人民昂首阔步迈进中国特色社会主义新时代。诚如习近平总书记所言："中国人民坚持解放思想、实事求是，实现解放思想和改革开放相互激荡、观念创新和实践探索相互促进，充分显示了思想引领的强大力量。"

实践发展永无止境，解放思想永无止境，改革开放也永无止境。40年后的今天，改革开放又到闯关时，进入攻坚期，行至深水区。安徽改革开放的任务更加艰巨，难度前所未有。利益格局固化板结，发展不平衡不充分的问题比较突出，创新能力还需大幅提升，生态环境保护任重道远。城乡居民收入距全国水平尚有不小差距，群众就业、教育、医疗、居住、养老等方面的现实问题还没有解决到位。政府工作还存在许多不足，有些改革和政策措施落实不到位。因此，我们要始终坚持解放思想、开拓创新，坚决破除一切不合时宜的思想观念和体制机制弊端，突破利益固化的藩篱，找准新时代改革开放突破的方向和着力点，在不懈创新中寻找解决矛盾和问题的钥匙。

始终坚持解放思想，必须继续发扬敢闯敢试、敢为人先的改革开放精神，打破不合时宜的思维定式，形成更加浓厚、更有活力的改革创新氛围，大胆探索走出新路。只要有利于解放和发展社会生产力，只要有利于推动经济社会持续健康发展，只要有利于实现好、维护好、发展好最广大人民根本利益，只要有利于巩固党的执政基础和执政地位，就要大胆试、大胆闯，就要坚决破、坚决改。

（四）始终坚持以人民为中心

人民群众是历史的创造者。改革开放 40 年来，我国成功实现了从高度集中的计划经济体制到充满活力的社会主义市场经济体制、从封闭半封闭到全方位开放的伟大历史转折。中国人民的面貌、社会主义中国的面貌、中国共产党的面貌都焕然一新。中国一跃成为世界第二大经济体、第一大工业国、第一大货物贸易国、第一大外汇储备国，现行联合国标准下的 7 亿多贫困人口成功脱贫，占同期全球减贫人口总数 70% 以上。中国的改革开放之所以能够取得如此举世瞩目的成就，奥秘就在于：始终坚持以人民为中心，尊重人民主体地位。如今，改革开放已经进入了新时代，站在新的历史起点，我们要始终坚持以人民为中心推进改革开放，把以人民为中心贯彻到改革开放全部活动之中，做到发展为了人民、发展依靠人民、发展成果由人民共享，更好增进人民福祉，更好推动人的自由全面发展。

始终坚持以人民为中心，要充分发挥人民群众主体作用。坚持党的群众路线，建立社会参与机制，充分激发广大人民群众的积极性、主动性、创造性，充分发挥工会、共青团、妇联等人民团体作用，齐心协力推进改革开放。继续弘扬"大包干"精神，鼓励基层和群众大胆探索，及时总结可复制、可推广的经验。加强宣传和舆论引导，进一步营造大胆试、大胆闯，鼓励改革、宽容失误的良好社会环境。

始终坚持以人民为中心，要把实现人民群众对美好生活的向往和人的自由全面发展，作为新时代改革开放的最高价值目标。要把坚持以人民为中心始终贯穿于改革开放一系列重大战略举措、重大方针政策、重大具体工作之中，体现在砥砺奋进的征程上。老百姓关心什么、期盼什么，改革开放就要抓住什么、推进什么，通过改革开放，着力解决群众迫切需要解决的有关就业创业、教育医疗、收入分配、社会保障等方面的重点和难点问题，着力实施群众迫切期待的有关交通、水利、生态环保、社会事业等重大民生工程和惠民政策。比如，党的十八大以来，安徽通过医改，实行药品联合带量采购。全省组建"16+1"药品带量采购联合体，通过量价挂钩、以量换价，挤出药价虚高水分。5441 个品规中，安徽医保支付参考价有 3202 个为全国最低，占 58.8%。通过改革完善社会保障制度，全省城乡居民基本养老保险制度和基本医疗保险制度实现全覆盖，城镇居民大病保险制度全面建立。截至 2017 年 9 月底，全省城镇职工基本养老、城乡居民基本养老、城镇基本医疗、失业、工伤、生育保险参保人数分别达到 968.3 万人、3431.9 万人、2105.7 万人、462.5 万人、553.1 万人、543 万人，社会保险参保人数继续保持平稳增长。社会保障待遇水平也在稳步提升，2016 年年底，企业退休人员月人均养老金已由 2012 年年底的 1496 元提高到 2100 元；截至 2017 年 9 月底，城镇职工和城乡居民医保政策范围内住院报销比例分别达到 79.3%、64.9%，城镇居民大病保险报销比例达到 50% 以上。今后随着居民收入的增长，生活水平的提高，消费的进一步升级，对环境、文化、社会的多方面要求的日益增长、层次逐年提升，在发展中务必要坚持经济、政治、文化、社会、生态文明建设"五位一体"的战略，努力满足人民群众的各种需求。总之，新时代改革开放，必须始终坚持以人民为中心，让人民群众有更多获得感、幸福感、安全感，使人民群众对新时代改革开放充满新的希望和期盼。

参 考 文 献

一、著作

1.《邓小平文选》（第 2 卷），人民出版社 1994 年版。

2.《中国共产党第十八次全国代表大会文件汇编》，人民出版社 2012 年版。

3.《习近平总书记系列重要讲话读本（2016 年版)》，学习出版社、人民出版社 2016 年版。

4.《万里文选》，人民出版社 1995 年版。

5. 陈吉元：《中国农村社会经济变迁（1949—1989 年)》，山西经济出版社 1993 年版。

6. 安徽地方志编纂委员会编：《安徽省志·工商行政管理志》，方志出版社 1998 年版。

7. 黄家声、孙自铎：《农村联产承包制及其发展趋势》，安徽人民出版社 1999 年版。

8. 张平：《安徽农村税费改革实践与探索》，当代中国出版社 2001 年版。

9. 张根生：《中国农村改革决策纪实》，珠海出版社 2001 年版。

10. 王鸿模、苏品端：《20 世纪的中国：改革开放的征程》，河南人民出版社 2001 年版。

11. 毕泗生：《中国农业农村农民前沿问题报告》，人民出版社 2003 年版。

12. 黄岳忠主编：《当代安徽经济概论》，安徽人民出版社 2004 年版。

13. 葛福东：《家庭联产承包责任制的历史轨迹与未来走向》，吉林大学出版社 2006 年版。

14. 张德元、何开荫：《变迁——安徽农村改革述论》，安徽大学出版社 2007 年版。

15. 殷君伯、刘志迎：《泛长三角区域发展分工与合作》安徽人民出版社 2008 年版。

16. 中共安徽省委党史研究室：《安徽改革开放大事记（1977—2008）》，安徽人民出版社 2008 年版。

17. 孙自铎等：《中国农村改革 30 年——来自改革发祥地的报告与思考》，安徽人民出版社 2009 年版。

18. 郭万清主编：《制度创新与安徽崛起——"安徽现象"的经济学思考》，安徽人民出版社 2014 年版。

19. 李宗楼、王义德主编：《安徽地方自治研究报告 1》，安徽师范大学出版社 2015 年版。

20. 吴海升：《安徽教育》，安徽文艺出版社 2015 年版。

二、期刊

1. 周世中、吴国：《当代中国社会结构的转型与和谐社会的建立——兼论中国社会转型时期中的法律控制》，《学术论坛》2005 年第 4 期。

2. 李方启：《盘点安徽人口——对安徽省第六次全国人口普查主要数据的解读》，《安徽省情省力》2011 年第 3 期。

3. 常兴华：《加强和创新社会管理面临的新问题》，《经济要参》2012年第 20 期。

4. 何海兵：《我国城市基层社会管理体制的变迁：从单位制、街居制到社区制》，《管理世界》2003 年第 6 期。

5. 王勇：《改革开放以来中国社会治理创新的历史考察》，《科学社会主义》2013 年第 6 期。

6. 王娟：《安徽城镇化发展的历史阶段及特点》，《中国经贸导刊》2014 第 24 期。

7. 张谋贵：《安徽如何协调皖北地区的发展》，《中共合肥市委党校学报》2010 年第 2 期。

三、报纸

1.《中共中央关于全面深化改革若干重大问题的决定》，2013 年 11 月16 日《人民日报》。

2.《新时代如何应对改革开放带来的考验》，2018 年 4 月 1 日《人民日报》。

3.《中共安徽省委关于贯彻落实党的十八届三中全会精神全面深化改革的意见（二〇一四年一月二十六日）》，2014 年 1 月 27 日《安徽日报》。

后　记

　　四十年的改革开放使经济社会发生了翻天覆地的变化，改革的历程更是涉及方方面面，改革中有许许多多可歌可泣的生动事例值得大书特书。但本书系《中国改革开放全景录》丛书中的一本，由于受篇幅的限制，只能忍痛割爱，拣其重点，加以描写。

　　本书撰写的宗旨主要是体现安徽改革特色，抓住安徽引领全国改革走向的或一些特殊的重大改革举措，对于同全国大致相同的改革则只能略加提及。此外，本书重点讲述了安徽经济、社会和环境等方面的改革，其他方面的改革涉及不多。本书是一个集体成果，全书由孙自铎、程宏志提出编写提纲。各章的作者依次是孙自铎、程宏志（第一章、第二章），程惠英、吴华明（第三章、第四章），张谋贵、吴寅恺（第五章、第七章），秦柳、段金萍（第六章、第八章），孙自铎、何平、戚嵩（第九章），孙自铎、吴海升、张亨明（第十章），孙自铎、邢军（第十一章），孙自铎、储昭斌、许为（第十二章），戚嵩（第十三章），孙自铎、戚嵩（第十四章）。书稿形成后，原安徽省人民政府政策研究室的韦伟教授，中共安徽省委讲师团李兵团长，中共安徽省委党史研究室的朱贵平处长，提出宝贵修改意见，徐军同志协助提供部分照片，在此表示感谢。另有部分图片的权利人因暂时无法联络，请及时与本社联系。全书由孙自铎通稿、定稿。感谢安徽人民出版社刘哲、汪双琴、卢昌杰等同志给予的出版帮助。改革是一件事关全局的大事，改革中有成功经验也有值得探讨的地方，对改革的总结也难以全面，对于书中的不足望读者加以指正。

孙自铎

2018 年 8 月 8 日

图书在版编目（CIP）数据

中国改革开放全景录·安徽卷/夏少权主编,孙自铎副主编.
-- 合肥：安徽人民出版社,2018.12

ISBN 978-7-212-10444-3

Ⅰ.①中…　Ⅱ.①夏…　②孙…　Ⅲ.①改革开放－历史－安徽
Ⅳ.①D61

中国版本图书馆CIP数据核字(2018)第289359号

中国改革开放全景录·安徽卷

夏少权　主　编
孙自铎　副主编

出版人：徐　敏　　　　　　　　　　　　责任编辑：卢昌杰　汪双琴
责任印制：董　亮　　　　　　　　　　　装帧设计：周方亚

出版发行：时代出版传媒股份有限公司 http://www.press-mart.com
　　　　　安徽人民出版社 http://www.ahpeople.com
地　　址：合肥市政务文化新区翡翠路1118号出版传媒广场八楼　　邮编：230071
电　　话：0551-63533258　0551-63533259（传真）
印　　刷：安徽新华印刷股份有限公司

开本：710毫米×1010毫米　1/16　印张：26.5　字数：310千
版次：2018年12月第1版　　　　　2018年12月第1次印刷

ISBN　978-7-212-10444-3　　　　　　　　　　定价：88.00元